姚玉蘭化裝難民由港赴重慶後所攝。

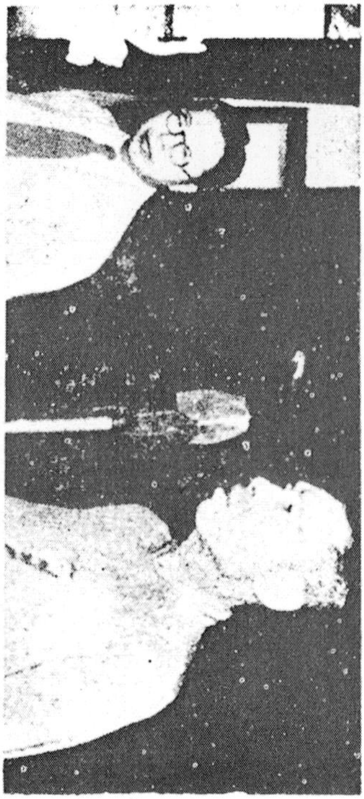

上海市首屆參議會照片
左圖：為杜月笙懇辭議長時攝，其左為市長吳國楨。
下圖：為全體市參議員宣誓時攝。第一排宣誓者中為杜月笙，右為潘公展，
左為徐寄廎，後為萬墨林。

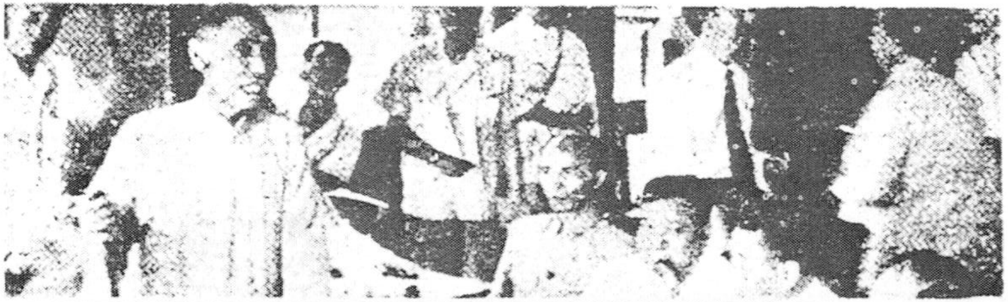

兩廣水災賑濟會照片

左圖：杜月笙在籌備會中慷慨陳詞，爲災民請命。杜氏右手起爲當時廣西省政府主席黃旭初，再右爲廣西籍之浙江省主席黃紹竑。

下圖：杜月笙致詞，其右爲時任國民政府副主席的孫科夫婦。

杜月笙在香港堅尼地臺寓所之家庭照
前排右起姚玉蘭、杜月笙、孟小冬，後排
右起杜維善、杜美霞、杜美如、杜美娟。

杜月笙傳

第五冊

杜月笙傳 第五冊

目錄

1

全國紡織擁為盟主

七位代表費盡唇舌，結果是大失所望，怏怏而去。他們走後，杜月笙繞室徬徨，深思熟慮，他心知擔任這一個全國性工業團體理事長地位的重要性，忍不住又怦然心動，他在極短暫的時間裡，迅速的作了決定，不妨藉此一次選戰，測度一下自己捲土重來的機會，是否已經屆臨？

他立刻命人打電話到袁國樑家裡，請他即來十八層樓。當袁國樑奉召匆匆趕到，他命袁國樑坐下，劈頭第一句話便問：

「剛才你們各位來請的那件事情，究竟是不是誠心的啊？」

「是誠心的。」袁國樑肅然回答：「不但誠心，而且很急。」

「怎麼會很急的呢？」

「因為我們得到消息，公營紗廠不論大小，都由公家出飛機票錢，叫所有的代表務必一體出席，由此可知，公營紗廠對於這理事長一席勢在必得。」接下來，袁國樑又向杜月笙剖析箇中利害，公營紗廠代表當了理事長，一定不會為民營廠商盡心出力，故所以，民營廠商對於這理事長一席，自是非爭取到手不可。

沉吟半晌，杜月笙似已下定決心，冒險一試，但是他仍關照袁國樑說：

「這個理事長，我做不做倒是無所謂，就怕萬一選不上，坍不起這個台。這麼樣吧，你去替我各方面摸摸看，早些給我回音。」

袁國樑應喏而退，把杜先生意思有點活動了的消息，通知幾位核心人士，唐星海、榮爾仁等人聽時喜出望外，立刻分頭展開活動，民營廠商代表清一色態度堅定，除了都投杜月笙的票，尤有不少人士自告奮勇，志願代杜月笙去拉公營廠家代表的票子，當下頗有同心協力，共底於成的氣勢。民營廠商一致熱烈擁護杜月笙，六區工會秘書長奚玉書，尤其慷慨動容的說：

「西北方面的票子，我有力道！」

民營廠商代表頻頻集議：官方代表選票對外號稱全部集中，其實並非無懈可擊。第一，當時已有公營紡織事業逐漸開放民營的消息，公營廠家不久以後還是要變成民營廠商，代表之中多的是主持業務之人，他們很可能要為自已的將來打算，利害關係和民營廠商實趨於一致。第二，六區工會實力雄厚，民營代表和官營代表之間頗多私人情誼，可予充份利用。第三，憑杜月笙的私人交遊和個人聲望，他是擔任全國紡織工業公會聯合會理事長的最佳人選，因此，光靠杜月笙三個字，也能爭取得到一部份的選票。

幾度密議籌商，決定兩項策略，頭一項是大家要袁國樑設法勸駕，大會選舉的那一天，一定要請杜月笙到場，其次，他們又推袁國樑擇一個最好的機會，當著全國代表致詞，強調聯合會理事長不應由官方代表擔任。

事情有了相當的眉目，袁國樑再去報告杜月笙，他簡略的說：

「我四處摸過一遍，大約有六七分苗頭。」

杜月笙的答覆更簡潔，他祇說了一個「好」字。

「不過代為奔走的各位代表一致要求，」袁國樑於是相機提出：「進行選舉的那一天，無論如何要請老夫子到一到。」

「好。」

袁國樑公開提出官方代表不宜出任「理事長」的主張，他為「老夫子」賣力，一共開了兩次砲。一次是在永安公司七樓，六區紡織公會開會，奚玉書請他發言，他立起來便大聲疾呼的說：

「我有一件事情，要提請大家注意，『中華民國機器棉紡織工業同業公會聯合會』，一向是民營廠商的公會組織，我們邀請公營廠家代表參加會議，他們應該投票選舉民營廠商代表，才能符合體制與實際。公營廠家平時得到政府的助力很多，他們無法了解商家的困難，所以就需要而論，『聯合會』理事長必需民營代表出來做！」

第二次則是在投票前二日，擁有七千四百五十名工人的申新九廠，上午招待全體代表參觀，中午設宴歡敍，當時宴開十餘桌，杯觥交錯，賓主盡歡中，忽然殺出一個杜門先鋒袁國樑，他站起來高聲宣佈：

「後天我們就要選舉『聯合會』理事長了，我特別提請大家注意，……」

袁國樑的砲聲隆隆，使官方代表相顧失色，民營代表則面露會心微笑。袁國樑的這一記攻心戰術相當有力，因為他口口聲聲說官方代表是被邀參加，萬一真有官方代表當選了理事長，說不定民營代表不肯善甘罷休，就會鬧出法律糾紛。

選舉之日，全國紡織公會聯合會的會場，設在上海市商會，袁國樑先到杜公館接杜月笙，杜月笙到時被眾人簇擁到會客室裡坐下休息，當時便不知道有多少人在會場左右，歡呼雀躍，高聲嚷叫：

「杜先生來了！杜先生來了！」

2

公開露面歡迎熱烈

大病初痊的杜月笙在上海市商會出現，引起興奮高潮，一百餘名來自全國各地的紡織業代表，排著隊進會客室和杜月笙握手寒暄，杜月笙接見這幫老朋友，面露真摯誠懇的笑容，說幾句關切慰問的話，寥寥幾句，也使人與有榮焉，皆大歡喜，便是此一安排，對於選舉居然發生奇效，杜月笙終以最高票數，榮獲當選。

這一次全國性人民團體的選舉，對於杜月笙來說，確實相當的重要，全國紡織業代表對他的衷誠擁護，使他的信心恢復。重新檢討一下自己的身價和社會地位，風光仍舊十分的好，舊日擁有的事業如中匯銀行、華豐麵粉廠、沙市紗廠、大達大通輪船公司均已分別派人整理復業，勝利復原回到上海，他又被推舉為申報董事長、新聞報館常務董事，中國通貨銀行復業，他除董事長外尤兼總經理一職，此外又有華商電氣公司、浦東商業銀行、恆大紗廠和華安人壽保險公司、江陰福澄公司，都把董事長的榮冠，一一戴到了他的頭上。

杜月笙開始步步為營的在向大社會進軍。

上海市臨時參議會成立，徐寄廎躍登臨參會議長的寶座，杜月笙備位臨時參議員之一，可是平時他絕少出席會議。徐寄廎領導的臨參會固能與上海市政府通力合作，解決不少問題，但若遇有重大事件發生，仍難發生較大的效率，因而乃使中樞深感上海市參議會有提早成立的必要，於是在上海臨參會成立未及兩月，三十四年十一月間，上海市長錢大鈞即已交付給上海市政府民政處長張曉崧一項重要任務，請他籌劃實施地方自治。

張曉崧在三十四年十二月先將上海全市劃分為三十一個行政區，成立三十一個區公所。杜月笙早有警覺，預作嚴密佈署，在黃浦灘舉行投票選舉，杜月笙的勢力便大得驚人，三十一個區的區長當選人揭曉，明眼人一望而知，杜月笙系的人物不但位置要津，而且還在全部當選者中佔大多數。

上海實施地方自治的第二個步驟是舉行上海市第一屆市參議員選舉，市參議員候選人由各區域及農、工、商、教、律師、會計師、新聞記者各團體產生。杜月笙經過考慮，決定列名商界，屆時果又以最高票數獲選，杜系人物如萬墨林也榜上有名，使杜月笙坐在市參議會裡，都有親信心腹相隨。

可是，上海市參議員在三十五年三月即告選出，市參會辦事處亦由上海市政府指派民政處副處長項昌權擔任主任，積極籌備，而上海市參議員的當選證書，卻一直到當年十月方由國民政府內政部頒發。這時候，吳紹澍的副市長、社會局長業已垮台，上海市長亦由錢大鈞換了吳國楨，吳國楨和杜月笙相當熟絡，因此，上海市參議會的成立大會，便借杜月笙所創辦的正始中學大禮堂舉行。

成立大會所面臨的第一個問題，厥為誰當第一任議長？杜系人物既已能夠掌握情勢，擁有過半數票，大家都認為應由杜月笙水到渠成，順利當選。但是當時杜月笙猶有一層顧忌，那便是吳紹澍還存有相當的勢力，雖則不至於影響大局，然而觸觸霉頭也是令人心中難受，何況杜月笙聲威重振，又度飛黃騰達，光祇全國性的重要人民團體，他已經到手了三個，如全國輪船業公會理事長、全國棉紡織業公會理事長，和中國紅十字會總會副會長。其餘地方性團體與國家行局主持人或董監事，更是多得不可勝計，「日中則昃，盛極必衰」，杜月笙是深切懂得其中道理的，上海市議會議長一席，他於是有了最後的決定，那便是先行當選，然後以年老體衰多病為詞，向大會提出辭職，然後再挑別人。

3 上海議長好戲連台

為了市參議會議長選舉，恆社子弟勸進者有之，奔走拉票者有之，聯絡活動者亦有之，當杜月笙毅然宣佈他的決定，拉票和聯絡者便格外起勁，這是因為杜月笙既已決心一次當選然後讓賢，那麼，顏面關係，最好一百八十位市參議員的票全部都投給杜月笙，讓他們的老夫子「光榮全票獲選」。

照說，這件事不難辦到，杜月笙言話一句，獲選議長立刻宣佈辭職退讓，即令是競選的敵手方，也未始不可賣這個面子，反投杜月笙一票。可是，就因為中間夾著一個「明槍暗箭」，處處中傷攻擊杜月笙的黨部與團部負責人吳紹澍，事情便相當的難辦。

王先青仗著他多年為吳紹澍出生入死，盡心盡力，幫過吳紹澍的大忙，因而，他自發自動，去向吳紹澍盡最後的忠告。

找到了吳紹澍，王先青便單刀直入的問：

「現在市參議會就要選議長了，你究竟有什麼打算？可否見告。」

吳紹澍聽後，反問王先青一句：

「先青兄，你的意思如何？」

「不論對於國家的功勛，抑或在社會上的聲望，」王先青侃侃然答道：「自以杜先生為第一人，上海議長，應該選他。」

於是吳紹澍便漫應一聲：

「是啊。」

「不過呢，」王先青坦然的說：「杜先生身體不好是實，他不會做這個上海市議長的，大家一道選他一選，讓他得個滿票，然後再讓給別人，這麼樣，也好向外面有個交待。」

「好呀。」

王先青還不放心，再釘一句：

「你是說你那方面的人，願意一致投杜先生的票？」

吳紹澍再斬釘截鐵的答覆一次：

「是的。」

王先青交涉順利，圓滿達成任務，他立即告辭，興沖沖的到杜公館，當面報告「老夫子」：吳紹澍那方面已經講好，他一連兩次承認屆期一定捧杜月笙的場，將他所能掌握的票，全投杜月笙。——杜月笙聽後，搖頭苦笑，他未敢置信的說道：

「先青，我看不見得吧。」

王先青急急分辯的說：

「我跟吳紹澍面對面，說得清清楚楚的嘛，吳紹澍確實答應全投老夫子的票。」

杜月笙莞爾一笑，意思是叫他莫著急，他也漫聲答了一句：

「到時候看吧。」

上海市「第二任」議長的人選，經過各方面的協調，決定推舉潘公展，潘公展是國民政府定鼎南京以後，第一任上海社會局長——當時還叫做「農工商局」。杜月笙被推舉為上海申報董事長，潘公展即以申報社長的職務，負申報實際責任。至於副議長一席，則仍由杜月笙推薦前任臨參會議長徐寄廎。

民國三十五年十二月，一個滿天飛絮的大雪天，北風怒號，氣候嚴寒，上海市參議會假正始中學大禮堂，舉行成立大會，由於民社、青年兩黨獲選議員三十六人暫拒出席，當日實到市參議員一百八十人。當杜月笙身穿狐裘，步履輕緩的走進會場，市長吳國楨趨前迎迓，人群中爆出嗡嗡議論和陣陣掌聲。

先舉行當選市議員宣誓就職典禮，杜月笙座位的正後方，便是萬墨林。宣誓過後由吳國楨報告籌備成立市參議會經過，緊接著便是進行戲劇化的正副議長選舉。

開票了，在場各人都以為唱票員會把「杜月笙」的名字一路唱到底，不曾料到，一開頭便是接連的「空白！空白！」之聲，使得人人相顧錯愕，杜系人物更是焦躁萬分。大家心裡有數，這一定又是吳紹澍存心搗蛋，要給杜月笙顏色看。空白表示無聲的抗議，黨團運用到這種程度，唯使親痛仇快，讓莊嚴議壇變成了笑料製造場。

幸好，接下來便又有「杜月笙」三字不絕如耳，計票結果，發票一百八十張，其中約有四十餘張空白票。

吳國楨宣佈杜月笙當選上海市第一任參議會議長。——杜月笙在掌聲中起立發言，他沒有看事先預備的講稿，他已失卻放言高論的興趣。他講得很簡單，只是反覆在說明他健康情形欠佳，行政經驗不夠充份，因此他要求大會，准他辭職，同時另選賢能。

老早安排好了的一齣有聲有色連台好戲，便因為吳紹澍陰謀使人投下大批空白票，擾亂場合，敗人之興，使大家都顯得無精打采，唯有草草收場，事事都在快馬加鞭的進行。杜月笙致詞，馬上又叫他的表弟參議員朱文德立起來。代他取出預先擬就的辭職呈文，送給吳國楨，請吳國楨當眾宣讀，而一百八位市參議員，也鑒於「杜先生態度謙冲自抑，辭意堅決懇切」，全場無人反對，順利通過接受。

於是，再發一次票，再投，再選，潘公展、徐寄廎立以上海市正副議長聞。

王先青上了吳紹澍的大當，雖然杜月笙和恆社弟兄深知吳紹澍的品行，並無一人一言相責，可是他自己卻氣憤填膺，怒火冲天，王先青大罵吳紹澍反覆無常，出賣師友，做出這種損人而不利已的勾當，他罵吳紹澍無恥之尤，他的行徑使人人望而生畏，將來不僅沒有人肯與他共事，尤且一定得不著好結果。王先青從此與吳紹澍絕交，而吳紹澍則果也由於多行不義，人人疏遠，漸至投閑置散，沒沒無聞，令人具「固一時之雄也，而今安在哉」之感。民國三十八年紅流泛濫，大陸淪陷，吳紹澍也不曉得懷著那股悶氣，竟然忘了他曾出賣共黨，棄暗投明，會得鬼迷心窮，再度投共。多年前，即曾有吳紹澍被共黨列為右派份子加以清算的說法，其人結局悲慘，不問可知。

4

繼之以朱學範事件

繼吳紹澍之叛，又有朱學範之變，這是杜月笙在抗戰勝利以後的兩大憾事。比較起來，朱學範之投共，對於杜月笙心理的打擊，較吳紹澍尤甚。因為，後者發生在民國三十五年八月，當時恰值杜月笙掙破吳紹澍的困擾，戰戰兢兢，經之營之，開始為重建聲勢而努力，朱學範事件，對他可能發生不良的影響。尤且，回想當年朱學範拜門，年方二十四歲，還在上海郵局當一名郵務生，自民國十七年到三十五年，前後十八年間，師生之誼，幾如家人父子。朱學範一方面協助陸京士，從事工運，另一方面也和楊管北、陸京士、駱清華等同樣的是杜月笙智囊之一，參與密勿，朝夕與共，在個人感情份量上，朱學範要比吳紹澍重得多了。

朱學範一雙濃眉，滿面春風，能言善道，中英文都有點根柢，為人則慷慨大方，罕見疾顏厲色。因此，照杜月笙衡量人才的標準來看，他是有本領，嘸沒脾氣的第一等人才。他投身杜門十八年，杜月笙大力提拔，一手扶植，朱學範在黃浦灘竄頭勢之快，即可作為明證。

籍隸浙江嘉善，民前七年（公元一九〇四）出生，朱學範在民國十年以後，在上海讀教會學堂聖芳濟學院，畢業了投考郵務生，幸獲錄取。以一名二十歲左右的青年，在十里洋場得了個待遇優厚的鐵飯碗，血氣方剛，難免浪漫荒唐，於是有一段時期，他生活過得很不正常。不過他這個人還算有作為，能夠迷途知返，民國十六年國民革命軍北伐成功，青天白日旗飄揚上海，朱學範眼見陸京士、錢麗生、黃小村、張克昌、于松喬等奮起清共，改組郵務工會，這一股革命的浪潮，使朱學範躍躍欲試，自此他揚棄了吊兒啷噹的生活，漸漸的和陸京士等接近。由於他個人的才華能力，不在眾人之下，很快的便成為陸京士左右手，兩人不分彼此，並肩作戰，他們雙雙膺選上海郵務工會常務理事，又雙雙的投入杜門，成為杜月笙的學生。從此陸、朱並駕齊驅，扶搖直上，得到杜月笙的全力支持，數年之間，朱學範即因師門拔擢，當選了上海總工會常務理事。尤其民國二十五年上海潮頻仍，陸京士席不暇煖時期，世界第二十屆國際勞工會議在日內瓦舉行，陸京士無法分身，推薦朱學範擔任我國代表。自此以後，第二十三、二十四、二十五、二十六、二十七，朱學範一連六次代表我國出席參加該會，使他一躍而為國際知名的工運領導人物。

若干年來，提起我國工運領袖，每以陸、朱並稱，而論杜月笙的得意門生，亦多稱陸（京士）、朱（學範），與吳（紹澍），其實這三個人脾氣性格，大不相同。前文所述，戴笠批評朱學範「浮而不實，弊過於詭」，可謂一針見血。即以陸、朱二人作一比較，陸京士實事求是，淡於名利，朱學範則輕於利而熱中於名；陸京士家庭和樂，夫妻情篤，朱學範則家裡勃谿時起，兩夫妻鬧得勢同水火。既好名又不得家庭溫暖，於是給了中共可趁之機。

還有一層，朱學範組織力強，因而野心勃勃，在杜月笙的恆社弟子之中，唯獨朱學範另外創立「毅社」，「毅社」所吸收的門生弟子，居然多達千人，聲勢頗為浩蕩。像這樣的事，也唯有杜月笙「宰相肚裡好撐船」，讓他放手做去。

抗戰時期，朱學範先隨杜月笙到香港，後亦旅渝，當立法委員，兼中國勞動協會理事長。中國勞動協會創辦於民國二十四年二月二十四日，會址設於上海。民國二十六年底中國勞動協會自上海撤退到漢口，曾經參與「工人抗敵總會」的籌備工作。二十七年七月，該會遷重慶，設址於九道門，旋不久，便呈准社會部，特准「中國勞動協會」代表中國工人，加入國際工會聯合會為會員，遂使該會不僅成為全國性勞工團體，尤且為國際性勞工團體之一。

當時社會部作此決定，可能由於並無全國性的總工會，而為一時權宜瓜代之計。不久後，「中國勞動協會」便獲得國際勞工團體的經濟支援，名利兼得，業務迅速發展，任何人再要想組織個純勞工團體，與之分庭抗禮，也就很困難了。

「中國勞動協會」得到了國際支持，合法地位，因而也引起了中共攫奪的野心，同時種下朱學範個人悲劇的禍根。

5 共產黨挖角到杜門

「勞協」的幾位重要人物，在抗戰中期，各領要職，都很忙碌，陶百川當中央日報社長，又是國民參政會參政員，陸京士則為社會部組訓司司長。因此，「勞協」和全國郵務工會兩大工運團體，自然而然的都由朱學範代為負責，是為杜門恆社子弟在陪都重慶所掌握的最重要機構之一。

中共會到杜門恆社裡來「挖角」，乍聽起來彷彿是笑話，但是朱學範有弱點，更在工界有舉足輕重的特殊地位，在中共來說是非挖不可，因此他們在朱學範身上很下了不少功夫。首先，利用中共外圍，左傾份子沈鈞儒，和朱學範敍起了師生之誼。沈鈞儒道貌岸然，稀疏鬍鬚，早年在上海，曾經和褚輔成合辦「上海法學院」，而有一段時期，朱學範利用公餘之暇，當過上海法學院夜間部的學生。沈鈞儒一向是中共的外圍打手，民國二十年六月他和章乃器、李公樸、沙千里、王造時、鄒韜奮、史良，自稱「七君子」，倡組「人民救國陣線」、「人民抗敵政權」，危害國家，淆亂聽聞，於是被江蘇高等法院檢察官翁贊年提出公訴，逮捕下獄，鬧過轟動全國的「七君子」案。抗戰期間，他繼續利用參政員的名義，在大後方為中共進行統戰工作。朱學範，是為中共託付給他，竭力爭取拉攏的第一個對象。

第二步，中共佈置一個重要幹部——易禮容，使他接近朱學範，埋頭苦幹，取得朱學範的信任。

這個易禮容在宣傳方面，很有辦法，此一特殊能力恰投朱學範之所好，報紙上常常見到朱學範的名字，朱學範經常出席各種大會發表演說，左派人士對他讚揚備至，捧之猶恐不及，在在都使朱學範躊躇滿志，洋洋自得。他對易禮容完全信任，後來便命易禮容當了「勞協」的書記長。

更進一步，共黨施出慣使的伎倆：美人計。朱學範的身邊，多了一位風姿綽約，艷光四射的美貌佳人，是為大名鼎鼎的中共色餌李佩。朱學範夫妻感情不洽，有李佩這麼一位美人相依偎，無異如魚得水。他向朋友介紹，都說李佩是他的英文秘書。

一以名，一以色，共黨抓住了朱學範的弱點，剛好對症下「藥」。

從民國三十一年「勞協」獲得國際勞工團體「撥助中國勞工抗日捐款」鉅額支援，「勞協」曾經轟轟烈烈，辦了不少工人福利，組織、文教暨勞工國民外交活動諸事宜。他們在重慶辦得有大樑子勞協福利社、美工堂電影院、沙磁（沙坪壩、磁器口）區和化貓（化龍橋與貓兒石）區勞協服務社、文化服務站，勞工診療所，對於重慶勞工確有相當的貢獻。勝利後，朱學範暫仍留在重慶，繼續主持此一龐大的事業機構。

三十四年八月，第二十七屆國際勞工大會在巴黎舉行，朱學範又擔任我國勞方代表，赴法與會，這時候中共也派有代表鄧發前往活動。鄧發千方百計密與朱學範交接，使朱學範和中共的距離，更進一步。

三十五年二月，政府召開政治協商會議於重慶，希望藉以解決戰後建國問題，中共頭目和各黨各派人士紛集陪都，出席會議。當時共方全無協商誠意，他們衹想利用機會，製造事端，因而加強宣傳，擴大變亂。所以，他們夥同民主同盟份子，儘量製造反政府空氣，無所不用其極。二月初，共黨和民盟亟欲假借民眾團體名義，在滄白堂舉行「慶祝政協成功紀念會」，苦於重慶所有的民眾團體，都在國民黨重慶市黨部的領導之下，共黨狡計，無法得逞。於是，他們便想到朱學範這一著棋，命鄧發為政治協商會議代表之一，抵達重慶，利用朱學範，以「中國勞動協會」作為「紀念會」的發起，並藉朱學範的關係，聲勢尤可一壯，規模也能盛大得多。

在朱學範來說，彼時彼境，縱使他已經成為共產黨的同路人，也不必在中央尚未復員，黨政要員雲集的那一段時期，眾目睽睽，公然拋頭露面，高唱反調，為共產黨搖旗吶喊，擴大宣傳，由而可想，當時他一定是有什麼把柄，落在女秘書李佩，或者是共黨潛伏份子易禮容的手裡，讓他們持而脅迫，於是不敢不俯耳聽命，甘為虎倀。這是共黨爭取朱學範的第一步，果若朱學範在重慶闖了禍，他唯有乖乖的跟共產黨走。

朱學範出面活動，他先遊說全國郵務總工會常務委員王宜聲，請他主持這個「慶祝紀念會」。王宜聲曉得這是共產黨玩的把戲，當場嚴予拒絕。朱學範無奈，祇好派人包圍王宜聲，進行說服工作，王宜聲堅不為動。他便決定乾脆用「中國勞動協會」的名義，定二月十日，在重慶較場口舉行「陪都各界慶祝政治協商成功大會」，會中將對政府作不利的宣傳，散發動搖士氣的民心標語傳單，如果情勢許可，尤將遊行示威。

至於參加「大會」的群眾，朱學範發動他「毅社」的子弟兵，中國勞動協會的部份「忠實份子」，共黨及左傾份子領導下的附從之徒，也就相當的夠了。其他的民眾團體，既拉不動，爽性統統放棄。

6
七君子大鬧較場口

最妙的是，「大會」主席團名單，一共是十三人。十三人中沈鈞儒、李公樸等「七君子」外，再就是朱學範、馬寅初、馬敍倫、黃炎培、劉清揚和曹孟君，都不曉得是跟什麼團體相關？祇有一點相通處，那便是俱為共黨同路者。

朱學範正在密鑼緊鼓，籌備「大會」，但是消息外洩，事為重慶總工會負責人胡森霖、陳鐵夫等所偵知，他們和各大民眾團體一聯絡，於是群情憤慨，認為區區一「勞協」何足以代表「陪都各界」？既云「陪都各界」那就該由陪都各民眾團體一律參加。因之重慶農、工、商、學、婦女、律師……諸團體，推舉代表，向「大會」籌備處提出嚴重交涉。

交涉結果，是取到了各團體主持人「主席團」的襟條若干份，作為屆時率領各團體，蒞場參加「大會」的一項憑證。這時，火藥氣味已很濃厚，可是朱學範受人挾制，實已欲罷不能。

民國三十五年二月十日上午八時許，朱學範他們的緊急部署已近完成，十三名主席團上了主席台，緊緊圍住那具麥克風，朱學範的「勞協」群眾，和召來的左傾工人，再加上共黨和民盟派來的打手，密密層層，擠在主席台前。

司儀正待高喊「大會開始」，較場口大壩子的四面八方，傳來捲地春雷般的腳步聲，真正的「陪都各界」，由各團體的主持人帶領，紛紛前來參加「大會」。左派的冒牌貨回頭看時，一個個驚得舌撟不下，因為「重慶各界」轉眼間便到了兩三萬人。

十三個自封主席團的，在台上擠成一堆，卻看見各民眾團體主持人，各佩「主席團」襟章，排開人群，大踏步的搶上台來。於是，主席團「雙方」在台上互不相讓，發生爭執。

台下則萬頭攢動，議論紛紜，爆炸性的場面，一觸即發。

台上台下都在吵吵嚷嚷，但見重慶市商會代表周德侯，律師公會代表張君達，趁亂搶到講桌後面，兩人一左一右，恰好控制住了那具麥克風。

於是周德侯利用麥克風，高聲向台下參與「大會」的群眾說：

「今天陪都各界開會，到會的代表，農工商學各界人士都有，既然是各界共同舉行，而我國農民佔全人口百分之八十以上，本席提議請市農會理事長劉野樵先生，擔任大會的總主席，可否請公決！」

其實台下的「陪都各界」，在人數上也要佔到百分之八十，因此周德侯的提議，立刻獲得全場熱烈支持，「贊成！」「好的！」之聲不絕於耳，尤有如雷掌聲，壓下了左派冒牌貨的聲聲「抗議」。

劉總主席到達講台後，對著麥克風，報告開會宗旨，纔說了三兩句話，「七君子」之一，民主同盟要角李公樸突然狂性大發，便在數萬人的注視之下，一個箭步，推開劉野樵，伸手去奪麥克風。李公樸一動橫蠻，台下群眾為之大嘩，於是揎拳擄臂，高聲斥罵，都在斥責李公樸破壞秩序。這時候台上一片大亂，又由左派埋伏在主席台左後角的打手，一湧而出，頭一下便把總主席劉野樵打得頭破骨折，血流如注。

台上的主席團陷於一團混亂，台下的三兩萬羣眾也因為相互叫罵，共黨打手挑釁，引起了鬪毆，台上台下打得不可開交。混亂中「七君子」天怒人怨，成了眾矢之的，因而都吃了苦頭，李公樸的山羊鬍子被人七手八腳的拔掉，史良的旗袍被扯掉了下半截，章乃器眼鏡擊碎，遍尋不獲，很吃了幾記老拳，沈鈞儒也挨了打。運輸工會常務理事謝雅南等十餘人被共黨打手毆打成傷，謝雅南尤被「勞協」份子押到勞協會去，予以扣押，於是又有大批群眾趕往援救，把中國勞動協會團團圍住，僥倖「勞協」份子見勢不佳，立將謝雅南釋放，並且當眾道歉，方始了事，否則的話，九道門中國勞動協會，極可能被憤怒群體眾予以踹平。

當日，共黨在重慶參加政治協商會議的頭目，如周恩來、王若飛、鄧發等人，都在「大會」開始之前，到達距離較場口附近的石灰市口，就近指揮，一心一意製造流血事件，嚴重態勢。而台上台下鬪毆擴大，其亂如麻，當時的情勢確很危急，幸好有一位不惜自我犧牲，力求恢復秩序的總主席，劉野樵血流被面，卻仍在執行主席職務，他不顧台下台下的大開打，繼續對著麥克風致詞如儀，是他的自我犧牲精神表現，使勇於搏鬪的群眾深受感動，「陪都各界」人多，但是他們並不報復，一俟場內紛擾戢止，場外群眾星散，共黨、民盟、左傾份子偃旗息鼓，抱頭鼠竄而逃，他們也就寬大為懷，不為已甚，陪都重慶終於有驚無險，安然渡過共黨一手安排的暴亂。周恩來、王若飛、鄧發等共酋在石灰市口苦候良久，當他們獲知大勢已去，亦唯有黯然撤離。

大混亂之中，朱學範倒是先已溜走。

7 師門苦勸忠言逆耳

劉野樵、謝雅南，以及十餘位受傷的「陪都各界工人」，一概用救護車送往市民醫院，並且由中國勞動協會負起醫藥及賠償損失之責。劉野樵等住院療傷時期，市民自動前往探視慰問者絡繹於途，由而可見民心之向背，共產黨在四川人的心目中，始終是洪水猛獸，最大禍害。不過，到了民國三十八年紅流泛濫，大陸淪陷，這一年冬十一月卅日重慶失陷時，劉野樵由於鄉居道阻，不及撤退，以至陷於共黨魔掌，中共加予他的報復滅絕人性，極盡殘酷暴虐之能事。劉野樵曾經「公審」、「清算」，卻是他自分必死，始終不屈，後來他被共黨灌水銀剝了皮。

民國三十五年二月十日，重慶較場口之役，中共弄巧成拙，卑劣行徑徒然增進重慶市民的唾棄與反感。但是政府在政治協商期間，對於中共實在寬大，罪魁禍首如朱學範，亦不曾加以查究拿辦，事情過了便算。如此方使朱學範在釀成大禍以後，從容買棹東下，以「勞協」復員返滬為名，將「勞協」重心，轉移上海。所有在重慶的設施暨機構，設立一個「駐渝辦事處」，交由易禮容主持，自然而然的，它成了中共在重慶的連絡活動中心。

朱學範回到上海，杜月笙、吳開先、陸京士諸師友對於他的輕舉妄動，居然被中共利用，難免嚴厲責備。但是這時候沒有人知道他跟共黨已有勾串，朱學範坦白承認自己一時失察，事體一個擺不平，竟會被共黨乘隙而入，釀成流血事件。杜、吳、陸加諸於他的規勸，也止在慎防共黨的滲透，不曾想到他已步入泥淖，越陷越深。

從三十五年五月到八月，朱學範的表現一切正常，但是到八月三日，新成立的重慶總工會，發現「勞協駐渝辦事處」內部潛伏共諜，圖謀不軌，同時又查出該會任意侵佔美國援助中國勞工救濟基金，並以種種不法報銷，朦蔽美國援華基金監理會當局。尤有「勞協」在渝理事陳鐵夫、李克愚等，也向重慶市政府提出檢舉。重慶市政府對於重慶總工會呈文的批示，約為以下三點：

一、貪污舞弊部份，應由法院審理。

二、秘密組織，危害治安即予法辦。

三、准由重慶總工會接收「勞協駐渝辦事處」各單位。

八月六日上午七時開始的接收行動，斷絕交通、軍警包圍，儼然如臨大敵，情勢相當嚴重緊張。被重慶各工會指證為共諜的勞協職員四十二名，為首的主犯易禮容等四人越牆逃遁，還有竇岱森、周泓芬兩名先期外出，成了漏網之魚，其餘三十六名全部就逮，經市警局審訊，認為其中二十四名嫌疑重大，立送法院訊辦，餘十六名罪嫌輕的，則予當日開釋。

到了八月十日，重慶總工會邀同警局暨當地保甲長，公開清點「勞協」封存文件。這一清點，毛病百出，「勞協駐渝辦事處」存有大批反動秘密函電，從搜查出來的共黨指示中，發現共黨指使潛伏「勞協」的共諜搜集軍事情報，負責運送槍彈，鼓動工潮，控制工人，領導反政府，反美活動，響應政協和談，……「勞協駐渝辦事處」，居然成為共黨的特務機關。

消息刊佈，渝滬震動。總工會又推派代表吳志恆晉京，請謁中央黨部秘書長吳鐵城，組織部長陳立夫，社會部長谷正綱和中央委員馬超俊，面陳檢舉「勞協」罪嫌，以及接收「勞協渝處」的經過。——當八月六日重慶總工會接收「勞協渝處」之初，朱學範惱怒萬分，至為憤慨，他口口聲聲指斥重慶總工會「挾詞誣陷，陰謀攫奪」，揚言不惜訴諸法律解決，當時京滬報紙俱曾登過他言詞激烈的談話，加以共黨的「新華日報」及其應聲蟲「民主報」，用巨大篇幅對重慶總工會斯舉大肆抨擊。杜月笙等還以為是「爭權奪利」的單純事件，及至共黨文件登了照片，二十四名共諜落網，赫然出現報上，杜月笙、陸京士等方始著了慌，因為朱學範縱不知情，他也免不了「疏忽失察」的罪名。

當時，有關方面都念在朱學範從事工運十七八年的輝煌業績，以及他在抗戰期間，奔走外國，爭取國際同情與助力的種種表現，朱學範經杜月笙近二十年的教誨和培植，不失為一位能力卓越的人才，抗戰初勝，內爭方殷，像朱學範這樣的勞工領袖，如果導入正軌，自可發揮很大的作用。再則，杜門中人先天反共，他們對於朱學範之變，難免抱持將信將疑的態度，因此，大家都希望他幡然醒悟，重新努力，並未斷絕他的自新之路。杜月笙頻頻召他長談，百般曉諭，陸京士更是苦口婆心，向他剖析利害，恆社弟兄無不引頸翹望，等候朱學範公開表明態度，發為對反共有利的言論，以粉碎共黨的分化詭計。

8 秘密赴港大唱反調

但是朱學範的態度始終強硬，他堅稱自己刻正受到迫害，政府對他不能「諒解」，還有一層，朱學範身上繫有貪污案，他說他絕對不是共產黨，而且除了國民黨外，與其他黨派全無關連，「祇是環境如此」，他只有離開上海，到香港另求發展，同時他更堅決否認他與「勞協」貪污案有關。

杜月笙說他相信朱學範本人的操守，他在重慶致力工運，並不曾想到搞錢，朱學範沒有搞錢的必要，同時他更不是貪贓枉法之輩，然而，他問朱學範，你能信得過你那個書記長易禮容嗎？如果易禮容等共產黨徒拿美國援款派了別的用場，那你朱學範只要負「監督不週」的責任，因此他極力主張朱學範挺身而出，真金不怕火煉，上法院就上法院，一定要查一個水落石出。

師友們交相勸促，卻是朱學範一口咬定官方與他為難。曾有一次，洪蘭友和陸京士苦口相勸，引起激辯，三個人整整談了一夜，翌晨大家倦極而眠。陸京士說當時他萬分傷心難過，因為他覺得朱學範的問題很不簡單，他從他的談話中發現他必有難言之隱，他不肯跟大家坦白，使人人為之束手無策。

朱學範終於決定秘密離滬，到香港暫避風頭。登輪之夜，祇有十八年情同手足的陸京士相送，兩人默默的漫步上船，淒冷夜風，迎面而來，卻是吹不開心底的沉重，臨別的一刻，陸京士又重複他不知說了多少遍的話，向同門弟兄作最後的忠告：

「我們中國人，自有中國人的道理，別人可以反國民黨，你我不能。」

朱學範深深頷首，於是，陸京士又說：

「請你千萬記住，你再走錯一步，就此回頭無路！」

可是朱學範一到香港，便宣稱：「中國勞動協會」遷移香港繼續原有業務，一面從事不利於政府的宣傳，一面積極向國際展開活動，他這種出爾反爾，自絕於人的做法，使「勞協」同仁不得不採取斷然措施。憑心而論，「勞協」有其輝煌成就與光榮歷史，但成就和光榮並非朱學範一人之力得來。於是，三十五年十二月十五日「勞協」宣佈改組，改推安輔廷為理事長，而以沈鼎、水祥雲、康濟民、劉兆祥為常務理事，書記長一職也正式改由沈鼎擔任。

吳紹澍事件方告波平浪靜，杜月笙的方面大將之一，又在香港獨樹一幟，迭發謬論。杜月笙在民國三十四、五、六年間真是流年不利，變起肘腋，而且還是禍患無窮。朱學範不比吳紹澍，他是自己身邊最親密的學生，尤且是十八年裡盡心盡力，扶植提拔的愛徒。當朱學範攻訐政府，或者是勞工界人對朱學範同聲指責，在杜月笙看來，都是一樣的令人痛心疾首，他直在恨朱學範有什麼無法了的事，鬧出這種親痛仇快的僵局來。

轉眼間到了民國三十六年三月八日，英文版的「密勒氏評論報」，登出了一篇朱學範的文章，題目叫：「中國工人要分裂嗎？」（Are the Workers in China Divided?）正如在平靜湖水投下一方巨石，演成了軒然大波。朱學範公開表露其反對政府的態度。與此同時他在香港出版三十六開本的「工人週刊」；並且冒用「中國勞動協會」的名，申請參加第三十屆國際勞工大會，居然獲得該會審查通過，尤其決議支持在香港的偽勞協為中國工會正式代表。他這麼一鬧，竟將我國出席國際勞工大會的代表權都給竊奪去了。由朱學範唱獨角戲的偽勞協堂而皇之參與會議，我國政府所遴派的代表團反被擯諸會場之外，這豈不是滑天下之大稽？

國際勞工大會是十分重要的國際機構，朱學範的胡作非為，幾乎全部推翻了中國工會在國際間的合法地位，這在當時是轟動一時，震撼人心的大新聞，全國各地總工會遂而爆發極強烈的反對，抗議與駁斥。各地報章一連多日，長篇累牘的刊登各地工會正式聲明，對朱學範有所主張或聲討。朱學範的大膽妄為，激怒了全國工人以至全國同胞。暗中鼓掌稱快的，唯有在大陸處處引起漫天烽火的共產黨徒。京、滬、平、津、渝等各地總工會和全國性的中國海員總工會、全圖郵務總工會、中國勞動協會等團體，正式向國際間發表聲明，他們在聲明中指出：

（一）香港為中國行政權未及行使之地區，香港的工會與中國並無關聯，因此鄭重聲明在香港的「勞協」是冒名組織，堅決否認其代表中國之權。

（二）朱學範的「勞協」理事長業已解職，復涉及經辦美國援華捐款貪污罪嫌，經重慶總工會告發法院提起公訴，朱學範即潛逃抵港。——他業已喪失一切中國工會之會籍，自亦喪失代表中國工人或工會的資格。

（三）歡迎世界工會聯合會派員來華考察，多多瞭解事實。中國工人的願望，厥為與世界各國愛好自由民主工人團結一致，認清目標，共同努力。

9 緊要關頭親赴香港

問題越來越嚴重，我國政府由於朱學範陰謀竊佔，無法獲得在瑞士日內瓦舉行的國際勞工大會邀請，而會期在邇，照往年舊例派代表團去吧，一定會和朱學範「派」的代表團鬧成雙胞案，貽笑國際，有辱國體。不派哩，總不能任讓朱學範個人胡鬧搗亂，使全國所有工會陷於不獲國際承認的地位，經過有關單位再三集議的結果，於是決定採取一連串的措施。

我國出席第三十屆國際工會聯合會的代表正式產生，可是除開政府代表以外，僱主代表和勞工代表的名單，已與上屆大不相同。

政府代表李平衡、包華國，顧問吳秀峰、李晏平。

僱主代表莊智煥，顧問朱家讓。

勞工代表安輔廷，顧問劉松山、黃昌漢。

與此同時，最高法院下令通緝朱學範，外交部則考慮吊銷朱學範所持有的外交護照。以上兩項，都是依法亟應辦理的必要措施。

當時最重要的問題，厥在如何阻止朱學範赴歐洲開會，雖然眼見朱學範箭在弦上，不得不發，但是我方也不能不做最後的努力。因此，杜月笙便在三十六年三月，天寒地凍，海上波濤險惡的時候，不顧氣喘重症，力疾赴港，隨行人員有顧嘉棠、龐京周等。

杜月笙一到香港，朱學範親往迎迓，杜月笙住在藍塘道嚴惠宇家中。當下，他的意思是既往不究，他叫朱學範回上海，自有工作給朱學範做，一切問題，由他負責。朱學範便慨然答道：

「先生的命令，我當然服從。其實我自己又何嘗不願意回上海工作。」

不過，接下去朱學範又說，問題恐怕不如老夫子所想的那麼簡單，換一句話，就是他做賊心虛，難免心驚膽跳。朱學範反覆申說他回上海會出事體，其中提到：

「現在政治局面已完全不同，我回上海，祇怕也不能發揮什麼作用。而我有案在身，貪污案情節重大，可以判處死刑，說不定還會有生命危險。」

說到這裡，使杜月笙都不免煞費躊躇，勝利以後，他自己也是吃夠苦頭來的；此時此境，確實是叫他難以「言話一句」。

於公於私，陸京士等香港消息，萬分著急，因此乘杜維藩南下侍奉杜月笙之便，他寫了一封長信，懇懇切切，勸朱學範務必「懸岩勒馬，回頭是岸」，許許多多說過了不知多少遍的話，不惜一贅再贅，尤其重要的，是他反覆再三，安慰朱學範，請他放心，祇要他迷途知返，一定會有人為他緩頰。陸京士強調的說：萬不可逞個人意氣，而自毀前程，陷於不忠不義！

人心都是肉做的，朱學範得了陸京士這封長信，心裡當然是很感動，可是無論杜月笙和陸京士怎麼苦口婆心，懇切勸勉，朱學範始終由於心有內愧，想來想去，還是不敢回上海。

自此他開始和陸京士通訊，說明他的處境、心情與當時的計劃，從香港、西貢到巴黎、倫敦，朱學範一路上都有信給陸京士。這位落入共黨圈套，不得不毀棄一切，投入魔窟的杜氏愛徒，在這舉世矚目的迢遙旅途之中，誠所謂：「一步一徘徊，依依不忍去」，從他對陸京士所吐露的心聲，充份顯露其內心的矛盾掙扎，煎熬痛苦。朱學範的信中語句，在在流露變節者的深切悲哀。

三月十四日，朱學範再向杜月笙痛陳他的處境險惡，及其內心種種疑懼。杜月笙則百計安慰，仍然叫他回上海。最後朱學範以生命危險為詞，坦然說出了：「我沒有死的勇氣！」使愛他如子的杜月笙聽了，也不禁為之憮然，因此，他應允了朱學範的最後要求，讓他留在香港，等杜月笙回上海更進一步安排妥當後，再叫他回去。於是朱學範作書覆告陸京士，茲誌其原函全文如次：

「京士吾兄：維藩兄帶下手示，拜悉一是。師座初來之時（指杜月笙專程赴港），曾提及返滬一點，弟於原則上贊成返滬工作。且此議出自師座之命，弟當然服從，且弟亦願意返滬工作。惟事實並非如是簡單，第一，弟法院有案，第二，弟將來如何工作？當時李大超兄參加談話時，弟曾提及許多實際問題。現在政治局面已完全不同，弟返滬也不能發揮任何作用。」

昨日師（指杜月笙）囑暫時留港。世界工聯擬派代表團赴日，弟亦被邀請為代表團團員之一。弟曾函外交部特派員及廣九總支部，此乃官樣文章，於此情形下，政府『當然』不准弟前往參加。

外界謠傳以為兄與弟已分裂，實際非然，目的則一，惟所經之道路曲折不同耳。現時弟要提倡的祇有二點，即民主政治與自由工會，這均在三民主義範圍之下之原則，弟為這一種理論而奮鬥。兄於工運努力廿餘年，當亦能同情這個工運論調的真諦，當然於此時政黨糾紛之下，無法開展工作的，弟擬於理論文化上做一些工作。吾兄目前實際困難與環境複雜，弟十分同情與深切瞭解。吾兄

與弟已有二十餘年之關係，彼此瞭解深切，誼同手足，且多在師座指導之下工作，一切多承關照協助，至為感激，還請宥諒，專此即請

台祺

弟範上三十五年三月十五日

嫂嫂均此」

在這封信有一處顯著的錯誤，由此可見朱學範當時的悶瞀忳忳，方寸大亂。那便是當時正三十六年三月，他卻寫成了三十五年。

10

投共者的矛盾痛苦

朱學範發出這一封信後，不久杜月笙便遄返上海，再為愛徒連絡安排，而朱學範倒也能恪遵師命，在香港等候佳音。直到翌月中旬，滯港將近一月，忽有一日，他坐黃包車由西而東經過皇后大道，突被汽車撞上，使他一觔斗摔下地，稍微受了點傷，於是便由闖禍的將他送進瑪麗醫院，住院治療。

時值英國國會訪華代表團訪問竣事，道出香港返國，他們聽說有一中國「民主人士」，在港遭遇神秘車禍，受傷住進醫院，因而便手捧鮮花，齊赴瑪麗醫院慰問。香港各報各通訊社，認為這是很好的政治花邊新聞，於是翌日中外各報，紛紛揭載。又演成了一段口耳相傳，街談巷論的「熱門消息」。

其實，今日事過境遷，就事論事，益以本文提出的種種證據，可以說明當年各報繪聲繪影的「神秘車禍」，指政治因素迫使朱學範投入共黨懷抱，完全是子虛烏有的無稽之談。

因為，以常識而論，有意撞車殺人，尤其是汽車撞黃包車，在香港皇后大道上，朱學範能夠不死，僅受輕傷，在事實上決無可能。其次，倘若此說勉可成立，那麼，朱學範四月中旬違背師命，自香港潛赴法國，他一路上寫給杜月笙和陸京士的信，百分之百會提起這件「神秘車禍」，而以此作為違命出走的口實。

然而，朱學範自香港而西貢、巴黎、倫敦，一共給杜月笙寫了兩封信，陸京士則收到四封，除了他在西貢致杜月笙一函，不知散失何方，在其餘的六封信裡，絕無一字一句，提到車禍的事。

不僅如此，據朱學範信中直承，他的「不得不走」，係與「外交部施以壓力」有關。朱學範在巴黎致其乃師杜月笙函中曾謂：

「……這次在香港，本來不擬來歐，尊（遵）囑留港，後來自師返滬後，外交部辦事處已在設計吊銷生之護照，並要港政府交涉，解送重慶法院歸案。生怕港政府擋不住，同時他們（指港府）示意要生即離港，在這種情形之下，生祇有離開香港到法國。……」

四月十六日，朱學範自西貢致陸京士一函，他在函中劈頭便說：

「京士吾兄：本月月初以後，外交部繼續施以壓力，結果弟不得不走。弟為本身生存，絕不願做無謂犧牲。弟當時沒有走的打算，所以這一次很突然蒼（倉）卒，而所帶的錢祇有幾百元美金，這一次出去，是列次最慘的一次，但是有什麼辦法呢？事實要我走，要我離開，就是身無半文，也得走。……」

在上一封信發出一個半月後，朱學範到了巴黎，又有長信給陸京士，再度追述突然離港的經過，他說：

「……這一次離開香港，也是出於突然，我正在外交部辦事處接洽赴日本去的事，（在前一封發自西貢的信上，朱學範提到有關於他赴日一事的緣由，原文如下：『……這一次世界工聯赴日代表團，弟是代表之一，結果弟未能邀准，無法參加。但是弟絕不在報上作一些宣傳工作，這無非希望政府對弟有一些諒解，同時也不要使師座、開公（吳開先）與兄處境太難。結果政府也沒有諒解我，逼得弟只有離港赴歐。這樣與〔於〕政府沒有益處的，而弟更不願在外面國際上再有什麼攻擊。但是我到了歐洲不得不說幾句話，我不能裝啞子。事實上弟不得不走，而心理是矛盾的，但是這是出於被逼，有什麼辦法呢？……』）後來知道政府要扣留我的護照後，同時向港政府交涉，押送重慶法院。我與律師請教，照貪污的條文可能判十五年到死刑罪名，弟正真（真正）貪污可能不判死刑，而因政治關係而加以貪污之名，可能判重刑，一條就是死刑。弟為生存起見不得不避開，弟對於死還沒有勇氣！所以這一次走實為求生存，弟不願死，這一點弟求吾兄之諒解，弟這樣做也許使師座、開公與吾兄更困難，但是弟要求生存，有什麼辦法呢？弟實內心痛苦得很。」

朱學範口口聲聲說他是被逼出走，實際上所謂貪污可能罪判死刑根本就是胡說八道，莫名其妙。姑置杜月笙南來所攜的保證不論，即令保證無效，朱學範既然並未貪污，他怎可能因貪污罪處死？而且以杜月笙十八年來待他之恩澤深厚，杜月笙怎肯拉他往死路上走？

唯一被他指為事實的是「外交部要扣留護照，向港府交涉押解送重慶法院」。實則這兩件事依他的說法也是在進行階段，是否屬實，無從求證，而且即令千真萬確，那麼，便在他這同一封信的後段，他竟「為政府打算」，跟陸京士討論起如何制止如他這種偽代表的辦法，真是匪夷所思，千古奇譚。朱學範這一封信的後半段說：

「我們是好弟兄，好朋友，弟回想過去，吾兄與弟早（朝）夕相見，遇事不論巨細，無不共商，社會上看法，京士學範，都以為一體也。現在到此地步，究竟是誰的錯呢？也許是我的。這種變化太大了，也許我們將來年紀都大了，頭髮都白了，吾兄與弟再討論一次這一次的經過，也許很有意味。

「我這一次出來，於實際上是逼走。現在到了歐洲，不出席會議是不可能，現在我已騎上了馬背，一時怎麼跳得下來？而況後面還有人用鞭在打，打得我離開香港，打得我去開會，打得我要開口說話，這是何等痛苦與痛心呢！……（原文如此）。

「現在要吊銷護照，但是我要一張普通護照，否則我怎樣可以旅行呢？

「現在政府所提否認代表、押解回國、吊銷外交護照三件事，第一第二辦不通的，弟為政府打算，徒使國際上辦不通，使政府難堪，不如不辦。第三點可以辦的。在捷京會議中弟當然留心，但是這提案是ＷＦＴＵ（World Federation of Trade Union 包括英美蘇三國的世界職工同盟，極有力量）提出的，我有什麼辦法？這次派安輔廷當代表又是一個難題。此請

勛安

弟範上　五月卅日」

在這封信裡朱學範自己提供意見，他說：「第三點可以辦的」是什麼？不正是他再四埋怨「被逼出走」的外交部吊銷外交護照那一著嗎？朱學範當時神思之恍惚，心情之矛盾，既可哂而又可憐。

11 當偽部長還得當班

自食惡果，投身魔窟，那些誤設羅網的可憐蟲，他們的沉溺之先，其心理狀態如何，朱學範在西貢致陸京士的那封信上，尤有這麼一段真情流露的抒寫：

「……現在弟猶在做夢，究竟這一個（夢是）什麼夢呢？弟深諒解吾兄的苦衷，但是現在弟已經在夢的中途，祇希望這一個夢不是一個太凶惡的結果。」

「身在異邦，心繫故國」，或可為投共之朱學範當時心情寫照。當杜月笙病逝香江，谷正綱輓之以「忠貞足式」，謝冠生輓之以「義比山高」，杜門恆社的忠義精神，即令甘為共黨驅策的叛徒朱學範，也會不知不覺的在作自然流露。譬如他在民國三十六年五月卅日自巴黎給陸京士的那一封信上，便曾有這麼一段：

「……弟到了巴黎，拒絕一切中外記者，也拒絕（到）工會去演講，因為弟祇好盡我良心上的責任。這種態度，弟也不求政府當局的諒解，他們（是）無法諒解我的。弟深知吾兄為弟事包疵（庇）萬分，現在到此地步，請勿再為弟著想，吾兄應該為本身政治前途打算，如果如此，弟還是衷心感激的。」

朱學範離港出走，遠赴歐洲，他的一言一行，一舉一動，由於報章騰載，口耳相傳，於是昭昭在人耳目。其實呢，朱學範是恍恍惚惚的置身夢境之中，不知所在，頻頻回首，民國三十六年七月七日，他自英倫旅次致函陸京士，向「京士吾兄」一敘離情，朱學範告訴陸京士說：（原文一字不改，因為這是後來貴為共黨偽國務院郵電部部長、偽全國總工會副主席、偽第三屆全國人民代表大會山東代表、偽政協第四屆全國委員會常務委員、偽民革中央委員會常務委員朱學範辭離民主自由世界的最後一函。）

「京士吾兄：好久沒有寫信，至歉。

「人生好像一個夢，自從到了歐洲，於法國留了十幾天，就到捷克、日內瓦，現在到了倫敦。

「現在我的問題根本上很難補救，但是我始終留了餘地。將來大家還要見面！

「在捷克世界工聯會，我沒有說什麼。同時我待大會開了二天，我就溜到了日內瓦，去參加國勞理事會。這次世界工聯有決議案。在我走了以後通過的，而且這是公意。

「我於六月十一日到了日內瓦，出席理事會，十九日開大會，照手續我可以做一些反宣傳工作，但是我忍耐著，李平衡兄（三十界國際勞工大會我國政府首席代表）到了以後，我連工人組會議也不出席了。同時我也就離開了日內瓦。

「這次在日內瓦，大家都見了面，我在國外無法不說幾句話，說得很少而且很和平。我這樣告訴你，並不是要討好著你，或者討好什麼功勞。我所以不說，我（是）因為感覺著有許多話不應該我說，有許多事我可以不做。現在我無法求當局諒解，我也不可能求當局諒解。現在我要做的說的，完全由於良心上感應。在報上告訴我，我已彼（被）當局通緝，我並不難受，這也是應得的結果。

「在私人方面，我始終感覺著我感激你與開公（吳開先），又以開公之熱忱愛護，我永不忘的。我到倫敦以後只有幾天，精神很不好，再會！此頌

勛祺

弟範上七、七。」

「有許多話不應該我說，有許多事我可以不做。」「現在我無法求當局諒解，我也不可能求當局諒解。」朱學範投共前的矛盾痛苦，在這幾句話中表露無遺。馬超俊主編的：「中國勞工運動史」第七編頁一七〇二，「民國三十六年」第五節載稱：

「上年（民國三十五年）叛國潛赴香港之朱學範，在港冒設中國勞動協會，彼即假借中國勞動協會理事長名義，擅自向第三十屆國際勞工大會報到，自稱為中國勞工代表，以與我正式勞工代表安輔廷相爭。在國勞大會資格審查委員會雙方爭論達兩小時之久，經資格審查委員會認為朱在香港所設之工會，不能代表中國勞工，決議令其退席，並認安輔延為中國合法勞工代表，出席大會。」

這便是朱學範在日內瓦大搗其亂的經過，他的禍國陰謀不堪一擊，「國勞」資格審查會一次辯論，朱學範即告逐出會外。他在倫敦蟄居一段時期，三十七年春，潛赴哈爾濱正式投共，靦顏變節。賣盡氣力的結果，中共酬他以郵電部長一席，在投共者間要算是比較幸運的一個。然而，投共者即使貴為偽部長，待遇也不能與共幹等同。他曾在偽政協第四屆全委會上發表：「我最近到一個郵電基層企業去蹲點的體會」，共黨所謂的「蹲點」，略同於我們的「當班」，當時已在他出任偽郵電部長十六年後，還得到郵政基層企業去「當班」，他當中共偽部長是什麼滋味，舉一可以反三。

12 我就曉得你要來了

上海的糧倉、勞力來源——蘇北，在抗戰八年期間，一苦於日寇佔領，敵蹄蹂躪，二苦於游雜偽軍，橫征暴斂；勝利前後原已民窮財盡，滿目瘡痍，殊不料乍見勝利曙光，方歸祖國懷抱，不旋踵便有共黨部隊新四軍，自南而北跨江而來，由管文蔚、陳毅等率領，採取各個擊破手段，政治分化，特務活動與武力解決三管齊下，將原駐蘇北保境安民的國軍八十九軍、稅警總團、蘇北保安旅、常備旅等部逐一解決，從此，蘇北成為「解放區」，淪於共黨的血腥統治之下。

中共在蘇北，顯露猙獰面目，厲行三資鬪爭，鬪資望、鬪資產、鬪資歷，什麼「望中央」、「掃地出門」、「活埋」、「五馬分屍」種種慘無人道的酷刑，圖將蘇北各地的老年人、小資產階級、小市民，凡是不能供他們驅策者，屠戮殆盡，年輕人則一律參軍，凡十六歲至四十五歲的男女，無一迴免。男的當兵、下田、做工，女人作為「一杯水運動」的犧牲品，充任營妓——「慰勞隊」。

慘無人道的清算鬪爭，全面的在蘇北各地進行。中共的奸計，相當毒辣，他們藉腥風血雨，無日無之的大屠殺，迫使數以百萬計的婦孺老弱，棄家逃亡。這些消費份子，離開了蘇北，逃到了江南，一方面可以節省蘇北的糧食與生活必需品，另一方面，則百萬人相率就食江南，使江南一帶糧食供應匱乏，物價飛騰，直接戕害國民政府的經濟命脈，造成往後的通貨膨脹，社會經濟全面崩潰，遂使大陸淪於竹幕。尤且，大量蘇北難民之南來，更深切影響京滬一帶的社會安寧，地方秩序。舉一個例，民國三十五年九月，自蘇北共區湧到揚州的難民達五萬餘人，據統計，難民人數佔縣城居民三分之一，也就是說每三個揚州居民，不論貧富，家中有無餘糧，必需負擔一個難民最低限度的衣食，否則的話，瀕於饑餓者勢將鋌而走險。

三十五年八月一日，共軍在蘇北猛攻南通之際，突然掘毀運河河堤，於是洪水泛濫成災，淹沒地區廣達三百平方里，迭經戰禍屠戮的蘇北同胞死者無算，同時又激起新的逃亡潮，各地難民如潮水般湧向京滬沿線各大城市，遠者尤及於杭州。京滬杭各城市車站、馬路、公共場所，到處麕集著成千上萬，嗷嗷待哺的難民群，使得各地糧食、物資空前匱乏，物價一日數漲，工商業惶恐無已，陷於半休業狀態。

因此，在三十五年八月十五日，國民政府蔣主席下令行政院，設法救濟蘇北難民，並且解除京、滬、杭各地工商危機。

未幾，社會部部長谷正綱、江蘇省政府主席王懋功，聯袂抵滬，趨訪杜月笙，請他登高一呼，在上海發動蘇北賑災募捐。當時，他一反常態，對江蘇桑梓之地的巨災，反應殊為冷淡，他向谷、王二位大員遜謝不遑，一再推辭，說是如今恐怕沒有這麼大的力量，主持勸募人選，最好另找高明，以免貽誤大事。

谷、王二位不得要領而退，等他們一走，杜月笙便跟他的左右親信說：

「不是我對蘇北水災不熱心，去年辦一次賑災，江蘇省政府錢拿走了，對於捐錢的人並無交代，褒匾獎狀一件不發。我辦社會公益，全憑一個信字，上次等於是我失了信，這次我便不好再開口說話。」

可是，蘇北難民越來越多，緊急救濟刻不容緩，杜月笙菩薩心腸，又不忍袖手旁觀。這時候他心目中矚意一個人，很想交結，便使楊管北放出空氣，說是江蘇賑災的事，如果由江蘇省黨部主任委員汪寶瑄去跟杜月笙說：祇怕他會答應。

馬上就有人去告訴王懋功，於是王懋功便和江蘇省議會議長冷遹，一道去找汪寶瑄，請他跑一趟上海，促成這件大事。汪寶瑄因為賑災救濟不屬省黨部的業務範圍，不免有點躊躇，特地晉京往謁陳立夫請示，陳立夫當時便說：「很好，既然杜先生對你重視，你便去做好了。這也是黨對於老百姓的服務工作，其他的問題你可以不必考慮。」

汪寶瑄抵滬，先找兩個人，吳開先和楊管北，由吳楊二人陪他上十八層樓，見杜月笙。

一進客廳，杜月笙哈哈大笑，起立相迎，伸手一指汪寶瑄說：

「我曉得你就要來了嘛！」

賓主坐定，杜月笙先作一番說明，去年賑災江蘇省政府沒有能夠配合得好，是為他推了一推的主因，說完，他自嘲的一笑：

「說是說不再管，想了想還是要出來。」

然後他便問汪寶瑄：

「寶瑄兄你看大概要募多少錢？」

汪寶瑄答道：

「我來之前開過會，這一次因為災區廣，災情重，數字要大些。上海方面，不知道可否募到十億。」

杜月笙立刻便十分關懷的再問：

「夠不夠呀？」

汪寶瑄馬上接腔：

「當然頂好是二十億了。」

杜月笙豪爽的一口答應：

「好，我們就照二十億做。」

13

蘇北賑災募捐廿億

抗戰之前，王先青便在上海市社會局當過科長，勝利後杜月笙命他代為照料上海市商會方面的事，王先青便當選了上海市商會常務理事，在黃浦灘上相當活躍。汪寶瑄辭出後，杜月笙便召來王先青，他告訴王先青說：

「蘇北賑災的事體，我已經答應下來。這場功德你來做。」

王先青當時便說：

「老夫子，我從來沒有做過這一類的事，我不會做呀。」

杜月笙的意思很堅決：

「不，這件事還是你來。」

王先青辭出杜公館，往訪上海市商會會長徐寄廎，大惑不解的問：

「救災募款的事，杜先生為什麼會交給我呢？」

「當然交給你了，」徐寄廎笑笑：「募款目標是二十億，數目大了，就要商會來做才辦得到。」

王先青擬訂了兩項原則，請示杜月笙：

一、捐款收受由銀行經手。

二、一應支付用抬頭支票。

他的意思是不過手金錢，杜月笙點點頭，說聲：

「好。」

籌備勸募，第一步，假銀行公會召開籌備會議，當日，杜月笙親自出席主持，江蘇省主席王懋功、財政廳長董輸、省黨部主委汪寶瑄、江蘇臨時省議會議長冷遹，到會列席，上海各業公會、各銀行負責人一律到齊。開會時先由杜月笙致詞，他特別強調上海是在江蘇境內，因此蘇北的匪災水患，也就等於上海人家鄉遭難，同時救災如救火，他希望大家同心協力，快快的做，而且務必要達成二十億這一個數目。

杜月笙主席致詞後，乃由江蘇省主席王懋功起立報告蘇北災情。他說到共黨新四軍在蘇北竭澤而漁，草菅民命，以及持續不斷的種種迫害與暴行；再講到這一次共軍決堤，造成嚴重災害，確使上海工商領袖聽得毛骨悚然，極其憤慨。接下來，杜月笙便宣佈成立「蘇北難民救濟協會」，邀請在場人士一體參加。然後進行選舉，公推杜月笙為主任委員，錢新之、徐寄廎為副主任委員，總幹事汪寶瑄，另設副總幹事三人，分駐上海、鎮江、南京協助辦理各事。於是杜月笙便派王先青負責上海區，董輸常駐鎮江主持發賑。

討論到會址問題，杜月笙說：

「我看就在浦東同鄉會撥兩間房間吧，那裡地點適中，聯絡方便。」

散會後，杜月笙請汪寶瑄、王先青留下來，他提出了一個問題：

「二十億不是一筆小數目，能募到手，要花不少的氣力，我很希望這次賑災能夠辦得盡善盡美，因此我看最好是由協會派人直接發放賑款。」

汪寶瑄考慮了一下，他率直的提出了自己的意見：

「直接發放固然可以避免弊端，但是，難民散處各地，發賑需要相當的組織和人力，一時間恐怕難以湊齊，而且工作人員的費用要增加開銷，反而違背了杜先生的初衷。江蘇省政府設有機構，人馬齊全，調用起來比較方便，杜先生的意思，可否改為嚴予監督，仍舊交給省政府的人去做。」

「那麼就這樣好了，」杜月笙當機立斷，作了決定：「難民需要的是衣食，我們先用賑款採辦物資，然後發放實物。一方面整批購買，價錢可以便宜，使難民多得些實惠；二來各地物價一日數漲，東西早買銅鈿不會貶值；三方面難民領到實物馬上就有吃有穿，需知饑寒交迫的人，是一刻也等不及的。」

汪寶瑄認為這個辦法非常之好，杜月笙卻笑了笑，跟著就說：

「寶瑄兄，這樣一來你的工作可就加重了，因為我想你所講的『嚴予監督』一點，似乎應該有個規定，那就是不論動用任何款項，一概由總幹事核定。」

汪寶瑄義不容辭，當然祇有應允。往後「蘇北難民救濟協會」捐款一批批的撥來，分別在上海、鎮江、南京三地就地採購物資，運往蘇北。汪寶瑄因為有此承諾，便不得不長日僕僕風塵於京滬路上，奔走三地，親自核定一應支付款項。

14 上海選美甩四千萬

勸募重點在上海，王先青要負責募款二十億元，主要的認捐者，由杜月笙出面，在顧嘉棠的家中擺酒請客，上海的地方領袖、工商鉅子，並無一人缺席；杜月笙挽上海市長錢大鈞，市議會議長潘公展、軍統局長鄭介民蒞席作陪，這一席盛大晚宴，便解決了大部份的問題。席間潘公展還講了話，敦促上海各界人溺己溺，慷慨解囊。一邊杯觥交錯，一面還有新聞機構派人來拍攝電影。

社會募捐，杜月笙命恆社子弟，杜門人物，全力支持王先青，務使二十億的目標得以達成。老夫子一聲號令，救災募款可熱鬧了，上海各報、各電台、各戲院、舞廳、一應娛樂場所熱烈響應，平劇、話劇、地方劇演員，紛紛舉行義演，恆社子弟噱頭多，苗頭足，派頭夠，又別出心裁，花樣翻新的辦起了「上海小姐」選舉來。

這在當時是破天荒的一項盛舉，也是我國有史以來的第一次公開選美，果然消息刊出，一時轟動全國，宣傳與募捐遂收雙重效果。「上海小姐」之選舉是捐款購買選票，而以其所得款項轉賑蘇北難民，第一屆「上海小姐」的榮銜，使上海粥粥群雌如痴如狂，報名者多半是自動參與角逐。

重慶范師長范紹增恰好來遊上海，遇上了「選美」這場熱鬧，這位豪資財，好熱鬧的退役四川將領，他捧他的女朋友王韻梅角逐上海小姐。王韻梅、謝家驊、劉德明俱有豪門支持，競選情形空前熱烈，上海小姐誰屬成了各報的熱鬧新聞，和街頭巷尾、茶樓酒肆的最佳談資。王、謝、劉票數鶻起鶻落，聲勢不相上下，范紹增拼命報効，因為客處上海頗有難以為繼之苦，事為杜月笙所聞，一方面為支助好友，一方面也為鼓勵打氣，藉使募捐進入新的高潮，於是由他和范紹增聯合出面，邀請川幫鉅子，滬上豪門，一連幾夜，開懷暢賭，每夜收的抽頭之資，動輒天文數字，全部移作購買選票為范紹增、王韻梅撐腰，如此方使王韻梅的票數漸漸扳高，成了遙遙領先之勢。八月二十日晚間，在新仙林舞廳，宣告上海小姐選舉結果，王韻梅榮登寶座，而以謝家驊第二，劉德明第三。事後范紹增一算，為捧這位美人兒他個人即報効了四千萬元，杜月笙的後援則為兩千餘萬。

「上海小姐選舉」辦得多姿多彩，轟轟烈烈，因而歌壇、平劇和舞廳紛起效尤，他們呈准舉辦歌后、劇后和舞后的選舉，也倣照選上海小姐的辦法，選票收入全部救災。救濟協會方面欣然表示同意，於是各業便如火如荼的進行起來。一時高潮迭起，捐款數字直線上升，報紙電台的大力宣傳，尤收推波助瀾，錦上添花之效。往後陸續揭曉，選出的三位皇后是為：

平劇　言慧珠

歌后　韓菁清

舞后　管敏莉

這些位脫穎而出的小姐，往後不但名噪一時，而且都躍上了銀幕，或為熠熠紅星，也算是蘇北賑災的一項附帶收穫。

杜月笙發動捐款賑災，以新聞界的反應最為熱烈，上海各報館、各電台幾於全部出動，成版的新聞，連續的評論，使此一募捐運動不時掀起高潮，所有捐款者不論數額多少，翌日必可見報，新聞界認真努力的辦事精神，實足令人感動。

蘇北賑災募捐終由於上海市民同心同德，群策群力而順利完成，一共募到二十億元有零，目標達到，所收的實際效果無法估計，不知有多少饑寒交迫，淪落街頭的難民，藉此挽救了他們的生命。尤足道者是杜月笙決策的成功，收到捐款立即採辦糧食布匹，迅即送往蘇北或就地分發，使救濟工作的時效，豈止倍增。

王先青的工作能力，獲得乃師的誇讚，同時由於賑災募捐，使他和杜月笙益為接近，由此所獲的教益比較以往更多。同時，他又因這一次的成功，使他成為杜月笙門下的專門人才，往後一有募捐，救濟事宜，杜月笙必定叫王先青「做」。「蘇北賑災」結束之日，王先青向杜月笙「繳令」，杜月笙心中歡喜，很說了幾句獎勉的話，又告訴他一點自己立身處世的準則。杜月笙說：

「一個人不要怕給別人利用，給人利用到，還有可利用的價值。頂怕的是人家不來利用。」

杜月笙和汪寶瑄，這一次合作自始至終十分愉快，雙方友誼也在突飛猛晉的增進。汪寶瑄對杜月笙衷心敬佩，推崇備至，他認為像杜月笙這樣一個人，其一生的前半段固然不可為法，也不能為法，但以他的出身，竟能有這麼大的變化，實足令人驚訝。他說後期的杜月笙不但文質彬彬，氣質高貴，而且可以說他具有政治家的風度，他有手腕，能權術，尤其他熱心公益，任勞任怨的精神，更非常人所可企及。

江蘇賑災圓滿結束，杜、汪交往漸形密切。不久汪寶瑄因操勞過度，臥病南京中央醫院。杜月笙得到消息，便喚他的愛徒，時任吳江縣議長的徐子為，代表自己，專程到南京探疾，行前並曾吩咐他如此這般。

徐子為到中央醫院汪寶暄的病房時，剛好汪寶瑄睡著了，汪太太坐在一旁陪侍，因為彼此很熟，徐子為請汪太太不必驚動汪寶瑄，他坐了一會，問明白汪寶瑄的病已無大礙，衹要再休息幾日便好，病室不便久處，他將杜月笙的慰問之忱，交代過了，站起身來便告辭。汪太太送他到病室門口，徐子為突然用很快的動作，從衣袋裡掏出一張支票，往汪太太手中一塞，匆匆的說了聲：

「這是杜先生的一點小意思。」

語畢，掉頭就跑。汪太太急起直追，卻是徐為跑得快，已是追不上了。

回到病室看時，「杜先生的小意思」，支票上開的是兩千萬元。

15 中央兩億我也兩億

移時，汪寶瑄醒來，聽他太太將方才經過一說，他便告訴他太太：

「以杜先生的為人，稍微有點聲望地位的，但需錢用，他決不會不給，而且給得誠心誠意，毫不為難。祇不過，受之者收與不收，卻要鄭重考慮，不可輕易出之。因為收受與否兩者之間的出入，厥在杜先生心目中的評價之高低，那是極關重要的。」

因此，數日後他病癒出院，再到上海。第一件事，便是往訪杜月笙，當面奉還兩千萬元支票一紙，同時，他很誠懇的說：

「杜先生的美意，我不但接受，而且非常感激。不過，我現在身為江蘇省黨部主任委員，生一場病，用兩個錢倒還不太為難，我現在不需要錢用，所以，杜先生的厚賜，謹此原璧歸趙。」

杜月笙聽了，一語不發，向汪寶瑄作一個會德的微笑，估手將支票接過，再談其他的事。那日，杜月笙精神份外愉快，和汪寶瑄談笑風生，狀至親密，彷彿他並不隱瞞，他在接受汪寶瑄退還支票後的欣欣然，頗有引汪寶瑄為知己之感。

又隔了相當久的一段時間，汪寶瑄仍在江蘇省黨部主任委員任內，他為建設江蘇一省所有的文化事業，特將銅山、南通、淮陰、蘇州、常州、鎮江六地，隸屬於江蘇省黨部的六家報紙，機器、設備、人員合而為一，出一份規模龐大的日報，並且籌組「江蘇文化事業公司」，全力推展文化事業。

「文化」而有「公司」，在當時國內，猶屬創舉，汪寶瑄為此晉京，下榻洪蘭友家中。他往見中央黨部財務委員會主任委員陳果夫，陳果夫認為汪寶瑄的計劃很好。汪寶瑄便說江蘇文化事業公司的資本額定為二十億元，他要求中央予以補助。

陳果夫答應准由中央補助兩億元，其餘之數，命汪寶瑄自行募股補足，汪寶瑄很滿意，他便按照預定計劃，由南京而上海，去找「江蘇文化事業公司」募股的第一個對象——杜月笙。

一見面，汪寶瑄開門見山的說：

「杜先生，我現在又有一件公益之事，要請杜先生幫忙了。」

「好極，」杜月笙欣然答覆，又問：「寶瑄兄你有什麼事情要我幫忙？」

於是，汪寶瑄把他籌組江蘇文化事業公司的構想、計劃和進行步驟，向杜月笙詳細的說了一遍。

杜月笙凝神傾聽，聽後毫無難色的說：

「這是江蘇省的事體，我當然樂予支持。」

「謝謝。」

「寶瑄兄，」杜月笙再問：「你不妨當面告訴我，你要我出多少錢？」

躊躇了一下，汪寶瑄說：

「公司的資本總額是二十億元，我到南京見過了果夫先生，承蒙果夫先生大力支持，他答應由中央補助我們兩億元……」

話未說了，杜月笙便打斷了汪寶瑄的話，他十分豪爽的說：

「好，那麼我也出兩億。」

簡直不讓汪寶瑄有開口的機會，杜月笙拿起桌上的電話，打給楊管北：

「汪寶瑄先生興辦江蘇文化事業公司，我幫兩億的忙，銅鈿末算大達一億，大通一億。」

汪寶瑄論杜月笙，推許他是「有史以來，厥為民間第一人」，「前所未見，後亦無有」。汪寶瑄提起幾件為他所知的杜月笙軼事，他說在抗戰初起，日軍來勢洶洶，法國駐滬總領事怯於日軍凶燄，曾有放棄租界，撤走僑民，下旗返國之議。事為杜月笙所知，他立刻趨訪法國總領事，理直氣壯的說：

「你們要放棄法租界，很好。我請你們法國人撤退，但是我要你們把武器留下來，交給我，從此法租界歸我杜月笙把守。」

激將法，果然奏效，法國駐滬官員，從此不敢再提撤退的話。

抗戰時期，汪寶瑄在第三戰區擔任戰地黨政委員會中將委員，這位出身復旦與巴黎大學，我國著名的市政專家，當年曾是第三戰區司令長官顧祝同麾下的黨政經三大將之一，他在三戰區主持黨務，與負責政治的李壽雍，主管經濟的趙棣華，同為三戰區的重要核心人物。

和洪蘭友關係密切的汪寶瑄，回憶勝利前夕，戴笠、梅樂斯、杜月笙聯袂自重慶輾轉抵達淳安，當「三人行」一入第三戰區轄境，沿途俱由第三戰區司令長官部派人護送，尤其是在安徽廣德所謂陰陽地界，交換情報，策動偽軍，杜月笙實已發揮其個人的最大作用。

抑且，當勝利來臨，國軍尚未開抵京滬一帶，杜月笙憑恃其個人的聲望，與乎所掌握的群眾力量，居然能夠穩定上海局面，阻遏日軍及共黨的陰謀破壞，使國軍得以順利接收黃浦灘。汪寶瑄又說：在上海被日軍侵佔期間，從事地下工作制裁敵偽漢奸，一切冒險犯難的事都歸杜月笙手下辦，而把一筆筆的功勞賬記在吳紹澍的頭上，這等於說是杜月笙的支票簿交給吳紹澍，任由他開。杜月笙勝利還鄉，照說吳紹澍應該給他盛大熱烈的歡迎，然而吳紹澍竟恩將仇報，濫施打擊，汪寶瑄認為吳紹澍太不應該，而杜月笙之受此冷落，徒為親者所痛而仇者所快，他被吳紹澍壓抑的那一段時期，是為杜月笙生平最苦悶的一個階段。

16

銜頭開來共七十個

上海金融工商界一致擁護杜月笙，是因為杜月笙經過八年抗戰資本更雄厚了，條件更充份了，他交遊更廣，幹部更多，於是杜月笙比戰前更值得為工商界人所利用，所依靠，他們遇有困難，唯有杜月笙能給他們一力肩挑，環顧宇內，他們找不到如杜月笙這種十項全能，無所不至的大保鑣。

當選中國第一任「全國棉紡織業公會」理事長，算是杜月笙一年不鳴，一鳴驚人的優異表現，有此一幕，上海工商界人曉得杜月笙有意復出，於是勸進擁戴者流絡繹於途，杜月笙乃以「紹興師爺」駱清華為智囊，恆社一千子弟為中堅，展開了他凌厲無比的發展攻勢，對上海官府以外的一應公私機構，來者不拒，照單全收，在短短的一兩年間，使他所擁有的煌煌頭銜，多到了令人嘆為觀止的程度。

大略的為杜月笙分門別類，列舉他一生最盛時期的顯赫職銜：

一、公職

行憲國民大會代表（曾當選主席團）

上海市參議員（當選第一任議長，旋即辭讓）

上海市商會常務監察（徐寄廎任會長，駱清華、王先青任常務理事。）

中國紅十字總會副會長（自抗戰前擔任以迄當時）
上海市地方協會會長
上海南區救火聯合會理事長
上海市工業會籌備主任
上海慈善團體聯合會會長
浦東同鄉會常務理事

二、教育

正始中學創辦人
中華職業教育社董事
復旦大學校董
上海法學院校董

三、文化

申報董事長（由潘公展任社長）
商報董事長（由駱清華任社長）
新聞報常務董事
中央日報常務董事
世界書局代董事長

大東書局主席董事
東方經濟研究所理事長（設有經濟通訊社、圖書館、東方書店、印刷所等單位。）
中華書局董事

四、金融

上海市銀行公會理事
中國銀行董事
交通銀行董事
中國通商銀行董事長兼總經理
中匯銀行董事長
浦東銀行董事長
國信銀行董事長
亞東銀行董事長

五、交通

全國輪船業公會理事長
上海市輪船公會理事長
招商局理事
民生實業公司董事

上海市輪渡公司董事長
大達輪船公司董事長
大通輪船公司董事長
裕中輪船公司董事長
復興輪船公司董事長

六、紡織

全國棉紡織業公會理事長
榮豐紗廠董事長（總經理是章榮初）
大豐紗廠董事長
恆大紗廠董事長
沙市紗廠董事長
中國紡織公司董事長
華豐織布廠董事長
利秦紡織公司董事長
西北毛紡織廠董事長

七、麵粉

全國麵粉業公會理事長

第四區麵粉業公會理事長
華豐麵粉廠董事長

八、造紙

華豐造紙廠董事長
民豐造紙廠董事長
雲豐造廠董事

九、漁業

上海魚市場理事長（總經理唐承宗）
中華水產公司副主任委員
洽茂冷氣公司董事長

十、證券

上海證券交易所理事長

十一、貿易

中華貿易公司董事長（在上海復業）
通濟貿易公司董事長（在上海復業）
揚子貿易公司董事長
嘉陵貿易公司董事長

十二、公用事業

華商電氣公司董事長兼總經理

十三、國貨工業

大中華橡膠廠董事長

新華玻璃廠董事長

永興化學工業社董事長

亞浦耳電氣廠常務董事

南洋兄弟煙草公司董事

香港中國國貨公司董事

十四、茶業

中國茶業公司董事長

十五、水果

上海水果業公會理事長（因為杜月笙是水果行學徒出身，上海水果業者引以為榮，一致擁戴他當公會理事長，杜月笙則緬懷當年，欣然接受。）

以上列舉杜月笙的職銜共七十個，其中董事長三十四，理事長十，常務董事三，董事九，會長二，副會長一，校董二、常務理事一、理事二、代表、參議員、常務監察、籌備主任、創辦人、副主任委員各一。全部職銜都印在名片上，即使字體縮小為七號，也得比普通名片加大四倍。

17

麵粉易煤乃得撤退

七十個銜頭多一半是恆社子弟，乃至各界朋友恭恭敬敬送上門來，請他就任的，一部份屬他自己的事業，至於若干公職，那就多少要費點氣力，纔能手到擒來。例如戰後三大全國性公會團體，「棉紡織」獲選經過已如前述，「棉紡織公會」成立後他使奚玉書為秘書長，以汪竹一副之。而其後連續當選的全國輪船業公會理事長和全國麵粉業公會理事長，都是地位極關重要的位置。因為這兩業擁有深厚的實力，堪謂在工商界有舉足輕重之勢，其間如全國船聯會發起重組之初，天津、青島、武漢、上海、廣州、重慶等埠如徐學禹、盧作孚、徐克誠等，在航業界的資望與力量，也不在小，唯獨杜月笙異軍崛起，理事長爆出冷門，杜氏智囊團策劃運用，功不可沒。而自三十五年九月杜月笙膺選之後，他用虞洽卿三北公司的協理，紐約大學法學博士沈琪為秘書長，而以楊管北、錢新之、徐學禹為常務理事，遇有重大問題，杜月笙仍然負責挑起。當三十七年以後，輪船業因運價凍結，而幣值大跌，虧損太重，幾乎面臨停航歇業，便是杜月笙出面奔走，力請行政院通部調整原、交則，尤且兩度貸款航業界，方使航業界免於厄難。又如民國三十八年秦皇島煤運因戰事受阻，上海燃料奇缺，大多數船隻由於無煤可燃，困在黃浦灘，也是杜月笙取得政府特許，以上海的救濟麵粉換取秦皇島十萬噸煤，倘若沒有這一著，上海淪陷前後，大部份的輪船俱將無法撤退，其後果之嚴重不堪想像。

全國麵粉公會理事長得來尤且不易，此一戰後新設的全國性公會組織，不知有多少麵粉業鉅子亟欲角逐，杜月笙當這個理事長，卜燮卿、王禹慶、楊管北等出力不少，膺選後他使入門弟子，恆社中堅鄂森為秘書長，鄂森是我國法學專家，曾任東吳大學法學院院長，勝利後他奉政府之派，赴東京參加國際法庭，擔任審訊日本戰犯的檢察官，是報章雜誌和廣播中不時騰傳的風頭人物。

有幾個重要的單位，杜月笙也留了點餘地，未曾一把抓，吃通庄，而支持親己的朋友出面，再佈署自己的重要幹部，加以操縱運用。例如上海市商會他推徐寄廎當理事長，配上駱清華、王先青等杜門大將。全國工業會的理事長原係吳蘊初，但是吳蘊初和杜月笙不搭价，因此杜月笙便力捧跟自己關係親密的劉鴻生，終於吳去劉繼，達到了他的目的。

蘇浙一帶，沿海漁民數達兩百萬人，鄰近上海的舟山群島係為我國第一大漁場，上海漁業之重要，不言可喻。抗戰之前杜月笙即已著眼於此，他當過農林部漁業銀團的官方理事，上海漁市場便是他一手創辦的。勝利後他使唐承宗接收上海漁市場，等於恢復舊業，再組設規模龐大的洽茂冷氣公司，從此兩百萬漁民和杜月笙息息相關，又形成一支巨大的群眾力量。

18 恆社子弟黃金買家

勝利復員，在大後方為抗戰効力的恆社子弟，漸次返回上海，三十五年秋，恆社舉行第一次會員大會，由陸京士主持，那天杜月笙一襲長衫，神情愉快，週旋於數百親逾骨肉的子弟之間，大會是假麗都舞廳舉行，會中通過許多要案，譬如集資購置一處固定社址，編印會員名冊，選舉理監事，加強會務等等。

這許多決議案在師生熱烈支持之下，很順利的逐一完成。頭一項，在福履路購置洋房一幢，交通便利，地點適中，房屋極其寬敞雅潔，尤且饒有園林之勝，買價為黃金七百二十兩，七十二根大條付出去，恆社弟兄算是有了自已的家。

編印恆社社員名冊，列在小冊子上的杜月笙學生共為九百一十五人，明眼人一望可知人數決不止此，「杜月笙先生大事記」載有：

「……如恆社，則剏於民國二十一年，以進德修業，崇道尚義，互信互助，服務社會，効忠國家為旨，為各界所推崇，尤於戰時貢獻，成績斑斑，八千弟子，患難相從，聲應氣求，遍於寰內。今亦於滬市復員，恢復總社。」

八千子弟之謂，要看怎麼樣個說法，如果以杜月笙舊日所收的清幫徒弟，加上黃浦灘上白相人之拜在杜月笙門下者，與絕對服從杜月笙的各路英雄好漢，那麼，八千子弟這個數目可能還不止。不過，自民國十六年以來，杜月笙的行情水漲船高，他對於恆社子弟的資格審查也越來越嚴，同時他對於恆社子弟期望之殷、愛護之切，雖家人父子也不過如此，所謂「愛深責切」，他的苛刻要求自屬無可厚非，因此往後的恆社弟子莫不是社會中堅、工商領袖，在舊人眼裡多為高級智識份子，所以，恆社的實際人數，大概只在一千一二百之間，未能列入名冊者，多為聯絡中斷、或者一時不明落之故。

杜月笙一心要做「中國的杜月笙」，除了力爭上游，把全國性的公會組織，擇最有力量的抓在手中，造成他實質的支援者，與乎堅強穩妥的背景，此外在個人聲望方面，他尤其多所致力，盡量爭取。抗戰勝利，國家元氣經過八年抗戰，實已大受斲喪，正當舉國上下，放過了鞭砲方欲重整家園，埋頭建設的時期，共黨挾蘇俄之陰助，悍然發動全面叛亂，於是狼煙四起，舉國動盪不安，緊接著便是天災人禍，相繼而來，這種情況到了民國三十六年的夏天，越演越為嚴重，也便從這時候開始，上海幾乎無月不在募款救災，而每一次的賑災募款，在上海也唯有杜月笙可以一諾億萬，如期達成。他把絕大部份的精力和時間，都放在這一件工作上面，他確曾為苦難的國家民族，作了很大的貢獻，而且也由於這一層關係，使他的聲望急劇增高，民國三十六、七年間的杜月笙，實已成為「中國的杜月笙」了。

19

兩廣陸沉百卅餘城

繼蘇北救濟之後，兩廣水災不旋踵而來，民國三十六年六月，位置在廣東、廣西境內的東江、西江、北江、韓江洪水暴漲，不數日便釀成巨災。一時災區廣達四十四個縣，三水、增城、南海、順德、高要、高明、新會一帶，平地成為澤國，一片汪洋大海。廣東省議會推舉議員胡木蘭、王苡、周陸宗、騏宦偉、沈之敬、韓漢藩趕赴京滬，呼濟急賑，募款的最大目標厥在上海。

可是七天以後，民國三十六年七月七日，四川成都突降大雨，蓉城又有水災，一城之內無家可歸者多達十萬。七月八日四川各地大雨如注，迄不稍停，使長江水位高達六百四十二尺，川中十八縣悉遭淹沒，水災之嚴重為近六十年所僅見，杜月笙曾經來來往往的重慶珊瑚壩機場，陸沉於滔滔巨浪之下。

誠所謂一波未平，一波又起，當兩廣、四川水災方興未艾，蘇北又有水災噩耗傳來，這四省三地的災患持續將近一個夏天。民國三十六年九月四日，新聞局長董顯光報告災況，四省水災一發不可收拾，竟至越演越烈。在董顯光報告中指出：

廣東水災：淹沒七十餘縣，災民四百一十五萬人。

廣西水災：淹沒六十二縣，災民三百另四萬人。

四川水災：淹沒三十餘縣，災民一百餘萬人。

蘇北水災：淹沒十七個縣，災民五百餘萬人。

總計下來，四省三區共有將近一千四百萬災民，家破人亡，嗷嗷待哺，唯一的希望是全國同胞能以人溺己溺，解衣推食的心理，慷慨解囊，捐款救濟，而當時全國同胞能有力量捐得出錢來的，似乎只有上海。

恰在這時，上海掀起了中外矚目，影響迅速的七月漲風，發一封平信，漲到五百元，坐一趟三等電車，票價一千，在上海普遍流行的馬力斯（Philip Morris）美國香煙，打破紀錄，在一日之間作三級跳，由每包廿支六千五百，漲到了七千五。

除此之外，上海人的負擔好重，因為當年七月二十日，有關當局尤在上海推行每戶萬元勞軍運動。

民國三十六年八月三十日出版的「杜月笙先生大事記」，係由吳敬恆題耑，「慶祝杜月笙先生六秩壽辰籌備委員會」編印，記中曾經恭維他說：

「先生（指杜月笙）萬方宗仰，不擇壤流，故無論戰時平時，無論天南地北，凡有大災祲，大興繕，上自政府之規劃，下至地方之建設，幾無役不與，無事不致力。」

由於抗戰勝利後紅禍日亟，全國各地災害頻仍，唯有黃浦灘是第一工商巨埠，保有一片乾淨土，因此各地救災募捐，莫不以上海為第一目標，要請上海發動募捐，祇要杜月笙點一點頭，必定可以如願以償，於是，勸募救災成了杜月笙主要「工作」之一，「凡有大災祲無役不與，無事不致力。」

於此有相當的關係。

三十六年七月一日，杜月笙公館出現了五位南方貴客，女立法委員胡木蘭、伍智梅，由三位男省參議員陪同，他們是遠自廣州而來，專誠拜訪杜月笙。其中胡木蘭是前國民政府主席胡漢民的女公子，杜月笙敬仰胡漢民，早即攀交，民國二十年杜祠落成，胡漢民親撰洋洋千餘言的：「高橋杜氏家祠記」，製為巨匾，作為賀禮。記中也對杜月笙獎勉備至，末有句云：

「杜月笙先生，今日之任俠人也，信言果行，重取與然諾，好急人之所難，捐軀命以赴困阨，怡如也。大江南北，識與不識，咸重其義，而慕其風。辛未之夏，先生建家祠於上海浦東之高橋鄉，並附設學校，及圖書館，上以榮先祖，下以啟後賢，不以遠遺，不以己私，其用意甚厚，其望於族人者甚巨且遠，詩曰：『豈無它人，莫如我同姓。』以余觀杜君之所為，蓋俠而儒者，其賢於朱家郭解遠矣。果能秉此旨，以端國族基礎之確立與鞏固，固當在此，而民族獨立，民權普遍，民生發展三端，或將尤有賴焉。祠成，先生囑為之記，余喜其能符於我黨總理之遺旨，且有裨於人心世道也。」

胡漢民以黨國元老之尊，第一個嘉許杜月笙為「俠而儒者」，「賢於朱家郭解遠矣」，這是何等的榮寵，何等的光彩，難怪杜月笙將胡漢民的那塊匾，視同拱璧，對胡漢民則不堪感激，民國二十五年胡氏之喪，杜月笙曾一連多日，心裡難過。

如今胡主席的女公子遠道來訪，怎不使他喜出望外，急忙趨前迎迓，尤且設宴洗塵，慇勤招待。席間談起，原來胡木蘭一行，是來為廣東、廣西數千萬災民請命的，因為那年兩廣水災，極其嚴重，當時已是災黎遍野，餓殍載道，她們當面懇託杜月笙，希望能在上海籌募一筆款項，作為賑災之用。

杜月笙一口答應，而且顯得特別熱心。七月七日，國民政府副主席孫科，中央黨部秘書長吳鐵成，又聯名致電杜月笙、徐寄廎、錢新之，請他們三位在上海發動賑災募捐，以解救兩廣數百萬災民。杜月笙迅即找來徐寄廎，和他商議，杜月笙說兩廣要在上海募一筆款項，我已經答應了，徐寄廎便接口答道：

「杜先生答應了就好。」

20

請宋子文擔任主委

「不過，」杜月笙想起了一個問題，他就商於徐寄廎：「這一次是兩廣水災募捐，主任委員一席，最好請宋院長出來。我跟你老兄，還有公展兄，我們三個擔任副主任委員。」

「那當然再好也沒有了，」徐寄廎極表同意：「不過，叫誰去跟他說呢？」

杜月笙慨然的說：

「我自家去。」

驅車往訪宋子文，宋子文在上海的辦公處，設外灘中國銀行，杜月笙和宋子文見過了面，說明來意。當時，宋子文因為方始卸任行政院長，時正擔任國府委員，對於擔任兩廣水災勸募委員會主任委員的事，是否適宜，難免有點猶移，杜月笙覘狀，頓時就說：

「宋院長，你府上是廣東，兩廣有事，就該由你出面。我們祇請你擔任名義，一切事體，都歸我們負責去做，宋先生你可以相信得過我嗎？」

被他這麼一說，宋子文不便再推辭了，唯有應允。於是，杜月笙滿懷歡喜的回家，按照他心中的腹稿，擬定了兩廣賑災勸募委員會的負責人名單：

主任委員　　宋子文

副主任委員　杜月笙　徐寄廎　潘公展
常務委員兼總幹事　王先青

召王先青來見，命他輕車熟路，再做一次勸募工作。而且當場就叫王先青擬一張「大戶名單」，這一部份的人，由杜月笙等人請吃飯，即席決定認捐的數額。王先青剛剛辦過蘇北賑災，大戶情形，相當的熟。但是當他擬好了名單呈給老夫子看時，杜月笙斟酌再三，顯然是特別的鄭重其事。當他考慮已畢，便指著名單上的兩個名字，關照王先青：

「你把這兩位圈掉，其他的就照名單發請帖。」

王先青應聲是，拔筆修正名單，杜月笙見他的臉上，帶有訝異之色，於是微微而笑，告訴他道：「這兩位先生有點小兒科，大凡小兒科的人，碰到出銅鈿的場合，一定搶先認捐，但是數目決不會大。兩廣水災能夠捐得到多少，一大半要靠這張名單上的朋友。不要讓這兩位來攪亂了場合，把行情開低了，募捐就不會得到好效果。」

王先青一聽，實在佩服，他後來告訴同門弟兄，從老夫子那裡又學到了一道門檻。

進行勸募期中，王先青想起捐款是為兩廣水災而募，募得的款項，究該如何分配，必須事先有所決定，因此，他去請示杜月笙。

杜月笙想了想，答覆他說：

「這個問題，你去請示宋院長。」卻是頓一頓，又自言自語的說道：「廣東災重，廣西災輕，不過呢，廣東富，廣西窮，宋院長又是廣東人，只好廣東方面吃虧點。」

王先青站在一旁凝神諦聽，心裡有數。便去中國銀行請謁宋院長，宋子文對於兩廣水災賑款的分配，回答得極為乾脆：

「二八。」

意思是廣東八成，廣西二成，照此比例分配賑款，王先青因為聽了杜月笙那幾句自言自語，顧不得宋子文官高位尊，以及聽說的宋子文向來說一不二，絕少有人更改他的主張，祇好硬起頭皮，婉轉的說：

「院長的支配也很適當，論災情確實廣東重於廣西，不過廣東素稱富庶，廣西地瘠民貧，將來恢復，廣西要比廣東難得多。院長可否從這一點上著想，把分配比例改為三與七。」

果然宋子文有點不大高興，他沉著臉說：

「以前都是二八，你就照這個比例，把賑款分給廣東、廣西兩地中央銀行。」

王先青無奈，祇好搬出他的老夫子來：

「在我來此請示以前，杜先生還在很感慨的說咧。他說論理廣東災重，廣西災輕，可是宋院長府上是廣東，院長又是中國的政治領袖，看情形這回廣東大概是要吃點虧了。」

宋子文竟然回嗔作喜，使王先青原先捏著一把汗的，當下為之喜出望外，他聽到宋子文從善如流的說：

「杜先生說得很對，我主持這件事，廣東就祇好吃點虧，捐款照三七分配。」

21

國行墊款上海籌還

兩廣水災災情緊急，如果要等到募捐完畢，籌集款項匯往廣東、廣西，那七百餘萬災民，真不知將餓死多少。宋子文為恤民命，特准由中央、中國、交通、農民四家國家銀行及廣東省銀行，先行墊借二百億，緊急撥往災區，先行施賑救濟。這一件事，他當然跟杜月笙先商量過，上海募的捐款一收到，要立刻解入中中交農，及廣東省銀行，歸還墊款。

正在勸募兩廣水災賑款期間，蘇北水災勢同燎原，十七個縣白浪滔天，五百萬人衣食兩缺，被迫逃離家園。於是杜月笙應江蘇省政府之請，又得為蘇北賑災籌錢，當時上海的七月漲風已起，糧價的漲勢最烈，米每一百斤售價高達七萬八千元，麵粉每袋二萬七千，金價則在二十二、三萬元之間，在蘇北水災救濟委員會席上，杜月笙等大家決定了募捐賑款三百億元以後，即刻起立發言。

杜月笙說三百億的數字雖然可觀，但是折合當日米價，也祇能買到四十萬石米，分給五百萬災民，每十二三人祇可得到一石，而且這還是當日的行情，如今米價一日數漲，而籌募巨款尚須很長的時間，來日錢到了手，再去買米，米價還不知要漲到什麼程度？因此他建議蘇北水災不妨比照兩廣之例，請國家銀行先予墊借三百億元，捐款收到，立刻償欠。

大家都說這個辦法好是很好，就怕宋子文不肯答應。杜月笙便言話一句說：

「你們做成決議案，宋先生那邊，由我負責辦交涉。」

當杜月笙和宋子文一商量，宋子文果然面有難色，他說的都是實情，當時共黨叛亂擴大，國家財政支絀，國家行庫經常捉襟見肘，窘態百出；兩廣水災墊兩百億，五爿銀行已經感到吃力，如今再墊三百億救濟蘇北災民，用意固善，但是他既然深知實際困難，也就不便再開這個口了。而且，除開兩廣和蘇北之外，最近四川亦成巨災，倘若各地一律援例，那將如何是好。

杜月笙一心救援那五百萬災黎，迫不得已，他只好向宋子文實話實說，他告訴宋子文，其他災區他自己一時無法顧及，唯獨蘇北水災的賑款，宋先生你該排除萬難，設法請四行先墊一墊。這個道理很簡單，因為蘇北水災是發生在江蘇省境，上海人份外關切，而上海人此刻在為兩廣、蘇北雙方面募捐，倘使四行不肯墊這一筆錢，那麼，上海人由於桑梓關係，一定會先解決蘇北的問題，再來給兩廣籌還五行墊的那三百億，「救災如救火」、「民命關天」，上海人要這麼做誠屬無可厚非。到那個時候，中中交農和廣東省銀行墊的款項何時能夠歸還，縱不說遙遙無期，至低限度也是遷延時久。所以我說宋先生務必要設法幫江蘇省的忙，再墊這三百億元，必須如此我們才可以負責五百億元一齊早日歸清。

宋子文聽他說得很有道理，無可奈何的答應了，由中中交農墊付蘇北水災賑款三百億元，錢由蘇北救濟會負責籌還。杜月笙的這一著，不知全活了多少蘇北災民。而且，後來他對宋子文的保證也如言辦到，五百億捐款，如數籌足，歸墊了賬。

經過這一次共事，宋子文對王先青的印象十分良好，王先青代「兩廣賑災委員會主任委員」擬

「收支分配報告」，宋子文特地提筆在報告文中添加幾句，嘉獎王先青的功勞。其後宋子文在上海的時候，常常召王先青去談話，又有一次宋子文感冒，還叫王先青坐在他病榻之旁談天。不久宋子文出任廣東省主席，每次回到上海，必定召見王先青，且曾一再邀王先青上廣州玩玩，凡此都顯示宋子文對杜月笙門人的好感。

22

杜壽堂會一票百萬

三十七年又有兩廣水災，黃浦灘再度募捐，當時上海市長換了吳國楨，杜月笙便請吳國楨擔任勸募會的主任委員，自己和潘公展，徐寄廎次之，王先青當時幾已成為募捐專家，上海大規模募捐運動的當然總幹事。這一年杜月笙的健康情形每況愈下，常時病痛纏身，可是勸募會開會他必定力疾到場，而且還起立發言，懇切勸促各界慷慨解囊，他這麼做純粹發乎至誠，因而令人衷心感動，尤有時任國民政府副主席孫科暨夫人，還有兩廣軍政首要李漢魂、白崇禧、黃旭初等頻頻列席募款會議，所以三十七年的兩廣賑災又募到一筆為數可觀的鉅款。

河南、湖北兩省也曾在上海募款救災，河南省主席張鈁親來上海面懇杜月笙，不過，募集的數字不大，因為災情並不嚴重。杜月笙辦理賑濟工作，對於任何省份，從不曾厚此薄彼，絕對是盡力而為，殊為當時各省軍政長官所深知，所稱道。

除了募款接濟災歉省份，杜月笙每年還要為上海貧苦百姓，辦一次冬令救濟，這是一年一度的例行公事，但因為杜月笙有了一個募捐專家王先青，於是年年花樣翻新，辦得有聲有色。上海冬令救濟委員會必以杜月笙為主任委員，而以王先青任總幹事，在杜月笙的號召之下，各報各電台發動宣傳，全力以赴，藝人中——吃開口飯的朋友，不論平劇名伶，電影明星、電台歌星，……一聽募捐是杜先生主辦，莫不爭先恐後，份外起勁。他們既出錢而又出力，名伶明星義演，歌星義務點唱，在一年之中最賣座的時節，一連白忙若干天，一應開銷，自掏腰包之外，錦上添花，自己捐錢，尤有為壯場面，自己花錢捧自己的場。一方面表示對杜先生的愛戴，對公益事項的熱心，另一方面，一年一度，報紙電台競以巨大篇幅，逐日揭載冬令救濟義演義唱的熱烈情況，吃開口飯的朋友也不願白白放過這個宣傳好機會。

自民國三十四年抗戰勝利，到三十八年大陸淪陷，上海光復三年八個多月，其間膾炙人口，傳誦遐邇，最盛大壯觀，縱非空前，亦必絕後的一次平劇演出，允推杜月笙花甲初度，而於民國三十六年九月三日至七日，假牛莊路七百另四號中國大戲院所作的五日南北名伶平劇大公演，這一次演出因為有孟小冬、梅蘭芳的「絕唱」，以及全國名伶名票齊集一堂，陣容之堅強，自民國二十年杜祠落成以來不作第二想，因而成為戲劇史上的盛事，讚羨之聲歷久彌新。

尤其義演票價之高，誠足駭人聽聞，原定票價分三萬元、十萬元、二十萬元、二十五萬元、四十萬元、五十萬元六種，可是當九月七日孟小冬登台演唱名劇「搜孤救孤」，上海第一名票趙培鑫屈為「掃邊老生」，陪孟小冬扮公孫杵臼一角，於是轟動歇浦，萬人空巷，黑市票價驟然漲到每張一百萬元，更創世間罕見的高峰。

時人多半曉得戰後滬上還有這麼一件盛事，殊不知「祝壽義演」也是賑災募捐的節目之一，中國大戲院五日演唱，僅各界贈送花籃折合現金移作賑災之用，為數即達三億三千八百餘萬元。雖然當時錢不值錢，但是折合實物為數仍甚可觀。

那一次杜月笙六十稱壽義演所售得的票款，以及其他一應收入，悉數撥充廣東、廣西、四川、江蘇四省的水災救濟金。五日演出盛況空前，欲罷不能，後來又由各界情商多演了五天，可是這五天的巨額票款收入，南北名伶一文不取，他們仍請壽翁杜月笙指定捐贈對象，杜月笙乃悉數撥為清寒青年助學金，並且酌撥一部份救濟在上海的貧苦伶人。

23
孟小冬翩然來上海

杜月笙六十華誕祝壽義演，為什麼會轟動全國，猗歟盛哉，被愛好皮黃者視為平劇演出的里程碑，最主要的原因，還是因為天下獨一無二的鬚生泰斗余叔岩，余派傳人孟小冬的破天荒露演。平劇名票，余叔岩的拜把子弟兄孫養農，可謂余叔岩一生之中最要好的朋友，孫養農在他的「談余叔岩」一書中曾云：

「……民國三十六年，杜月笙先生六十大慶，在上海中國大戲院，連演二夜，轟動一時，名聞全國的『搜孤救孤』——那時我在臺灣得到消息，連夜搭機飛回上海，纔得親聞妙奏。……此外僅從短波無線電中，聽到過（孟小冬的）『捉放曹』同『御碑亭』二劇。而『搜孤救孤』一戲之佳腔疊出，聲容並茂，現在已是家弦戶誦，所以無須再為嘵舌。至於我所收聽到的『捉放曹』和『御碑亭』兩齣戲，余氏而後，真是此曲只應天上有，人間那得幾回聞矣。我又因久已沒有聽到余叔岩之戲，忽然聽到他得意弟子傳神之作，所以倍覺興奮，……覺得她真能把老師的藝術，傳神阿堵，絲毫不差。想天下有多少學余派的人，費盡心力，還是不得其門，而孟氏以一弱女子，得受親炙，登堂入室，真是難能可貴！」

女作家孟瑤在她的「中國戲曲史」一書中，也曾提及民國三十六年孟小冬的這次演唱，她說：

「……孟小冬在沒有投入余（叔岩）氏門牆的時候，已南北聞名，嗓音動聽，做工細膩，自拜叔岩，則每日必至余家用功，寒暑無間。前後五年，學了數十齣戲，是余派唯一得到衣鉢真傳的人。但所可惜的是，除民國三十六年杜家堂會，她唱過兩次搜孤救孤之外，從沒有再粉墨登場過。零星錄音也只有捉放曹、御碑亭、烏盆計等數段而已。假若余派的東西是真正研究院的玩藝，孟小冬倒真是一位唯一夠資格的研究生。名貴則名貴極矣，然大好藝術，不能廣傳，總是一件令人扼腕的事。」

同書，孟瑤將孟小冬的乃師余叔岩，列為皮黃飽和期，亦即民國以來的第一人。

孟小冬是梨園世家，自她上溯，三世九口中，便有五位名鬚生，孟小冬的伯祖孟六，鬚生，祖父孟七，武淨，伯父孟鴻茂，丑，孟鴻壽，丑，孟鴻榮，又叫小孟七，老生兼武生，孟鴻芳，文武丑，她的父親孟鴻群，老生兼武生，還有她的堂兄，大伯父孟鴻茂之子孟小帆，也是老生兼武生。

民國三十六年九月三日起揭幕的「杜月笙六十華誕南北名伶義演」，可謂黃浦灘上，僅次於杜祠落成的盛大演出，總提調由金廷蓀親自擔任，戲碼是金三哥開的，角色也由三哥派人邀來，唯有萬眾仰慕，尤為杜月笙不勝渴想的孟小冬，係由姚玉蘭親自寫信，邀她到上海來參與盛會，為杜月笙之壽辰，憑添異彩！

24 金廷蓀的五日戲碼

金廷蓀的預訂計劃，自九月三日到七日，作五天義演，但是由於群伶賣力，演出十分精彩，益以孟小冬一齣大軸子戲「搜孤救孤」，使黃浦灘為之風靡。於是，臨時決定，將逐日演出重來一遍，於是自三日至十二日，接連演出十天。

杜壽堂會的五天戲碼，至今猶被菊壇人士傳為佳話，玆誌如下：

九月三日　夜場

蟠桃會　閻寶善——豬婆龍

拾玉鐲　姜妙香——傅朋、筱翠花—孫玉姣　馬富祿——劉媒婆

法門寺　裘盛戎——劉瑾　馬富祿——賈貴　張君秋——宋巧姣　馬崇仁—宋國士
楊寶森——趙廉　劉斌崑——劉公道　芙蓉草——媒婆

龍鳳呈祥

甘露寺　譚富英——劉備　李少春——趙雲

美人計　馬連良——喬玄　韓金奎——喬喜　李多奎——吳國太

回荊州　袁世海—前孫權後張飛　梅蘭芳—孫尚香

蘆花蕩　葉盛蘭——周瑜　麒麟童——魯肅

九月四日　夜場

搖錢樹　閻世善——張四姐

大翠屏山帶時遷偷雞　筱翠花——潘巧雲　葉盛長——揚雄　葉盛蘭——前石秀

馬富祿——潘老夫丈　劉斌崑——海闍黎　李少春——後石秀

葉盛章——時遷

武家坡　譚富英——薛平貴　張君秋——王寶釧

打漁殺家　馬盛龍——李俊　馬富祿——教師爺　梅蘭芳——桂英　馬連良——蕭恩

袁世海——倪榮　馬四立——丁郎

九月五日　夜場

群英會　馬連良——諸葛亮　麒麟童——魯肅　林樹森——關公　葉盛蘭——周瑜

葉盛戎——黃蓋　袁世海——曹操　馬富祿——蔣幹

樊江關　梅蘭芳——樊梨花　筱翠花——樊金蓮

九月六日　夜場

打瓜園　葉盛蘭——陶洪　閻世善——陶三春　高盛虹——鄭明子

四郎探母　全班合演

九月七日　夜場

全本得意緣

汪志奎——狄龍康　葉盛蘭——盧昆杰　蓋三省——丫頭
章遏雲——狄鸞英　芙蓉草——郎霞玉　馬富祿——太夫人

搜孤救孤

孟小冬——程嬰　魏蓮芳——程妻　趙培鑫——公孫杵臼
裘盛戎——屠岸賈

25 孫養農談冬皇舊事

孟小冬即因「搜孤救孤」一劇，紅遍天下，被譽為「余派唯一傳人」，而且她也由於這一次的演出，和杜月笙結了不解之緣，為杜月笙晚年生活，憑添幾許歡愉。杜月笙和孟小冬之相戀，過程極為感人，因此，這一段佳話，必須從頭說起。

孫養農在「談余叔岩」一書中，曾經特別指出：

「民國二十七年十月二十一日，孟小冬拜余（叔岩）氏為師。這是余氏的藝術得有傳人，而足以『紀念』的日子。」

「孟（小冬）氏在還沒有列入余氏門牆之前，已經是名聞南北，震動整個梨園的了。她那時的嗓音非常之動聽，做工相當的細到，在家都已認為絕非池中物。這當然因為她本是梨園世家，學有根底的緣故，但也是她天資聰穎，鑒別力強之故。她一向對余氏的藝術傾倒萬分，加上她好學不倦，所以祇要聽說任何那一個人，對於譚（鑫培）或余（叔岩）的藝術，祇要有一知半解的，她是無不卑辭厚禮，請教殆遍，一如余（叔岩）氏當時學藝的情形一樣。像對陳彥衡、王君直、孫老元等，她都曾不厭其詳的求教過。早期並且用孫老元為琴師，以收烘托之功，達七八年之久

「孟（小冬）氏之學戲，與旁人迥然不同，她完全是基於藝術崇拜，名利二字在所不計。因為

在未拜余氏為師之先，她已頗著聲譽，每一露演，座無隙地。而她在經楊梧山先生介紹投入余門之後，毅然放棄舞臺生活，專心學藝。把這樣一個大好的賺錢機會，棄如鄙屣，真是能人所不能。足證她對師藝之敬仰，志趣之高超，確乎不同凡俗的了。

「曾記得在她（孟小冬）未曾拜師的兩三年前，我（孫養農）因事去北平，有一天到余家閑談，適巧名小生馮蕙林也到余家來，代上海一位票友請求拜師，余（叔岩）氏當時就一口回絕，因為他那時已經明白，要傳授一個弟子，必須要選擇良材，一切條件具備，否則是白白費盡心力，徒勞無功的。等馮氏走後，他就對我說：在他心目中，內外兩行，一切條件接近他的戲路，如果經他指點能接受他的傳授，而可以學得成功的，就衹有孟小冬一人而已。其餘的人，他就是肯教，也是白糟塌時候。那個時候，他們師生二人（余叔岩與孟小冬）尚未見面，離拜師時期，還有兩三年之久，而他已認定，衹有這麼一個人可以傳他的衣鉢。觀乎孟氏今日的成就，真可算是巨眼識英雄了。

「孟氏自投入范秀軒為弟子，每日到余家用功，寒暑無間。余氏嗜煙，所以說戲總要到子夜之後，遇著老師興致好，身體好的時候，就多說一點；如果這天精神欠佳，就停止講授。余氏身弱多病，常常不能教戲，但是她仍舊每天的去，而從不間斷；這種百折不撓的精神，不畏艱辛的毅力，真同程門立雪一樣。所以後來為老師所契重，竭力造就，卒底於成。

「她（孟小冬）在學戲期間，除老師（余叔岩）允許，認為可以出而問世者外，絕不輕易登台露演；她這種敬重師藝的行為，為人人所稱道而讚許的。因此世人對於欣賞他藝術的機會太少，尤其我遠在上海難得回平，所以更是望梅止渴，機會難得了。」……

孫養農記孟小冬又謂：

「後來余（叔岩）氏病勢日深，到德國醫院割治，孟氏幫同余氏家人，侍奉湯藥，衣不解帶者凡一月有餘。後來出院回家調養的時候，余氏覺得她這種敬師之誠，情逾骨肉，為之感動；更因為自己知道，經此一場大病後，將永無登台的希望，為了不使絕技失傳，所以就加緊的教授，有時甚至不顧病痛，還要比劃身段給她看。每授一戲，舉凡唱腔白口，身段眼神，無不仔細講解，先後約數十齣。一直到民國三十二年，余氏病故，前後五易寒暑，以孟氏之天資及根底，加以苦心揣摩，專心致力於藝術，並且得到余氏親授時間如此之久，焉得而不成為余氏藝術的繼承人呢？」

末段，孫養農直率的說：

「孟」（小冬）氏自嬪杜月笙先生後，就未對外演出，偶有雅集，也不過是小試歌聲，咳吐珠璣，名貴已極。嗣杜先生逝世，就屏絕劇事，出演更難想望，幸去年趙培鑫、錢培榮、吳必彰三位先生，拜孟氏為師。孟氏也一本余氏的教授精神，循循善誘，三位弟子也勤奮好學，余氏的絕藝，或能因此再傳，而發揚光大，則孟氏之功偉矣。」

26 萬墨林是冬皇弟子

孫養農先生的這部「談余叔岩」，於民國四十二年九月初版於香港，時在杜月笙病逝香江兩年以後，孟小冬遷臺灣後曾經表示，她認為學戲較有成就而樂予培植的，是錢培榮和沈泰魁。

「談余叔岩」一書，係由往後亦復成為杜月笙夫人的孟小冬作序，其中記載自屬信而可徵，不過，萬墨林卻認為孫養農漏記了一筆，據萬墨林說：余派傳人，冬皇弟子，倘以合乎手續而言，他也是孟小冬的徒弟。

萬墨林對於曾拜孟小冬這位師傅，談起來頗為沾沾自喜，引以為榮。他因為受了爺叔杜月笙的影響，也是自小酷愛皮黃，想當年黃老闆做六十大壽，他也曾粉墨登場，唱過一齣大登殿。民國三十八年杜月笙舉家避亂香港，三十九年孟小冬還有興緻吊嗓，每星期五堅尼地道杜公館必有清唱雅集，趙培鑫、吳必彰、錢培榮、趙班斧、杜維屏、朱文熊、萬墨林都是逢「集」必到，而杜月笙則祇要健康情況許可，也定會來參與其盛。雅集自以孟小冬為中心，有時候她一高興，也會跟大家開開頑笑，藝界中人，天生便有至性情。

萬墨林的中氣很足，嗓子也夠「冲」，他唱起皮黃戲來，唯一的缺點是始終改不掉他那一口浦東腔，抗戰以前在上海時曾有一次，他見「爺叔」悶悶不樂，像有心事，為使杜月笙展顏一笑，萬墨林故意打個「旁」，他自言自語的說：

「人家唱鬚生有奉行啥個譚派，麒派的，我麼是真正道地的『杜』派！」

詎料杜月笙聽了，反滋不悅，他揮揮手說：

「算了罷，我杜月笙唱戲也成派，這台戲只好搬到高橋去唱。」

萬墨林打個哈哈，說是：

「爺叔，齊巧是天下名角都在高橋唱過的啊。」

但是萬墨林鍥而不捨，他逢集必到，把孟小冬服侍得妥妥貼貼，孟小冬一開金口，清唱一段，萬墨林便聚精會神，心無旁騖，往往聽得如癡如呆，好半天不動也不響。孟小冬見他志誠，有日一時與起，跟萬墨林說：

「墨林，你有心學戲，我收你為徒弟，好好的教你幾齣，好嗎？」

萬墨林一聽，大喜過望，連聲道謝，說要磕頭正式拜師。杜月笙見孟小冬有興緻，也是歡喜得很，他立刻叫萬墨林請客，當眾行拜師之禮。萬墨林便向酒館訂了兩桌最貴的菜，花了一千多港幣，然後向孟小冬磕頭拜師如儀，於是，他乃成為余派傳人孟小冬正式收錄的弟子。

孟小冬不曾白受萬墨林的這一拜，她一共給萬墨林說了兩齣戲，一齣「四郎探母」，一齣便是被菊壇人士譽為「廣陵絕響」的「搜孤救孤」。

27

六十大慶熱鬧一場

杜月笙花甲之慶，時在民國三十六年八月三十日，亦即農曆丁亥的中元節，在此以前他喘疾時發時癒，住在十八層樓裡，輕易不大出門，而且當時共黨叛亂日亟，國境之內遍地萑苻，處處狼煙，又有兩廣和四川、蘇北等地發生嚴重水災。杜月笙雅不欲他家中有所鋪張，致遭物議，因此對於建議做壽者一概搖頭拒絕，逼不過的時候，他更曾氣喘咻咻的說：

「算了吧，現在我還有甚麼心情做壽呢？」

但是朋友、學生子都說這次花甲大慶非做不可，因為杜月笙五十大壽時恰值八一三滬戰爆發，當時有不少要為他稱壽，杜月笙即曾說過：

「國難當頭，那裡來做壽的興緻？要做，等打勝了東洋人，再來做六十歲！」

所以有人說你杜先生言話一句，這做六十歲壽的事體，當然也不能例外。

各方友好加上了恆社門生，不由分說的組織了一個：「慶祝杜公六壽龢誕籌備委員會」，推出籌備委員二十三人，其中較重要者是：陳覺民（名醫、票友）、王潤生（恆社會計組長）、徐懋棠（中匯銀行副總經理）、王先青（上海市黨部執行委員）、王新衡（上海地方協會常務理事）、楊虎（中央監察委員、海員總工會理事長）、陸京士（恆社常務理事）、金元聲（金廷蓀的大公子，上海黃金大戲院五虎將之一）、汪其俊（恆社平劇組長、黃金五虎將之一）、陳士臬（通商銀行文書課長）、殷新甫（上海紅十字會總幹事）、姚敬賢、張樹春、于松喬（恆社調解組長）、陸慶獻（會計師、恆社候補理事）和吳穎蓀（恆社事務組長）。

八月二十九日，杜月笙六十壽辰的頭一天晚上，在顧嘉棠的家裡，由杜月笙的各方友好聯合設宴為他暖壽，人數經過嚴格甄選，一總還有兩百餘位。多年老友如許世英、黃金榮、楊虎、王曉籟、章士釗、錢新之、徐寄廎、范紹增、劉航琛等，黨政軍界友好如洪蘭友、鄭介民、潘公展、蕭同茲、程滄波、陳方等絡繹來臨，場面顯得熱烈而又輕鬆，遺憾的是這一晚壽星公杜月笙因為喘病又發，無法到場。暖壽筵會遂由洪蘭友發表了一篇祝辭，然後是上海市參議會議長潘公展，代表杜月笙致詞答謝，與宴佳賓一致舉觴，遙祝臥病十八層樓上的杜月笙早日恢復健康。

八月三十日，杜月笙花甲之期，泰興路麗都花園舞廳為之歇業一天，寬廣無比的正廳，佈置成花團錦簇的壽堂，紅燭高燒，香煙繚繞；五彩繽紛，芬香撲鼻的各式花籃，由禮堂外面沿著兩旁牆角，一直擺到照壁，簡直數不清那該有幾千百個。國民政府蔣主席，先期題贈的一幅匾額，用精美鏡框高高的懸在正中，賀詞文云：

「嘉樂延年」

左右兩廂，則為中央各院部會首長題贈的壽聯壽幛，兩側牆上，各地各界的祝頌壽屏，更是掛得密密層層，琳瑯滿目。當日收到的禮品共八百餘件，全部擺在一長串茶几上開陳列，其中有金盾銀鼎，玉石器玩，在各項禮物中有三件特別珍貴，令人讚賞不置的，一是郵務工會利用各種郵票剪貼而成的百壽圖，妙手天成，活脫紙上，一是美一繡業公司以百餘種毛線綉製的一幅杜月笙巨像，據說是該公司繼杜魯門、麥克阿瑟綉像後的第三幅作品，第三件是一幅人物國畫，書中的八仙，呂洞賓居然是杜月笙，送禮的誠可謂善頌善禱了。

杜月笙因喘疾不克到場答禮，他命長子杜維藩領弟妹和弟婦妹倩，分立禮台左右，代杜月笙答謝來賀的嘉賓，除此以外他又請楊虎、錢新之、徐寄廎、徐丞采擔任總招待。

早上八點鐘，第一批來賀壽的厥為上海警備司令，兼警察局局長宣鐵吾夫婦，緊接著下來，自上海市市長吳國楨以次，在上海稍有名望地位的無不踵臨道賀，從南京趕來的中央要人還有吳鐵城、吳鼎昌、王寵惠、宋子文、莫德惠、張道藩、董顯光等，以及孫科、白崇禧所派的代表。此外則尤有江蘇省主席王懋功來自鎮江，杭州市長周象賢來自杭州。總計那一日之內到賀佳賓五千六百餘人，汽車司機賞錢開發了一千五百多部。

那一天杜公館假麗都花園做壽，開的是流水席，一桌坐滿十位客人，隨即上菜，菜餚全是素的而且只有四簋，素雞、素魚、素鴨、素火腿，此外則每客奉以素麵一碗。

杜月笙在邁而西愛路公寓十八層樓上，勝利復員以後，杜月笙除了在顧嘉棠家住過一段短時期，他為了便於養疴，一直都住在姚玉蘭這邊，因為十八層樓房屋比較緊湊，不像華格臬路老宅那邊規模宏大，人口眾多，房子小四面八方都可以照顧得到，對於杜月笙這種「大家庭之主」的病人比較適宜。杜月笙是生病的人，他怕煩、怕吵、怕人來客往，川流不息，同時更怕跑上跑下，勞動病軀。更何況在民國三十六年，杜月笙的八兒三女，已經有維藩、維垣、維屏、維新和維寧都結了婚，五對小夫婦，都在華格臬路住，光說佳兒佳婦晨昏定視，雖則心中歡喜，叵耐精神還是吃不消的。

暖壽盛讌，壽堂祝賀，他一概未能躬自出席，這使杜月笙覺得衷心抱愧，不勝惆悵，又因為這一次花甲稱慶，老一輩的弟兄或則老成凋謝，或者龍鍾老邁，大都不能代為主持盛會，照料一切。在壽堂那邊答禮的是他子女，負責辦事的則為小一輩的子姪學生，杜月笙一向最重場面，他好操心得很，因此儘管人在病榻之上喘息咻咻，卻一直在為壽堂方面牽心掛肚腸，唯恐怠慢了客人，禮數有所未週。於是壽堂和十八層樓兩邊的電話，始終在響個不停。

自己花甲初度，居然有五六千位貴客親臨道賀，麗都花園，戶限為穿，於此可見縱然落日餘暉，猶是一片好光采，自己入世四五十年來的「盡心盡力，言話一句」，畢竟「蒼天不負苦心人」，果然是有收穫。與此同時回想當年一道冒險犯難，出生入死的那班老弟兄，黃老闆黃金榮垂垂老矣，曹河涇黃家花園一孵便是抗戰八年，勝利兩載，他已決心優游林泉，不問世事。杜月笙勝利還鄉他曾到西站去迎接，杜月笙喊了聲金榮哥，對這位老把兄簡直是千言萬語一時無從說起，老弟兄分道揚鑣，離別太久，便彷彿是兩個世界的人了。嘯林哥張大帥的那幢凶宅，早由他兒子張法堯賣給了沈聯芳，這人杜月笙也熟，但是他根本就沒有踏進張家一步的勇氣。

28 萬里長江祝杜月笙

小八股黨之中，跟杜月笙靠得最近的四大金剛，如今已有兩位不得善終，芮慶榮在重慶逝於感染風寒，客死異鄉，高鑫寶則因為賭場糾紛，跟同道中人爭權奪利，被仇家賄買凶手，一陣機關槍射死在一品香飯店門口，他的兒子高尚德曾經到重慶去投奔過杜月笙，杜月笙派他在沙市紗廠擔任襄理，這次返滬，總算接管了他父親開設的「麗都花園舞廳」。四大金剛祇剩下了顧嘉棠與葉綽山，卻也是年近花甲，好漢不提當年勇了。

拿起恆社弟子恭祝乃師花甲之慶的那篇壽序，恆社弟子是請古文大家章士釗執的筆，章士釗於是便將杜月笙比做「蛟龍潛藏於內，風雨孕育其中」的浩蕩長江。這篇壽序一開頭便排空而起，大氣磅礴：

「長江自西北來，千里奔馳，東注於海。當其在上流也，挾雷霆萬鈞之勢，波濤洶湧，洄洑激射，峭壁東流，哀猿啼岸，其鬱塞不平之氣，若無所宣？及其出虁門，納漢水，襟洞庭而帶鄱陽，漫為平流，一望彌際，蛟龍潛藏其內，風雨孕育其中，而篤生人傑，蓋無如杜公矣！……」

「太過火了！」

一聲苦笑，放下了那篇擲地有聲的文章，文章是登在「杜月笙先生六秩華誕紀念集」上的，紀念集由陸京士主編，恆社子弟醵資精印，登載國府主席以次各級首長的許多祝詞鴻文。杜月笙在全集之中最佩服陳布雷給他寫的一篇小傳，再末就是龐京周的一首賀詩，畢竟是多年過從甚密的老朋友，他瞭解杜月笙的心情——

「元龍豪氣隨年斂，夔府秋心許我知，涉世難拋康濟願，不官偏靳養閒時。」

「元龍豪氣隨年斂！」更何況如今又多了這一個時發時癒的氣喘痼疾。

唯一令他引為欣慰的，是孟小冬惠然南來，難得姚玉蘭和她情同姊妹，十分親熱，兩人不分彼此，尤且形跡不離。孟小冬到上海，姚玉蘭立刻便將她迎到十八層樓，杜月笙和孟小冬也已有整整十年不曾見面，對於她的苦心學藝，獲得如此輝煌的成就，愛重之餘，尤有不勝欽敬之感。孟小冬自民國二十七年十二月拜余叔岩為師，迄民國三十二年余叔岩病逝，她曾在暗無天日的陷區北平，渡過八年寂寞黯淡的光陰，據她自己說也是「奔走朔南，迭經憂患，歌喉欲涸，瑤琴久塵」，以一介弱質，飄零天涯，當她到受到杜月笙的敬重，姚玉蘭的親愛，溫情和煦，遂使她生心感激，早年余叔岩病篤的時候，孟小冬曾親侍湯藥，衣不解帶者達一月有餘。因此若論「看護」病人，孟小冬的細心熨貼，夙有經驗，又比姚玉蘭更高一層。既然在十八層樓與杜月笙、姚玉蘭同住，她也就自然而然兼代起姚玉蘭的侍疾之責，她肯為杜月笙長伴茗罏，問寒欷暖，於是使杜月笙大為感動，他沒有想到在他老病纏身的六十之年，居然還有這一分儻來的艷福。

杜月笙酷愛皮黃，自民十以後，他是黃浦灘上最有力最熱心的捧角者，杜月笙和伶界來往，與一般捧角者迥異其趣，他能捧紅任何一位名角，但是他也不時賙濟幫助許多跑龍套、當跟包的苦哈哈，因此伶界人士無不對他尊敬愛重，他在伶界人士的心目中是尊而可親的長者，無論識與不識，伶界人士對杜月笙都有一份特別親切的感情，凡是到過上海的伶人，不曾受過杜月笙幫忙者幾稀。孟小冬和杜月笙因相互感激而陷於愛戀，其基本原因就由於這種感情上的相通而來，難得的是姚玉蘭心胸豁達，她也仰慕孟小冬，更瞭然杜月笙和孟小冬由互敬而終至互愛的心理，她覺得這一份純摯真切的感情相當難能可貴，杜月笙已經是抱病延年，行將就木的人了，祇要世間還有能夠使他快慰，欣悅的事情，她無不樂於讓他儘情的享受。——姚玉蘭服侍杜月笙的痼疾歷有年所，只有她最了解杜月笙的健康情形。

杜月笙勝利回滬以後，他的喘疾不但根深蒂固，尚且有變本加厲之勢，每遇過度勞累，或是天氣變化，他必定如應斯響的「喘大發」。這使他別出心裁的想起了一句俏皮話，每每搖頭嘆息的說：

「我簡直變成一支寒暑表了。」

請醫生，也是中西並重，兼容並蓄，最新式的西醫治喘，和頂古老的「氣功推拿」，同時利用，幾乎一日少「他們」不得。在上海時期請的西醫是名內科何愛仁，蜚聲一時的愛仁醫院院長，他給杜月笙喫藥增強抵抗力，氣喘症發時則用一種「阿射瑪」藥粉放在錫紙上燒了來噴，當杜月笙急喘不已，呼吸迫促，聞到這裊裊的藥霧，呼吸便會漸漸平復，有時候杜月笙嫌燃灼噴霧法既慢而又不方便，他乾脆採取老槍喫白麵（海洛因、嗎啡）的方式，把阿射瑪藥粉塞在他慣吸的茄力克或棉花頭香煙頭上，點著了吸入，多半也會得有效。

「氣功推拿」請的是樂老師，這位藥老師的氣功，在黃浦灘上是赫赫有名的，他曾在震旦大學傳授國術多年，他說他能運用兩手的千斤之力，為杜月笙活動筋脈，暢通血液，使他全身感到舒暢安適。杜月笙自中年以後便養成習慣了，晚上非搥背敲腿不能入眠，所以「氣功推拿」對他相當重要。何愛仁診務忙時不妨隔日來一次，樂老師反是每天必定要上一次十八層樓，杜維藩曾經私下問過他父親：樂老師的推拿究否有效果？杜月笙輕輕的答道：

「也不見得怎樣。」

由此可知，杜月笙所從事的種種治療，無非是使家人親友寬慰，暫時減少一些痛苦；實際上，他的喘息早已全無斷根之望了。

29

堂會十天盛況空前

杜壽堂會由金廷蓀擔任總提調，但是北上故都，專程邀角兒，則由恆社平劇組組長、黃金大戲院五虎將之一的汪其俊及其結拜兄弟孫蘭亭負責代金家伯伯的勞。汪其俊、孫蘭亭北上邀角，在北平的四大名旦之三，程硯秋、尚小雲、荀慧生都因為有事纏身，不克南來，其餘大牌名角如筱翠花、馬富祿、張君秋、芙蓉草、劉斌崑、譚富英、韓金奎、李多奎、閻世善、李少春、馬盛龍則是一概到齊，加上原在南方的梅蘭芳、馬連良、麒麟童、章遏雲、裘盛戎、葉盛蘭、姜妙香、楊寶森、馬四立、蓋三省、魏蓮芳等，陣容自是空前的堅強，再加上姚玉蘭的一封私函邀來了余派老生，魯殿靈光的孟小冬，聲勢之浩大，在勝利後全國各地的平劇演出中，確實不作第二次想。

北來名伶大都住在金廷孫的南陽橋「老金公館」，名伶在上海的開銷，在義演票房收入項下支付，角兒則一概不支酬勞。他們唱純義務戲，所有售票收入一律移充全國各地賑災之用，七天公開售票的義務戲演下來，杜月笙大概籌到一百億左右的鉅款。這一筆數目，即使在物價日漲的當年，也是相當的可觀。

義演前後歷時十天，杜月笙卻由於生病，一場好戲也沒有看過，到是有不少北來名伶，紛紛的上十八層樓探疾，杜月笙在病榻上向他們連聲道歉，並且也答應了他們的要求，祇要喘疾稍愈，精神體力許可，他一定要抽出時間，跟大家聚一聚。後來，他果然力疾踐約，和大家合拍了一張照，而且每一位贈送一隻金錶，以留紀念。

在杜壽堂會演出中最令人矚目的一對名伶，當然首推余派嫡傳孟小冬，和在敵偽時期曾經蓄鬚拒演的伶王梅蘭芳，這兩位舉國無出其右的名鬚生與名青衣，一般的都是為了惓念友情，感恩知已，於十天義務戲裡特別的「卯上」。孟小冬的情商破例，粉墨登場固然使杜月笙面上飛金，光采萬丈，而梅蘭芳在十日之內連唱八齣大軸，僅祇迴避了與孟小冬同台的兩場，現是豈同小可，非比尋常。退一步講，要不是梅博士梅蘭芳和杜月笙交誼深厚，推脫一聲跟孟小冬同時演出多所不便，他比程、荀、尚三大名旦更有理由免役。

因為，伶王梅蘭芳和冬皇孟小冬，曾經是一對恩愛的夫妻。

孟小冬下嫁梅蘭芳，早在民國十五年，這是盡人皆知的一件梨園韻事，以冬皇配伶王，珠聯璧合，旗鼓相當，自是菊部佳話，倘若使這兩位同台演出，互切互磋，也許他們往後的造詣猶不止此，還能使平劇藝術迭獻新猷，大放異采。可是，梅孟之結合，僅祇維持了一個短暫的時期，他們新婚不久，便告被迫仳離，黯然分袂，使梅孟戲迷，為之一掬同情之淚。

梅孟賦離內幕，時至今日，論者每謂為梅蘭芳還有一位髮妻福芝芳，因為福芝芳不容孟小冬，而恰好在民國十五年，北平無量大人胡同梅蘭芳的家中，又發生了單戀發瘋的京兆尹（北平市長）王達之子王維琛，持槍行凶，終至連喪二命的血案，這一幕鮮血淋漓的慘劇嚇壞了梅蘭芳，不得不讓孟小冬下堂求去。——孟小冬系出梨園世家，但是她自小生長在南方，纔十三歲，便在上海大世界乾坤劇場獻藝，唱的是「譚派鬚生」，和名影星李麗華的母親張少泉、香港老伶工粉菊花同台演出，民國十四年她到北平，演出於三慶園，祇唱夜場。

當時的故都北平，正值平劇的「鼎盛春秋」，余叔岩、楊小樓、陳德霖、荀慧生合組的「雙勝班」，正在和赴日演唱載譽歸來的伶王梅蘭芳打對台，斜刺裡殺出一位南邊來的小姑娘孟小冬，居然能在兩大之間脫穎而出，使故都菊壇由雙雄對峙一變而為「鼎足而三」，孟小冬未拜名師以前，她的劇藝已是何等的精湛，由此不難想像。孟小冬的天才橫溢，異軍突起，使梅蘭芳不禁刮目以看，由仰慕而生情愫，雙方素極心儀，兼以惺惺相惜，於是「冬皇」嬪於「伶王」。

但當孟小冬紅遍故都紅氍毹上，拜倒於她石榴裙下的少年郎，正不知道有多少。就中有一位京兆尹（等於北平市長）王達的兒子王維琛，單戀孟小冬到了發狂的程度。他聽說孟小冬下嫁梅蘭芳，便袖了一管手槍，找到無量大人胡同中段綴玉軒梅蘭芳的家裡，揚言梅蘭芳奪了他的「未婚妻」，他要找梅蘭芳算賬，一會兒要取梅蘭芳的性命，一會兒又要賠償十萬大洋。這時候梅蘭芳恰在午睡，他家裡的一位常客綽號「夜壺張三」，在北平報界工作的張漢舉，便出面敷衍周旋，張漢舉方在討價還價，陪笑商量，不料梅蘭芳一覺睡醒，貿貿然的闖了進來，「仇人」照面，驚壞了張漢舉，當下祇好向他拋個眼色說：「這位王先生，是來跟你借五萬塊錢的。」

梅蘭芳這時已經一眼瞥見了王維琛的臉色不對，以及他手上的那柄短槍，他大喫一驚，匆匆的說了聲：「我打電話去。」便一個轉身從側門溜走，他走後立刻就打電話四出求援，於是，王懷慶的京畿衛戍總司令部、薛之珩的「首都警察廳」，以及全北平軍、憲、警各單位都派了大隊人馬來，把梅蘭芳的那幢四合院，圍得水洩不通。

30

梅孟姻緣五步流血

王維琛聽到梅蘭芳的那一句「我打電話去」，即已警覺大事不好，但是他祇是一個二十多歲的朝陽大學法科學生，養尊處優，任性慣了的大少爺，他缺乏應變的能力，仍然僵著不走，一副手足無措，難於決斷的神情模樣。一直等到大批軍警趕到，他才想起利用張漢舉當擋箭牌一路開槍衝出去，其悲慘的後果可想而知，綴玉軒外亂槍齊下，院子裡流血五步，伏屍二人，王維琛理性全失，他把夜壺張三一槍擊斃，終於自己也飲彈而亡。

鬧出這一樁血案，使梅蘭芳心摧膽裂，為之嚇傷，他旋不久便挈眷南下，但是正因為有此一幕，被福芝芳抓住「口實」，梅蘭芳家裡便勃谿時起，鷄犬不寧。福芝芳進梅門在先，她口口聲聲為梅郎的生命安全著想，逼他和孟小冬分袂。孟小冬自幼傲比冰霜，及長紅遍南北，她豈肯與不學無物，一逕靠牢梅郎吃飯的福芝芳，爭一日之短長。然而梅蘭芳深愛孟小冬，他決不願輕言仳離，問題是他也制服不了福芝芳的吵吵鬧鬧苦纏不已，因此，梅蘭芳在聲譽如日中天的時候，深深的為家庭糾紛苦惱，進退兩難，幾至憤不欲生。梅蘭芳的至親好友，實在看不過了，於是，他們決定集議籌商，插身其間，幫梅蘭芳做這一個重大決定。

留學日本士官學校，返國後卻在金融界異軍突起，成就非凡的前中國銀行總理馮耿光，廣東番畏人，如所週知，他才是梅蘭芳的後台靠山，精神主宰，終梅蘭芳一生，對這位馮耿光馮六爺，可謂一言一行，無所不從。馮六爺說一，梅蘭芳斷然不敢曰二。

就在北平無量大人胡同梅宅血案發生過後不久，梅蘭芳的家庭糾紛越趨尖銳，福芝芳吵鬧不休，梅蘭芳實已面臨福歟？孟歟？魚與熊掌不可兼得的最後抉擇。梅宅親友，集會頻仍，都在為梅郎的「終生幸福」打算，想要幫助他作最後的決斷。當其時，曾有一次，杜月笙的好朋友楊志雄，偶然夤緣忝為座上客，他曾親耳聽到馮耿光力排眾議，他要梅郎捨孟而留福。

馮耿光所持的理由是什麼呢？三言兩語，很簡單，他分析孟小冬和福芝芳的性格。他說孟小冬為人心高氣傲，她需要「人服侍」，而福芝芳則隨和大方，她可以「服侍人」，以「人服侍」與「服侍人」相比，為梅郎的一生幸福計，就不妨捨孟小冬而留福芝芳。他這個說法，把那些擁孟論者列舉的冬皇優點，什麼梨園世家、前程似錦、珠聯璧合、伶界佳話，全都壓了下去，在座的每一個人都不便再贅一詞。

就憑馮六爺對梅蘭芳的影響力，一件關係三方面終生幸福的婚姻大事，自此輕易解決。

上海的小報、雜誌，在杜月笙六秩誕辰盛大公演之期前後，怎肯放過孟小冬、梅蘭芳同期演出這一條千載難逢的花邊新聞。當時上海正流行軟性的小報和方塊雜誌，花樣翻新，不惜危言聳聽，有謂孟小冬、梅蘭芳的「南北會」，正是他們舊情復熾、破鏡重圓的契機。又說什麼上海淪陷期間梅蘭芳留鬚不唱，福芝芳則為破除寂寞，寄情賭博，早已將梅蘭芳的生平積蓄，輸得一乾二淨，她怕丈夫稽核，魂夢為勞，眠食難安，於是得了神經衰弱症，梅蘭芳正想驅之為快，如今心上人南來，眼看覆水重收，便在眼前。……等等等等，不一而足，總而言之，當時全上海的輿情，似乎一致都在為孟梅復合，而在大聲疾呼，搖旗吶喊。

小報上有人建議，何不在杜先生六十大慶堂會戲中，特煩冬皇孟小冬，伶王梅蘭芳，合演一齣四郎探母，便帶回令更好，請孟小冬扮楊四郎，梅蘭芳飾鐵鏡公主。然後再叫鐵鏡公主梅郎給四郎冬皇屈膝告罪請一個安，唸一句：「咱們在這兒給您陪禮哪，得罪您啦！」夫妻相視一笑，天大的怨恨，不就結了！

好事的小報、雜誌不遺餘力做撮合山，使梅蘭芳百口莫辯，福芝芳心驚膽戰，姚玉蘭深心惴惴，杜月笙則有說不出來的滋味，最低限度他是怫然不悅，而孟小冬竟能處之泰然，她對所有報章雜誌刊載與她有關的文字，一概視若無覩。

孟小冬感於姚玉蘭之誠，杜月笙之四海物望攸歸，肯予萬里南來，登台露演；而梅蘭芳之在杜壽晚會獨挑大樑，一連唱了八場，則也是發自內心，表示他對杜月笙的一份愛戴與敬仰。杜月笙在梅蘭芳蓄鬚拒為敵偽演唱時期，明裡暗底，幫過不少的忙，因為當時他在汪偽組織，甚至李士群、吳四寶等領頭的敵偽特工機關裡面，都有潛伏的勢力，即令是東洋特務頭腦，杜月笙也可以透過他的私人駐滬代表，如徐采丞去打打交道。所以日軍和汪偽逼梅蘭芳，始終沒有逼到「人急吊樑，狗急跳牆」，杜月笙是出過一點力的。勝利來臨，梅蘭芳固然能由一段光榮的事蹟，而以「漢忠」的姿態出現，在知命之年猶能粉墨登場，扮演千嬌百媚的小姑娘，但卻畢竟夕陽啣山，色藝俱弛，能有多大號召力，連他自己也毫無把握，一個老伶人到這種地步，當然格外的需要大力人士捧場，或作後台靠山。

31

伶王割鬚感恩知已

湊巧梅蘭芳民國三十四秋，在上海第一次登台，就碰上了莫大的尷尬，幸虧由杜月笙挺身而出，替他解圍。當時正值美軍在華協助國軍接受日軍投降，魏德邁上將抵達上海，指揮美國艦隻裝運國軍前往東北各港口，上海市長錢大鈞為盡地主之誼，特請梅蘭芳出來在美琪大戲院演一場堂會戲，招待魏德邁將軍和美軍將士，事為駐防部隊所知，他們誤以為梅蘭芳的演唱，係屬廣泛的勞軍，於是「喧賓奪主」，把一座美琪戲院的座位幾乎佔滿，使後到的持票美軍反而無座而入，鬧得憲兵警察出動，反覆勸說不生作用，美軍一氣相率離去，場內看霸王戲的觀眾大吵大鬧，嚇得梅蘭芳和他的班底，困在後台一時不知如何是好。便在這天下大亂，不可開交的分際，杜月笙毅然的露了面，他命前台宣佈今晚劇目照舊演出，請大家少安毋躁，靜靜欣賞，對梅蘭芳他則慨然的說：國家體面攸關，秩序安寧要緊，你今晚多唱一場，開銷一概歸我。明天晚上再為魏德邁將軍和美軍將士演唱，終究還是一樣。

這本來是很容易解決的一件事情，不管台下觀眾鬧得怎麼凶，後台祇要把鑼鼓點子敲起來開唱就是了。但是梅蘭芳個性柔懦，膽子太小，竟會在憤怒叫囂、拍椅擂地的大兵觀眾之前，嚇得手足無措，眼淚直流，必定要杜月笙來替他把場，為他出主張，他才敢開鑼演出。事後他對杜月笙的仗義勇為，幫他解除危難感激萬分，杜月笙送他一張鉅額演出酬勞支票，梅蘭芳說什麼也不肯收，然而送錢的人卻打了個哈哈，他道：

「收下吧，一來杜先生說話算話，二則，幾時有人退過他的票吶？」

梅蘭芳一想自己果然沒有退回杜先生賞賜的資格，只好覥顏收下。

等到外間「梅孟重圓」的謠諑越傳越盛，呼聲甚囂塵上，縱然是空穴來風，八字也沒有一撇的無稽之談，但是言者鑿鑿，煞有介事，遂使當時實已捲入漩渦的梅蘭芳、福芝芳夫婦，和杜月笙、孟小冬一對戀人，全都感到心中極不是滋味。於是，冰雪般聰明的孟小冬，便適時提出回北平料理諸事的願望，杜月笙雖說萬分難捨，卻是明知她的用心良苦，也就不忍峻卻，果然，等孟小冬突然回返北平以後，外間謠傳種種，一下子靜止下來。孟小冬唱完了杜壽堂會，都回到北平去了，還說什麼「梅孟重圓」，或竟是隱「指」杜月笙「納諸專房」，「天下之歌，盡入杜門」呢？

風止塵定，波濤不興，杜月笙雖然略微心寬，但是縈念伊人，在天之涯，他的心境，漸漸的又趨惡劣，尤其當年華北戰雲日亟，共黨連陷要地，當北平將成圍城，杜月笙真是急得遶室徬徨，心憂如焚。他函電交馳，又派專使，好不容易飛機接出來了孟小冬，杜月笙歡天喜地，興奮若狂，待孟小冬猶如捧住了一隻鳳凰，孟小冬也有感於他恩情之重，自此死心塌地，杜門不出，像服侍她師父余叔岩般，盡心專侍杜月笙之疾。

抗戰勝利，回到上海以後的杜月笙，由於子女多已成年，率皆自立門戶，他自家又因健康關係，怕熱鬧，圖清靜，難任繁劇，因此不是寄寓顧嘉棠家，便是躲在十八層樓，人客少，規模縮小，所以日常開銷節省很多。另一方面，又為精神體力不繼，像往前那樣呼盧喝雉，通宵達日的豪賭，也是此道不彈久矣，有此種種緣故，他個人的用度所需無幾，照道理說，他的經濟情況應該漸漸轉好，縱不能為四妻八子三女若干孫，作未來的福田計，最低限度，他可以不再舉債。

然而，事實上他在中日戰後，還是大舉其債如故，而且日積月累，越借越多，多到成為天文數字，莫說籌措歸還，即令閉上眼睛想一想，都叫人心驚膽戰，不知如何是好，他這許多錢既不曾著上身，又沒有喫下肚，都到那裡卻去了？稍許接近一點杜月笙的人都知道，杜月笙的無底洞是應付捐款，接濟朋友。自抗戰勝利以迄大陸淪陷的三四年間，由於共黨播亂，內戰殷亟，大陸上天災人禍，交逼而來，上海是通商大埠，舉國金融工商事業的中心，在杜月笙這種地方領袖多年的倡導策勵下，上海人對於社會公益事項，一向非常熱心，所謂人溺已溺，恤危濟貧，唯有上海人真能慷慨解囊，集腋成裘。所以無論廣東、廣西、四川、山東有了災患，南京、鎮江、無錫、杭州麕集了大批難民，中央或地方說一聲要在上海募款救濟，祇要杜月笙點過了頭，一定會掀起捐募的高潮，籌措到可觀的款項。杜月笙生平主持過的勸募工作，多至不可勝計，但如按照時期劃分，卻以淪陷前的那一個階段為最多。杜月笙一年四季勸人家「捐輸踴躍，因澹沈災」，他自己能不先解義囊，首為之倡嗎？此所以，戰後三四年間，他在各項捐款上所支付的數額，不但為數可觀，而且是為他全部支出中的絕大多數。

32 取之於土用之如土

換了另一個人，杜月笙在黃浦灘掌握將近七十個全國性以至地方性的機關團體、事業機構，權利、薪津、紅包、好處不說，最低限度，應付賑款募捐，總可以分別的往這些機構頭上套，由它們酌情量力，代為報銷。但是，杜月笙之所以能夠掌握這許多機構，就在於他的漂亮、落檻、說話行事，心口如一，於是令人從心眼裡佩服，擁護。他當七十個機構的主持人，決不是要在這七十個機構中君臨一切，抓人、抓錢，滲透勢力，予取予求，把人家的事業，當做他自己的工具。如果他真的這麼做，那裡會有這麼許多傻瓜作繭自縛，平白無故，去請杜月笙擔任太上老闆？

當然，籌募任何捐款，杜月笙是要向他的有關各事業機構分攤，不過，分攤的數目，不僅要合理，而且還要合情，譬仿說杜月笙是全國輪船、棉紡織和麵粉公會的理事長，舉辦一項募捐，在上海市的輪船、綿紡織和麵粉公司，他要他們各捐一筆款子，這個數目就一方面要使外間看來公司本身並不小兒科，而另一方面公司老闆夥計也要感到所付出的合理，既不太少也不過多，假如不是有杜先生做擋箭牌，由人家硬性分派，說不定還要多出幾倍來，因此他們捐銅鈿便捐得心平氣和，服服貼貼，對於杜月笙之為他們的領袖，也是衷心擁戴，無話可說。

為使自己在擔任名義的各機構中，不致引起一句閑話，一次批評，杜月笙必須戒慎戒懼，時刻小心。頭一步他必須來去清白，決不沾光，別人的事權他全不干預，別人的盈虧他佯不過問，別人的業務他更不插足，別人的門口他也不多過。早先，人家請他當什麼董事長、理事長，杜月笙明曉得是被人利用為擋箭牌、大保鏢，他覺得能如此便是面上飛金，提高身價，還有點沾沾自喜，洋洋得意，不但不麻煩人家任何事體，尚且心甘情願賠時間，賠人情，甚至貼脫兩鈿，但是後來銜頭越來越多，他當這種名義什麼長成了老喫老做，漸漸的他也將權利、義務統統限於一個範圍，你們助長我的聲勢，幫了我的場面，我呢，不介紹一個私人，不用你們的銅鈿，不過要我貼兩鈿呢，最好兩免。有事，我挺身而「頂」，有問題，我出面解決，你們一定要給我什麼好處，實在推脫不掉我也祇好收下。然而，杜月笙幫人家忙的最高原則，還是在於「放交情」，決非得兩錢來用用，此所以，不論杜月笙捐多大的款項，他都絕對不肯往所屬事業機構的頭上套，這便是杜月笙參透世故熟諳人情的漂亮落檻處，也正是那麼許多人開設公司，都想請他出來當董事長、常務董事的緣故。

那麼，抗戰勝利後的杜月笙，他歷年捐助的巨額款項，是從那來呢？

前中央黨部組織副部長、上海統一工作委員會常務委員兼書記長、戰後擔任上海市社會局長歷時最久，曾與杜月笙訂交垂二十四年的吳開先，談起杜月笙抗戰勝利後的經濟狀況，曾經強調的說：

「杜先生是取之於社會，用之於社會。」

對於民國二十五年以前的杜月笙財務情形，吳開先尤有一句一針見血的妙論：

「那時候杜先生的錢，無可否認的是『取之於土（煙土），用之如土！（糞土）』」

吳開先說勝利後杜月笙用起錢來，還是目揮手送，一擲億萬，但是他卻再也不能「有土斯有財」

了。吳開先認為杜月笙做生意根本外行，對於金錢的數值觀念始終糢糢糊糊，他在許多好朋友和學生子的協助之下，確曾辦了一些事業，譬如中匯銀行、華豐麵粉、造紙，還有他在華商電氣公司和浦東銀行等事業佔了或多或少的股份，——在杜月笙所擔任的金融工商機構三十四個董事長、三個常務董事，九個董事之中，真正屬於他自己的，僅祇如是而已。但是吳開先說他在這三四個銀行、公司裡，能夠賺到的錢確實微乎其微，決不足以維持他出手驚人的龐大開銷。

戰後杜月笙錢從何來？據吳開先從旁冷眼觀察，杜月笙一向對於「可以捏手」的錢，決不客氣，祇是有一樁，必須「取之於道」，使他拿錢拿得心安理得，付錢的人也付得樂胃。

吳開先很佩服杜月笙的能夠識人，用人，但是他認為杜月笙獲致成功的因素，多一半是靠他花錢，能花錢，樂於花錢，一小部份則由於他的天賦聰明智慧。足夠使他默察時勞，適應潮流，因此他始可「見風使舵」，「識相得很」，該出頭的時候他自會出頭，一旦情勢環境轉變得不利於他，杜月笙馬上就「韜光養晦，杜門謝客」，這一點機智使他順利渡過許多「災難」。

33

理監事外設十六組

戰後的「恆社」，杜月笙多半交給陸京士負責主持，陸京士有組織長才，辦事有計劃，有條理，所以他先自健全機構，加強組織著手，在福履理路買下了花園洋房的固定會址以後，「恆社」立刻便向有關機關申請立案，使恆社獲有法律地位，既然成為法定團體，於是，恆社便遵照法定程序，由社員大會產生理監事會，分設各組，辦理會員福利業務。

恆社社員大會，每年舉行一次，他們印製了精美的「恆社社員通訊錄」，封面由杜月笙題簽，卻是打開這本小型的通訊錄一翻，裡面自第一頁到第一百〇六頁，就再也找不到杜月笙的名字了。這是因為恆社組織採取了理監事制，社員中「最高職級」厥為常務理事，而常務理事每屆均由陸京士以最高票數領銜，老夫子不便與門生弟子同列，所以祇有從免。

翻開這本「恆社社員通訊錄」，看他們的「姓名」與「職業」，不僅知名之士，社會中堅，全冊觸目皆是，而且，士農工商、黨政軍學，可謂社會各階層兼容並蓄，無所不包。杜月笙一生從未勉強任何人加入「恆社」，所有恆社子弟都是自發自動的投奔而來，由恆社名單之廣泛顯赫，人稱杜月笙為通天教主，實不為過。

恆社成立迄今，歷時三十六年，會員大會，則一共召開過五次，在第五屆理監事選出後的「恆社社員通訊錄」裡，吳紹澍的大名赫然仍在。至於當選至今的第五屆，亦即最末一屆理監事及職員，名單如下：

常務理事
陸京士　唐纘之　杜維藩　王兆槐　郭蘭馨

理事
王先青　水祥雲　殷新甫　王潤生　吳穎蓀　黃炳權　陸增福　姚君喻　陳覺民　周祥生
王震歐　汪其俊　高尚德　朱亞傑

候補理事
王得民　羅松雲　錢培榮　陸慶黻　朱化農

常務監事
唐世昌

監事
于松喬　張廷灝　彭堯亭　王叔和　張受百

候補監事
周星北　沈萊舟　邵予英

總幹事
陳士皋

副總幹事
吳穎蓀　陸慶黻

理監事外設十六組□

文書組長　陸增福
副組長　周星北
事務組長　吳穎蓀
副組長　羅松雲
會計組長　王潤生
副組長　孔繁枏
組織組長　陳士皋
副組長　朱化農
編輯組長　郭蘭馨
副組長　朱亞傑
集會組長　殷新甫
副組長　王得民
平劇組長　汪其俊
副組長　錢培榮　姚君喻
體育組長　王兆槐
副組長　高尚德
職業介紹組長　陸京士

副組長　王潤生
交際組長　王先青
新聞組長　蔡殿榮
旅行組長　周祥生
副組長　陳覺民　盛少鳴
救濟組長　王震歐
副組長　黃炳權
學術研究組長　李宗文
調解組長　于松喬
副組長　劉心權　劉禮甫
娛樂組長　江肇銘
副組長　于松喬　吳穎蓀

34

八兒三女期望般切

曾經顯赫一時，常年冠蓋雲集，門庭如市的那幢華格臬路老宅，勝利後被改成了寧波西路，門牌號碼編為二百十六，由於杜月笙一直不曾搬回去住過，再加上隔壁頭張嘯林家一度「流血五步，橫屍二人」，於焉被人目為凶宅，因而顯得門巷冷落，車馬轉稀。

抗戰時期華格臬路杜公館的主人，大部份時間都在後方，華格臬路老宅一度形成真空狀態，杜月笙曾經把他高橋鄉下的那位老娘舅朱揚聲請了出來，幫他看守老宅。朱揚聲在樓下挑了一個房間，就此在華格臬路長住，他那個房間裡有一隻很大的保險箱，老娘舅忠心耿耿的守牢在保險箱旁邊睏，誰也不知道杜公館那隻大保險箱裡，裝了多少金銀財寶？

老娘舅朱揚聲瞎了一隻眼睛，年紀也相當大了，但是身體精神都很好，他在華格臬路外甥家中算是享了幾年晚福，經常由聽差、娘姨服侍，門戶也有賬房保鑣照料，閑來無事就上午「皮包水」（上茶館點心店），下午「水包皮」（混堂裡沕浴），附近一帶誰不曉得他便是杜先生的老長輩，親娘舅，朱文德的老太爺，達官貴人，販夫走卒，見了他一概鞠躬為禮，恭恭敬敬的叫應一聲，使老娘舅心中得意，交關落胃。

勝利後雖然陳氏太太、孫氏太太，以及杜維藩夫婦相繼返滬，他的兒子亦即杜月笙的表弟朱文德也當選了上海第五區、嵩山區的區長，但是老娘舅仍舊歡喜住在華格臬路，使華格臬路老宅諸人有一位老人家，略略彌補了宅主常年在外的不便。老娘舅朱揚聲住華格臬路一直住到民國三十八年大陸淪陷上海撤退，由杜月笙給他一份優差，仍回高橋家鄉，擔任杜氏宗祠的總管理人。大陸陷共時期他病逝高橋原籍，這位老人家總算享了若干年外甥、兒子的福，他一死，杜月笙的長輩就一個也沒有了。

杜月笙對於自己的嫡親表弟，老娘舅長子朱文德也是相當的照顧，朱文德字𪱙庵，比杜月笙小二十一歲，中學畢業後入江南銀行充任初級行員，同時就讀夜校，專修法律，不久他便取得律師資格，正式執業，成為黃浦灘上一千三百餘位律師之一，銀行方面則杜月笙命他到中國通商銀行擔任稽核，二十六年夏，朱文德三十歲不到，即已膺選上海律師公會常務理事，抗戰八年他留在上海，從旁協助地下工作，勝利後上海的三十一位區長公開選舉，朱文德競選第五區長馬到成功，以此作為踏入政界的起步，三十五年春他當選了上海市參議員，三十七年當選立法委員，同年冬天又曾膺選全國律師公會常務理事，三十八年春杜月笙挈眷赴港，朱文德也舉家隨行，杜月笙逝世以前，他經常不離左右。

對於自己的八兒三女，除了三個女兒還小，杜月笙對他的兒子期望很高，愛護頗切，而且有意無意間似乎作了安排，他很希望他的兒子都向金融工商界發展，一則他家裡確實缺乏這種人才，二來他所擁有的幾個事業，也需要有人接管。杜月笙開銀行，辦事業可以請朋友幫忙，學生照看，他不認為他的子女，也會跟他走同樣的人生途徑，從杜月笙對子女的教育和種種安置，即可發覺他實已深知他那個「前無古人，後無來者」的地位，決不可能再有人有以倖致，因此他從無任何兒女可以繼承他之想。其中最明顯的一個事例，厥為杜月笙八兒之中，祇有老大杜維藩一個人參加了恆社，被推舉為常務理事。而杜維藩之入恆社，其實還是便於擔任杜月笙代表的關係，杜維藩之外，杜月笙的另七個兒子便不曾再有一位恆社社員。

由於杜月笙所辦的第一個事業是中匯銀行，而杜維藩是長子，所以他始終希望他在銀行界工作，他不願杜維藩以小開身份，將來一步登天的便坐上中匯銀行總經理寶座，因此他先叫杜維藩到中國銀行當練習生，要在普通店家這就等於學生意。杜月笙命杜維藩一面當練習生一面進夜校，他要他徹底瞭解銀行業務，一切從頭開始。後來他進香港交通銀行，從末等辦事員熬到分行副主任，抗戰時期在重慶做到交通銀行存款部主任，小龍坎辦事處主任，一直到杜月笙自己的中國通商銀行在重慶復業，一方面因為人手不夠，一方面杜月笙也認為杜維藩「多年的媳婦熬成婆」，夠資格了，方始把他從交通銀行調到中國通商，派他在駱清華手下擔任襄理。

杜維藩做銀行等於是科班出身，而杜月笙還以為自己對於銀行業務純粹是外行，因此他給杜維藩求了一位名師，同時也是杜維藩在銀行界頭八年裡扶掖提拔的老長官，那便是他的最要好朋友之一錢新之，錢新之懂得杜月笙的心意，因此對杜維藩耳提面命，循循善誘，尤其對他的出路作較好的安排。錢新之視杜維藩如子，使杜家上人覺得不正名份實在過意不去，所以曾有一度孫氏夫人建議，杜維藩應該正式拜錢新之喊先生，詎料這個建議被錢新之拒絕了，他說：

「我一生一世只收了一個學生，嘯林哥的少爺張法堯，齊巧這頭一個學生就不爭氣，從此以後，我就發誓不收學生了。」

勝利還鄉，杜月笙調杜維藩為中國通商銀行上海分行副理，還是在協理駱清華的手下工作，往後又在徐懋棠赴港時期，當過一任中滙銀行副總經理。後來，他是臺灣銀行的研究員。

35

誇獎維屏眞才實學

孫氏夫人的一對佳兒，老三維屏，老四維新，抗戰之前即由母親領著，赴英國留學，後來轉到美國，維屏進了麻省理工學院，專攻紡織工程，他的在學成績，十分優良，曾獲獎金、獎鑰，而為杜月笙輒時引為自傲，他嘗在知己心腹之人面前說：

「祇有維屏，張張文憑都是硬的，他靠的是真才實學！」

抗戰勝利，杜維屏、維新兄弟學成歸國，杜月笙有子成龍，出人頭地，他非常的歡喜，不久，他又膺選全國棉紡織業公會理事長，而由他擔任董事長的大紡織廠，尤有大豐、恆大、榮豐、沙市、中紡、華豐、利泰、西北毛紡八家之多，所以他極想杜維屏學以致用，能夠在紡織工業上發展抱負。但是杜維屏雄心勃勃，不此之圖，他和盛宣懷的七公子盛蘋丞合作，經營進出口貿易，在短暫期間之內，做得有聲有色，很賺了一點錢，等到上海華商證券交易所恢復，杜維屏便和他的長兄杜維藩一樣，領到一張經紀人牌照，他開設一家宏興公司，也是和盛蘋丞在一齊，同做股票買賣生意。他們的場面做得很大，不過杜月笙總以為維屏不能如自己的意願，在紡織業一獻身手，多少有點不大開心。

杜維新是老四，他回國以後，杜月笙命他在浦東銀行擔任副理，地位很高，職務也很重要，杜維新確實做得相當不錯。杜維新在美國的時候交了一位女朋友，兩人雙雙回國結婚，這是杜氏門中第一位外國媳婦，維屏、維新兩兄弟是同時在上海麗都花園結婚的。

陳氏夫人所出的老二維垣、老五維翰和老六維寧，也都是學有所長，杜維垣在美國學教育，返國後辦了一陣正始中學，杜月笙又派他到華商電氣公司，維翰、維寧則任為中匯銀行常務董事。維垣和維寧兩兄弟，雙雙娶了香港藍塘道嚴家的兩位嫡堂姊妹，杜月笙和嚴家的嚴惠宇很要好，嚴惠宇是揚州人，為人豪爽慷慨，最愛結交朋友，因而乃有「揚州杜月笙」之稱。杜月笙每到香港，藍塘道嚴家總是常去之地，他在嚴家挖挖花，打打牌，客中消遣，頗能滅除若干蓴鱸之思。民國三十六年初，杜月笙因朱學範事件，扶疾南來，便是在藍塘道嚴惠宇家下榻，也就在這個時候，杜維垣和杜維寧跟嚴家兩位小姐的婚事決定，兩兄弟因為父親在香港，特地到香港來一同舉行了婚禮，於是杜月笙的八個兒子，倒有四兄弟是同時結婚，一道成家的。

36

從政之頁國代議員

負責制憲的中華民國第一屆國民大會，民國三十五年秋，在上海市選出區域代表八人，職業代表十二人。自杜月笙以次，包括杜月笙支持的友好，暨杜門相關人物，恆社子弟，當選者即有杜月笙、陶百川、錢新之、王曉籟、朱學範、周學湘、金潤庠、唐承宗、唐天恩、陸京士、陳楚湘、萬墨林、駱清華十三人之多。因此，當民國三十五年十一月二日，制憲國民大會代表開始報到，杜月笙一行自上海啟程，同行者都是三日兩頭經常見面的，一路談笑風生，興高采烈，彷彿是結伴同作金陵之遊。

杜月笙抵達南京後破例不住中央大飯店，他下榻洪蘭友家，洪蘭友自民國三十四年八月，他人還在重慶的時候，便被中央特派國民大會秘書長，當時南京國府路上，那座巍峩崇閎，堂皇矞麗的國民大會堂都還不曾破土，而代表宿舍、會場設備、一應代表食宿交樂衛生醫藥唯有一紙計劃。洪秘書長接任以後，由於國府在政治協商會議閉幕後明令公佈國民大會應於五月五日在南京舉行，所以洪秘書長要在短短三數月中完成一切的籌備工作，其迫促緊張可想。當時洪蘭友最感需要的是幹練有為的文書、事務人才，杜月笙便請他在恆社子弟中儘量挑選錄用，由於這一層緣故，有不少恆社子弟轉入政界，成為洪蘭友的重要幹部，譬如往後有國民大會「最佳事務」之稱的朱品三，勝利後杜月笙先派他當中國通商銀行南京分行專員，民國三十五年後便開始追隨洪蘭友，以迄於死。再如恆社弟子葉毅字聞思，寫得一手好楷書，中華民國憲法影印本，即由葉毅恭楷寫就而照相製版的。此外如杜氏愛徒婁子敬、楊克天、吳樂園等，都曾因洪蘭友的借調，而一度步上從政之途。

在南京開了一個多月的會，和全國黨政軍領袖，各地名流耆彥相聚一堂，使當時常日三病兩痛的杜月笙也為之精神抖擻，笑口常開。這一個多月的南京小住，恰好是在隆冬，杜月笙病體孱弱，難禦嚴寒，因此他經常穿得一身臃腫，即使在房間都不敢把頸脖上的厚羊毛領去掉，此外則應酬的日程排得太滿，有許多地方由於分身乏術唯有婉言推托，以案頭堆積如山的請帖來看，杜月笙在南京的風光依然很好，行情相當的高。

葉聞思也是恆社子弟中，出類拔萃的一位。他是安徽人，像貌長得分明是個書生，殊不料他居然擅長武功。葉聞思之身懷絕技被人發現，說來也噱。原來同門弟兄中以吳紹澍平時最喜歡撩撩逗逗，尋人開心，他自以為身長力大，斯斯文文如葉聞思，決不是他的敵手，因此很早以前有一次恆社弟兄聚會，大家正在談笑風生，興高采烈，吳紹澍存心捉弄葉聞思，他猛的一扳葉聞思的肩，想要把他扳倒。殊不知葉聞思反應靈敏，迅如鷹隼，他反手捉住吳紹澍的手腕，使勁一甩竟把吳紹澍直甩到了長沙發上，吳紹澍瞪大眼睛莫名其妙的盯住他，滿房間人駭然驚訝。

葉聞思立刻便向自家弟兄說明，因為滿清末造，他的家鄉一帶盜匪多如牛毛，有錢人家為使年輕子弟有以防身，輒常請了師父來傳授武藝，所以他也曾學過幾手。這時候同門弟兄十分好奇，紛紛的要求他再表演，葉聞思推脫不得，便喚人去拿三四根粗毛竹筷來。

他使人將三四根毛竹筷緊攥手中，姑且當做匕首，然後對準他的咽喉猛戳，在場的人沒有一個敢於下手，迫於無奈，葉聞思便自家來，他以筷為刀連連猛刺自己的咽喉，直到三四筷子全部給戳斷了，葉聞思再請參觀的人細審他的喉部，皮不破，血不流，甚至並無絲毫瘀腫，咽喉完好無恙。

在場的人一致發出驚嘆之聲，杜維藩說他也曾看過不少國學大師，海內外力士異人表演各種功夫，無非內功外功，胳臂腿腳，充其量還有什麼頂上功夫，壁虎功亦即腹肌作用而已，從來不曾聽說過咽喉也有功夫的？他問葉聞思，怎麼會想起練咽喉功來的呢？

於是葉聞思笑笑，他並不隱瞞的說：練「咽喉功」的決非他一個，他家鄉裡的人多半都有這一套，原因是他家鄉強盜裡防不勝防的是所謂「揹娘舅」者。「揹娘舅」的意思是由於江南一帶都說上當舖是上娘舅家，「揹娘舅」者厥為乾脆把娘舅揹著走，以便予取予求，多得錢財也。葉聞思家鄉的「揹娘舅」之徒，從事剪徑打劫生涯，他們不要伴當，無需兵器，祇備短短蔴繩一根，走到無人地帶，遇見了獨行客商，緊貼在身後走，然後猛的用蔴繩套上對方頸脖，一個急轉身，將對方揹在自己的背上，勒緊繩，使那人急切發不出聲，再抽緊，於是卡住咽喉，不得呼吸，終告一命嗚呼，再將死屍放下來，從容劫走他的銀錢與衣物，這才雙手一拍，揚長而去。

葉聞思說明白了，正是為了應付這種防不勝防的「揹娘舅」之徒，他們家鄉的年輕子弟，大都練就這一手咽喉功夫。

37 上海競選另有一功

杜月笙連續膺選制憲、行憲國民大會代表，上海市參議員、市參議會議長，旋又辭去，由市參議會再度投票推選潘公展出任。這是杜月笙在勝利還滬前後四年期間，膺選公職的概況。上海在抗戰勝利以後，曾經一連串辦過許多重要選舉，尤其在民國三十六年元月一日中華民國憲法公佈實施，又有監察委員、立法委員、行憲國民大會代表等中央級的民意代表均須如期選出，所以，從民國三十六年起，上海也和全國其他各地一樣，邁入了政治氣氛濃厚的選舉年。

上海市各種中央級民意代表選舉監督委員會次第成立，照例由上海市長吳國楨兼任主任委員，社會局長吳開先兼任總幹事，實際上負責任的自然是吳開先。吳開先回憶民國三十六間上海辦理各種選舉，他頗感欣慰，不勝懷念的說：

「上海市選舉風氣非常之好，它不像若干選區的烏煙瘴氣，亂七八糟，競選的人要花很多的錢，在上海不論是競選監察委員、立法委員或國大代表，當選人既不需請其客，也不必花甚麼錢，充其量不過拜拜客，向社會各方面表示表示，某某人要出來競選什麼公職。投票的時候，選民自會各本交情良心，言話一句，說投給誰便投給誰，所以上海從未發生任何選舉糾紛。」

照這麼說，在上海從事競選不是太容易了嗎？事實上則並不盡然，因為，吳開先又說：

「祇要有人出來競選，他就先向各方面表示一下，各方面決定對他支持與否，這就等於是初核了。夠資格、夠條件的競選者，用不著花錢，一定可以當選。資格、條件不夠，初核通不過，那麼，即使再多化錢，也沒有用。」

那麼，負責初核，決定何人當選又是那些方面呢？吳開先又說：

「黨、政、和社會領袖，由這三方面以協商方式決定的人選，可以說任何人都服貼，通得過一切考驗，而為其他力量所無法反抗者。」

所謂黨、政和社會領袖，又指的是那些人呢？國民黨上海特別市執行委員會，雖說以吳紹澍為主任委員，但自戴笠查辦吳紹澍貪污侵占案件以後，固然由於戴笠墜機逝世，讓他僥倖的逃過鬼門關，吳紹澍免去了上海市副市長，和社會局局長這兩席重要的位置，他仍努力保有黨、團兩項要職，但是他已漸漸的在步向日暮途窮，黯然失勢，他辦事未必辦得通，說話根本說不響，祇要他有所舉動，往往立刻會受到強大有力的壓抑，和齊同步驟的抵制。這當然是由於吳紹澍多行不義，以及他往先氣燄薰天，不可一世所導致的不滿情緒而引起，但是另一方面，吳紹澍不顧輿情，凡事愛走偏鋒，標新立異，他所提出的主張，多半不能為大眾所接受，也是他自取其辱的重要因素之一。吳開先曾經舉出一個最明顯的例子，他說：自從吳紹澍反對杜月笙不成，他當然曉得自己已經開罪在長江流域，擁有絕大潛勢力的清幫，於是他便想竭力拉攏洪門人物，尤思扶掖洪門的力量，謀與清幫對抗。監察委員競選時期，吳紹澍即曾為此慘遭一次失敗，等於是自討沒趣。

按照監察委員選舉法的規定，上海特別市應該選出兩名監察委員，監委選舉，係由各省市參議會投票產生。當時，上海市「各方面」協調意見的結果，一致屬意楊虎和陶百川。

楊虎和上海淵源甚深，民國二年二次革命，黃浦江中的肇和兵艦之役，楊嘯天幹得驚天動地，轟轟烈烈，他的大名在上海無人不知，無人不曉，民國十六年和二十六年，他又曾兩度出任淞滬警備司令。楊虎跟黃老闆、杜月笙、張嘯林，上海三大亨，都是拜把兄弟，義結金蘭。抗戰以後，他是中央監察委員，又是勢力龐大的中華海員總工會主席，在當時他出馬競選監委，確實是任何人都沒有話說。

另一位有意逐鹿者則為有「大砲」監委之稱的陶百川，陶是紹興人，美國哈佛大學研究生，民國十六年北伐之役，他曾隨國民革命軍到上海，在國民黨上海市黨部擔任要職，又當過淞滬警備司令部軍法處長。二十年「一二八事變」，滬戰初起，杜月笙等倡組上海市抗日後援會，後來更改為永久性組織，極有力量的「上海市地方協會」，陶百川即曾與史量才、杜月笙等合作，擔任兩屆秘書長，再加上抗戰八年期間，他膺選國民參政會參政員，即有敢言之稱。其後又曾一度出任中央日報社社長，因此，他要競選監察委員，資望、條件都相當的夠，而為「各方面」所樂予一致支持。

38

吳紹澍杯葛陶百川

當楊虎、陶百川決定出馬，上海區監委選舉可謂大勢已定，幾已無人對於楊、陶之當選，發生疑問。唯有吳紹澍，他偏偏獨樹一幟，揚言要運用黨團的力量，擁出一位與洪門有關的姜某，出而競選。他這樣做一方面是為了打擊陶百川，同時也是分化、破壞市參議會中的杜系人物，使他們在黨團與老夫子之間，難作抉擇。另一方面，自然也是旨在培植洪門聲勢，而向洪門人物送秋波。

杜月笙得到消息，他毫不遲疑，立刻挺身而出，分頭通知市參議員中和他有關係的人物，請大家一致支持陶百川，所有選票，不得分散，祇投楊虎和陶百川兩人。杜月笙的通知，說一不二，徹底有效，使吳紹澍用盡氣力，替姜某助選拉票，其結果仍歸失敗。

陶百川之當監察委員，除了杜月笙一系人物全力支持以外，他自已因為是上海市黨部的老人，在上海市黨部中友好甚多，因此，有許多不屬於杜系的市參議員，也基於友誼關係，不理會吳紹澍的指示，照樣把票子投給了陶百川，陶百川終於贏得輝煌的勝利，同時也證明了吳紹澍的不得人緣，遇事便成為眾矢之的，他之鬧得眾叛親離，與他的性格為人有關，可以謂之為「咎由自取」。

由於陶百川當選監委所經過的一次小波折，令人恍悟所謂的「多方面協調」，其實則杜月笙的幕後運用，每能產決定性的力量，而上海市自行憲以來，從中央民意代表到地方性各項選舉，可說大部份都和杜月笙有關。因為杜月笙能夠廣泛而確實的掌握住上海廣大群眾，所以競選人祗要能得到他的支持，用不著請客，花不了幾文，篤篤定定，當選無疑。這是上海選舉特色的由來，試看上海立監委、國大代當選名單，數一數其中有那些人跟杜月笙無關？這一個問題，但可以思過半矣。

民國三十六年底，在這一段時期，杜月笙的抱病之軀，在姚玉蘭、孟小冬通力合作，悉心照料之下，已有好轉的跡象，精神體力，稍復正常，他因為臥榻太久，許多事體都不接頭，所以不時也肯於下十八層樓，到各處走走。轉眼間到了三十七年元旦，一大清早，杜月笙便驅車市商會，參加元旦團拜，而在團拜席上，遇見了上海市警察局長俞叔平，俞叔平便提起上海全市警察將在元旦日舉行大檢閱，早就發過請帖，邀杜月笙蒞臨指導，現在大檢閱即將開始，他便勸杜月笙和他一道前往觀操。

杜月笙一時高興，便答應了大家同去。警察大檢閱便在福熙路浦東同鄉會門前，杜月笙一行抵達後，全部被邀上臨時佈置的閱兵台。往閱兵台上一站，看過分列式齊步前進後，還有各種表演，時值嚴寒，朔風撲面，杜月笙起先倒還頂得住，但是足足站了一個多鐘頭，他便感到十分不適，卻礙在節目未完，不便中途告退，於是祇有咬緊牙關硬撐，好不容易撐到大檢閱結束，他匆匆告辭，趕緊回十八層樓，回家後往床上一倒，就此發了高燒。請醫生來診視，說是感染風寒得了惡性感冒，一場大病，又使他纏綿床第一個多月。

等這次惡性感冒痊癒，早已過了陰曆年，陽春三月，行憲第一屆國民大會將在南京召開，會中要選舉中華民國第一任大總統和副總統，三月二十九日大會揭幕之日，杜月笙方始趕到南京，報到出席，這一次，他在南京住了整整一個月，仍舊下榻洪蘭友京寓，其間還曾有長子杜維藩夫婦，專程自上海前來探視老父，使杜月笙非常高興，他曾利用開會閑暇，帶兒子媳婦往遊南京近郊的風景名勝，這便是他一生中最後一次的南京遊了。

行憲第一屆國民大會會期，由於副總統選舉，一連經過四次投票，方由李宗仁當選，所以會期一延再延，直到五月一日方始宣告閉幕。當天杜月笙便回到上海，他當日便在國際飯店開會，為民國三十七年五月五日起在上海舉行的第七屆全國運動會，籌募到一筆巨額經費。

祇要健康情形許可，杜月笙每一個星期，必定要到國際飯店去一次，因為他在上海發號施令的大本營、根據地——「上海地方協會」，經他硬性規定，一星期在國際飯店開一次會，決定「一週大事」。所以此一會議對於上海市民，可以說是相當的重要。上海地方協會的事情，他關照常務委員王新衡、秘書長徐采丞多負一點責任，這兩位是他十分愛重，可資信託的朋友。

39 打開鐵箱大頭三百

民國三十七年八月十九日，中央頒佈「財政經濟緊急處分令」，發行金元券，規定金元券一元合法幣三百萬元，金元券四元合美金一元。八月二十一日，中央復為加強經濟管制，特在各重要地區設置經濟管制督導員，特派俞鴻鈞負責督導上海、張厲生督導天津、宋子文督導廣州，同時令電各省市政府，切實曉諭人民遵行「經濟緊急處分辦法」，共同努力推行新幣。

根據「經濟緊急處分辦法」的規定，自三十七年八月二十日起法幣停止發行，民間持有之一切法幣、外幣及金銀，一律需在限期以內兌換金元券。當時，正值共黨叛亂擴大，舉國災患頻仍，物價飛漲，民生維艱，誠所謂危疑震撼，國脈如絲的生死存亡關頭，「經濟緊急處分令」之頒發，是一帖起死回生，振疲起衰的猛劑，「良藥苦於口」，政府勉勵大眾必須勉力喫下，然後大家來實踐勤勞刻苦的生活，增加生產，節約消費，共同努力實行「勤儉建國運動」，國家民族，方始能有希望。

明令見報，消息傳出，自難免引起各界震動，但是杜月笙得到消息的時候他正臥病在床，他的反應是既明快而又堅決，首先，他命人打電話，叫他的大兒子杜維藩馬上過來。

杜月笙看見杜維藩進門以後，喘著氣，從枕頭底下摸出一把鑰匙，交給他，說是：

「華格臬路樓下，那隻保險箱裡還有一些銀洋錢，你統統取出來，送到銀行，按照政府的規定，把它們全部兌換金元券。」

杜維藩問：

「是在舅公睏的房間裡？」

杜月笙點點頭，卻是又吩咐他一句：

「你叫全家的人都到我這裡來一趟，我有極重要的事情關照他們。」

答應過了，杜維藩在病榻之旁坐了一會，然後辭出，他回到華格臬路，一說要打開大保險箱，把裡面存放的東西拿到銀行去換金元券，轉瞬之間，消息驚動了全家，大家都要來看看，這隻大保險箱究竟裝得有多少金銀財寶？然而，當杜維藩在眾目睽睽之下，把大保險箱打開來一看，找了半天，大家都不禁呆了，因為大保險箱裡只有銀元三百七十二塊。

杜公館上上下下的人，分批到十八層樓去，聽杜月笙諄諄交代：

「你們有多少黃金、美鈔、銀洋鈿，我不曉得，我也不問你們，但是我要提醒你們一聲，這次中央頒佈的是『財政經濟緊急處分令』，中央一定會雷厲風行。你們所有的金銀美鈔，務必要遵照規定，在限期以內全部兌換金元券，否則的話，我今日有言在先，不論那個出了事情，我絕對不管。」

話雖這麼說，家人之中，各人環境殊異，膽子大小不同，有人聽杜月笙的話，遵時照規定把金鈔都換了金元券，但是也有人秘密的藏起來。同時，形諸各人所做的生意，處理方式也是迥異其趣。杜維藩在上海證券交易復業之初，便租下了戰後歇業的百樂門茶座，百樂門的廳房很大，杜維藩乃與其妻弟合夥，把百樂門茶座略加裝修，開設了一爿維昌證券號，他這個號子只做散戶生意，當時喊價，當場交割，去從來不曾做過一個大戶，他的營業方針是「穩紮穩打，聚砂成塔」，表面上看起來嘸啥好處，其實則是有賺無賠。

實行「財政經濟緊急處分令」，金元券發行以後，中央三令五申「奉行法令，不得投機牟利」，但是為時不過半月，南京方面便發佈了轟動一時的財政部秘書陶啟明等，洩露重要機密，非法投機牟利巨案，監察院公佈陶啟明等在幣制改革前夕，在上海拋出永安棉紗三千萬股，驟獲不法利得達五億元之鉅。東窗事發，不但陶啟明等罪有應得，縲絏入獄，連累了當時主持金元券改革幣制的財政部長王雲五，都受到了監察院的糾舉。

看到中央推行「財政經濟緊急改革令」，果然鐵面無私，雷厲風行，再加上受到他父親杜月笙嚴厲警告。杜維藩夫婦不但遵照法令，把兩夫婦所有的金銀、美鈔全部兌換了金元券，而且，深認證券交易，風浪太大，兩夫婦一商量，乾脆把維昌證券號關掉，免得節外生枝，弄出事體。

證券號子關掉，兩夫婦得一陣子空閑，趁此機會，稟明杜月笙，相偕赴北平一遊，以了多年的宿願。臨行前夕，在一個應酬場合上，碰見了陶一珊，陶一珊在杜維藩唸高中一年級的時候，接受軍訓，曾經當過他的大隊長，一方面有師生之誼，另一方面，當然又是世交，所以，當陶一珊聽說杜維藩夫婦要到北平去，他馬上就自動建議的說：

「我寫兩張名片給你們，介紹你們去見北平的警備副司令，和警察局長。」

杜維藩當時還在說：

「用不著麻煩陶先生了，我們到北平，白相幾日就要回來的。」

不過陶一珊還是拔筆寫好了兩張名片，交給杜維藩，說是：

「你擺在身上，必要的時候可以派用場。」

杜維藩道聲謝，收好了，當時全不在意，只道是陶一珊愛護關懷，體貼入微，殊不知，兩夫妻到了北平，一日晨起閱報忽然驚見宏興公司杜維屏涉嫌投機牟利，已被上海市公安局逮捕的消息，這一驚，才叫驚出了一身冷汗，心想陶督察長突如其來給他兩張名片，箇中意味可能大不簡單。

40 愛兒下獄置之不問

原來，杜維屏所涉嫌的案件，和陶啟明案如出一轍，其間唯有大小之別，祇是在上海經濟督導員辦公處的經濟檢查隊看來，頗有重大的嫌疑，因而通知上海市警察局，加以逮捕審訊。杜維屏的宏興公司，也曾在幣制改革的前一天，拋出永安紗廠空頭股票八千股，其數額與陶啟明案相比，真是一在天來一在地，相去何止以道里計。杜維屏拋空八千股永安棉紗後，翌日「財政經濟緊急處分令」下，改革幣制的初期，股票停拍，復業時當然就賺進了一點錢，祇是數額不大，無非杜維屏目光準確，下了一注，引起了有關當局的疑惑而已。

但是由於杜維屏是杜月笙的兒子，他這一被捕，馬上就震憾了黃浦灘，緊急處分，雷厲風行，居然連杜先生的少爺都捉進官裡去，僅此一點，已足使玩法、悛法者有所炯戒，上海朋友這才曉得煌煌法令，不是輕鬆隨便，等閑視之的了。另一方面，自然也有人睜眼在看這場好戲如何續演，街頭巷尾，交頭接耳，都在竊竊私議，這下要看杜先生將會作什麼樣的反應，他該不至於對自己兒子的下獄，也會視若無覩，不聞不問吧。

杜月笙對此一意外事件的反應，於公則大義凜然，於私則信誓旦旦，大難當頭，國脈如絲，當時國家民族的前途既黯淡而又危險，尤其幣制改革在全力推行時期，一著錯，滿盤輸，牽一髮足以動全身，他把這個大環境看得非常清楚。因此，他對杜維屏被捕事件一語不發，隻字不提，既不向任何方面求情，也不跟要好朋友訴苦，他只是說：國法之前，人人平等，杜維屏果若有罪，他不可能也不應該去救他。

在父子之情方面，他也有義正詞嚴的解釋，當「財政經濟緊急處分令」頒佈之初，他早就召集家人，諄諄告誡，「你們不守法令，任何人出了事情，我絕對不管！」如今為時未幾，言猶在耳，萬一杜維屏真犯了法，杜月笙為了貫徹他「言話一句」的平生大信，即令他有辦法，他也雅不欲加以援手。因此當家人不明就裡，頻頻催促他設法為杜維屏開脫時，杜月笙的神情反倒顯得非常輕鬆，他帶笑的說：

「怕什麼，我有八個兒，缺他一個，又有何妨？」

杜月笙對於「經濟特種法院」所寄予的信任，果真不曾使他失望，數度審訊的結果，特種法院因為全無佐證，指明杜維屏是在改革幣制之前獲致機密，於是「投機牟利」、「破壞金融」；法官接受了杜維屏「純出巧合」的辯說。——事實上，倘使杜維屏事前得到了幣制改革的風聲，以他的經濟週轉能力，何妨放手幹去，大做一場，決不至於祇拋空這區區的八千永安股？因此，法院宣告杜維屏無辜。祇不過，他所經營的宏興公司，有兼營「對敲」的情事，這種場外交易，大有逃稅之嫌，終於他本人宣告無罪釋放，宏興公司則受到吊銷牌照和依章罰鍰的處分。杜維屏果然平安無事的被送回家裡。

杜維藩兩夫婦遨遊故都，在上海卻傳出了杜先生「大少爺逃跑，三少爺坐監牢」的惡意謠言，方始獲知三弟維屏被捕，杜維藩兩夫婦聞弦心驚，還以為陶督察長特意寫兩份介紹名片，還是為了他們如在北平見捉可以直達當道，免得他們「進牢監，喫苦頭」，直到他們在故都發現北國風雲日亟，共軍著著進逼，旋不久北平便陷入重圍，杜維藩夫婦這才恍然憬悟，陶一珊寫那兩張片子，是唯恐北平圍城，兩個人陷在故都逃不出來，方始特意作此安排。

41

子女不必走他老路

杜月笙對他的兒女寄望頗殷，這是人之常情，祇不過，憑他一輩子裡混世界、打天下的痛苦經驗，他顯然不願他的任何一個子女走他的老路。由於杜月笙自己的錐處囊中，脫穎而出，使他遍嚐「成功者」的甜酸苦辣滋味，他是何等渴望他的子女能夠享受「平安是福」，腳踏實地，循序漸進的安謐與樂趣。儘管他的家裡鐘鳴鼎食，富埒王侯，其排場之大，舉國無出其右，但是他對人生的最後願望，亦即他所寄託於他的兒女身上，做一個樸實無華，能在平凡中顯示其偉大的人，因此他從不在自己子女面前講述他得意的往事，赫赫的事功，相反的，他倒不時告訴他的子女們，他兒時的孤苦伶仃，煢獨貧困，縱使他在賭桌子上一擲萬金了無吝色，但是他在與家人同食的飯桌子上，一只醬油碟裡醬油倒得過多了些，他也會小心翼翼的將一碟勻作兩碟。

在杜月笙過六十大壽，由名家執筆，而經「壽辰籌備委員會」精印的那本「杜月笙先生大事記」裡，末後之段有云：

「至先生（指杜月笙）自律之嚴，自奉之嗇，不知者幾不信焉。一樓寄跡，容膝差安，無宮室之美，園囿之樂。朝乾夕惕，恪慎恪恭。而北海開尊，座客常滿，大扣則大鳴，小扣則小鳴，無不使其盡意而退。民國二十年，先生興建家祠，落成展奠之辰，裙屐聯翩，東南盡美，蓋足以見先生孝思之篤。公子輩躋躋蹌蹌，或就學專門，或更負笈寰瀛，俱已各事所業，並為世稱。於是知先生立身行事之有本有源矣。故世之僅以信言果行，豪俠好義，比之古之朱家郭解，抑何足盡以先生耶？令當先生花甲攬揆，康強逢吉，揆之壽人者必自壽，他日所以為國家社會福者，正未有艾，則本篇所敷陳者，祇先生生平史中之一頁，而此日之比屋心香者，更當為天下禱，非為先生一人禱也。」

善頌善禱，上文確為鏗鏗鏘鏘的好文章，但是這篇文章寫在距今二十一年以前，如以今日杜月笙的八子三女，「各事所業」來看，可知杜月笙早先對於子女的盼望，多少算是達成了一部份，雖不能與乃父並為世稱，卻也能躋躋蹌蹌，「就業專門」。杜月笙的長公子杜維藩後任臺灣銀行經濟研究室研究員，他的長媳在美國大使館服務。次子杜維垣後在美國紐約，任職聯合國總部，三子維屏在巴西開設股票公司，是一位卓越的投資顧問兼股票經紀人。四子杜維新在美國檀香山經商，五子維翰和六子維寧淪陷大陸，七少爺杜維善在澳洲學習礦冶歸來，擔任中國石油公司苗栗探勘處的重要工作，近且以專門人才的資格，被某國防單位借調重用。杜維善是姚氏夫人所生，他的一個同胞弟弟，亦即杜公館的八少爺杜維嵩則不幸於冲齡去世。

杜月笙的三位千金，大小姐美如，和二小姐美霞，都是姚氏夫人生育，杜美如曾經是杜月笙最寵愛的一個女兒，自小嬌生慣養，予取予求，杜家大小姐衣著之講究，享用之奢華，當年在黃浦灘上，是令人悠然神往，不勝艷羨的談資，她買各國的新款皮鞋，可以買到一百多雙，但是後來她愛上了一位空軍英雄，居然情之所鍾，會鉛華盡卸，不敷脂粉，和刻苦耐勞，克勤克儉的軍眷同甘苦，共歡樂。杜美如此一重大而急遽的轉變，使杜門親友驚喜交集，猝然間難以置信。但是事實確正如此，難怪連杜月笙的生前好友楊志雄，也躊躇滿志洋洋自得的說：「美如真了不起！」因為曾有一段時期，杜月笙曾使杜美如住在楊志雄的家裡，託這位老朋友代為管教和照拂。

美如的妹妹叫美霞，心寬體胖，面目娟好，她的丈夫是金元吉，名票友，黃金大戲院五虎上將之一。金元吉是金廷蓀的兒子，杜金兩門親上加親，便自金元吉與杜美霞結婚始。杜月笙的這位二小姐既聰明而又懂事，相夫教子，十足的賢妻良母，金元吉後在中國產物保險公司任職。

杜月笙的孟氏夫人，孟小冬只有一女，名喚杜美娟，她在琉球，已婚，丈夫是美國國務院派駐琉球的一名官員，華裔，兼有美國國籍。

杜月笙的下一代，不論兒子女兒，抑或媳婦、女婿，自杜月笙病逝香江，這一個大家族，每一成員的相處，確實是融融洩洩，上下和睦，兄弟姊妹間不分彼此，毫無畛域，同父異母的手足，能夠處到這種程度，實在是相當的難能可貴，值得讚許。杜月笙家庭教育之成功，即此可為一項明證。

42

救濟難民全活十萬

民國三十七年十一月二十日以後，保定失陷，徐州易手，十二月間徐蚌會戰起兮，江南局勢，越來越緊，風聲鶴唳中到了民國三十八年元月，一日，張淦兵團在浦口佈防，三日，共黨拒絕和談代表團赴平，四日，國民政府遷廣州，國共戰事已經接近長江北岸，從這個時候開始，麕集而來的難民，由徐蚌而南京，由南京而上海，不日之間，數逾十萬。

三十七年陰曆年前，浦口戰雲密佈，首都一夕數驚，於是，連南京的商賈百姓，升斗平民，也都爭先恐後的擠進了逃難行列。而當時逃難的目標，只有上海一隅，因為往上海逃難上焉者可以乘飛機輪船，逃赴國外香港或臺灣，中焉者不妨循滬杭甬、浙贛、粵漢鐵路逃到廣州或西南，下焉者萬一非留上海不可，至少上海要比南京安全，而且，「討飯討到上海也不怕」，就是為求解決生活、衣食，上海也遠比南京，或者其他各地容易。

因此之故，陰曆年關前後，南京下關車站一片紊亂，車站外的大廣場，餐風露宿，或坐或臥，也不曉得擠了若干萬人，月台上，更是萬頭攢動，揮汗如雨，車站秩序，完全破壞無遺，用不著買票、驗票與剪票，站上的司事，面對著蠕蠕而動的人潮束手無策，難民們唯有從車站廣場盡頭起，一步步的往月台挨，一步步的往月台擠。好不容易等來一列火車，月台就近的人一擁而上，直到車頂、車啣頭，甚至車廂下火車輪子兩旁，都綁滿了急於到上海的難民，火車才能不按班次，不照時間的向東駛走。

就這麼一車車的難民往上海市送，數日之間上海難民多達十數萬人，有錢的住旅館或者出黑市高價購買機、車、船票繼續登上逃難的旅程，有親戚朋友住在上海的立刻便去投奔，還有大多數走不了，也無親友可投的迫於無奈，他們在嚴冬季節不能睏馬路，睡水門汀，於是祇好紛紛住進廟宇、祠堂、公廨、學校，……轉瞬之間上海凡有屋頂的公眾場合全部住滿，可是，還有大批的難民，在源源不斷的來。

難民隨身攜帶的金錢和衣物有限，靠換美鈔和大頭（鐫袁世凱像的銀元）購食渡日，維持不了多少天，所以起先難民湧到上海，還只是住處的恐慌，隨後不久便演變成為嚴重的衣食問題。上海市政府不能眼睜睜的望著他們凍餒而死，又怕這些難民瀕臨饑寒交迫的邊緣，會得鋌而走險。有十萬以上的饑民出現上海街頭，黃浦灘的治安令人難以想像。

但是上海市政府何來龐大的救濟經費？當百物飛騰，幣值一日數落，若干機關為了解決各級職工的生活，薪津一日一發，還得到處籌措，煞費張羅，吳開先時任上海市社會局長，他為救濟難民問題四出奔走，羅掘俱空，幾於精疲力竭，他彷彿成為十多萬難民的大家長，每天要無中生有的找到數值可觀的衣服與食物，還有迫不及待，大量需要的醫藥，難民因為生活太不正常，氣候又冷，生病的極多，萬一因而引起流行性的傳染病，任何人無法測知其後果之嚴重。

於是，吳開先往訪杜月笙，他告訴杜月笙難民問題空前嚴重，吳開先說：

「不得了！上海已經變成一個大收容所，而各地難民還在繼續不斷的湧來，現在所有的公共場合全部住滿，眼看再來的難民只有露宿。難民之來無法限制，今天是十萬人，明日就會增加到十一萬！莫說市政府沒有錢，即使有錢的話，也是無法造預算。我去請示吳市長，吳市長說他毫無辦法，幣值天天跌，物價時時高，他說市政府根本無能為力！」

杜月笙聽後，浩然長嘆，他雙眉緊皺的說：

「這件事，的確傷腦筋，老實不客氣說，我一生一世也不曾遇見這麼辣手的問題。」

吳開先明知他說這話並非推托，而是在有所焦慮與感慨，因而接下去就請教：

「杜先生，你可有什麼好辦法！」

果然，杜月笙毅然的挑上了這副重擔——

「只有勸募銅鈿。」

「但是，」吳開先實事求是，坦坦白白的說：「救急容易救窮難啊。」

「開先兄，」杜月笙搖頭苦笑，無可奈何的答道：「我們衹好做到那裡算那裡了，事實上想造預算也莫法造，想籌的款又無處可籌，但是我們偏又不能『死人弗管』，所以我們唯有做了再說，做一日和尚撞一日鐘，明天的事，誰能保證？」

43
先拿錢來用了再講

吳開先見杜月笙斜欹病榻之上，多說幾句話，便在咻咻喘息，斯時斯境，斯人而有斯疾，以二十多年知已之交，回念友道，在杜月笙病勢瀕危的時候，還不得不加他如此沉重的負荷，吳開先當時不勝憮然，心情矛盾之餘，他坐在一旁默默無言。

室中一片闃靜，移時，杜月笙又輕聲的問：

「時局究竟怎麼樣啊？」

吳開先一聽，便知杜月笙這話有其弦外之音，他其實是在問我們究能支持多久？照管這十多萬人生活的重擔，將要挑到何時為止？吳開先覺得他自己應該一如往常，實話實說，也好給老朋友一個心理準備。

「當然希望能夠支持下去，」他語音黯然：「不過共產黨目前已經渡江騷擾，上海保衛戰可能打幾次勝仗，但是……」

杜月笙又是一聲苦笑，他打斷了吳開先的話說：

「開先兄，不管這些了。從今天起，我們和那些難民一樣，有飯吃飯，有粥吃粥，凡事都不必打什麼長遠算盤。儂講對嗎？」

吳開先笑著點點頭，又將話題拉回難民救濟事宜上面來，他再問一聲杜月笙：

「杜先生，你答應幫忙了？」

杜月笙奮力欠身而起，他斷然答道：

「言話一句，我一定盡力。」

君子一言，駟馬難追，自從杜月笙答應協助解決難民衣食問題以後，他確能殫智竭慮，悉力以赴，籌款、募糧、發動上海市民捐獻衣物棉被。杜月笙抱病在身，莫說出外奔走聯絡，即連躺在□上撥幾隻電話，也往往會累得汗出如瀋，上氣不接下氣，祇是，他說話算話，將那十幾二十萬的難民衣食，一路維持到底。自民國三十七年十一月以迄三十八年五月上海淪陷，其間歷時半年，逃抵上海的一二十萬難民不曾餓過一餐，不曾肇生一案，秩序良好，闤闠不驚，杜月笙完成他在黃浦灘的最後一件大功德，真是全活無算。

這十多萬難民的大家長吳開先追憶的說：

「儘管杜先生在半年之間做得功德圓滿，但是，歷年以來全國各地發生水災旱災，要上海人盡心盡力，慷慨解囊，最低限度還有個勸募目標，先行說明數字幾何，然後大家再來拼拼湊湊。唯獨這一次救濟難民，難民是天文數字，募款數額更是無法估計，幸虧杜先生還能千方百計的彌補過去。」

實在捐無可捐，募無可募，青黃不接，巧婦難為無米之炊，便在千鈞一髮之危急緊要關頭，每每是吳開先跑到十八層樓去告訴杜月笙說：

「不得了，難民救濟的錢用完了！但是現在就有什麼什麼急用。」

這時候，杜月笙便會勉持鎮靜的問：

「缺多少？」

當吳開先報出數字，杜月笙必定立刻拿起電話聽筒，他來不及勸募，也來不及籌措，他唯有直接打電話給拿得出錢的銀行，而在電話裡直接了當的關照對方：

「派人送若干億元來，手續到我這裡來辦。」

打完電話以後，杜月笙便向吳開先說：

「先拿到錢再講，責任由我們兩個人抗。」

吳開先提起上海保衛戰揭幕前後的一段秘辛，當時上海市長是吳國楨（後改陳良），守上海的國軍統帥是淞滬警備總司令，兼第三方面軍總司令湯恩伯，吳國楨在職期內和杜月笙水乳交融，合作無間，湯總司令更是多年交好的老朋友，照說，以杜月笙人緣之佳，物望之隆，及其功在黨國的種種勛蹟，他還怕誰疑忌，怕誰陷害？說他會去投共，會跟屈志變節者流沆瀣一氣？可是，當時總統引退，李宗仁在向共黨大送秋波，京滬局勢，混亂已極，也不知道是共產黨的宣傳，還是好事者捕風捉影之談，市面上謠諑紛紜，有謂共產黨亟於爭取杜月笙，咸謂黃炎培在三十七年秋天，以民革主持人之一的身份，竭力向杜月笙遊說，勸他投向共方，後來當局有意「一網打盡左派份子」，是杜月笙以「鄉誼友誼」為重，不忍見其垂暮之年，鋃鐺入獄，因著人示意，囑他（指黃炎培）遠走為佳，他乃微服去港，轉程北去。

又有人說，十九路軍的老闆，陳銘樞也曾以「民革」的立場，在杜月笙離滬的兩個月前，「不時出現於十八層樓的杜氏私邸。……力勸月笙，留駐上海，並保證他絕對安全。」於是杜月笙義正詞嚴，誠懇摯切，反向陳銘樞說了一篇共產黨不可信的大道理。——其實，凡此種種，多半不確。造這些謠言的人固有惡意，但是杜月笙聽說了，著實吃了一驚，他認為時值亂世，自己又是十目所視，十手所指的人物，謠言造到他身上來，一個弄不好，會起絕大的風波。所以他一聽到謠諑，彷彿大禍臨頭，十八層樓寓所那兩扇大門緊緊的關著，除非國民黨軍政首要，至親友好，心腹智囊，親信學生，他任何人都不接見。

大上海保衛戰正在積極部署，因為共產黨四十萬軍隊即將包圍黃浦灘，守軍亟需構築城防工事，於是由湯恩伯和吳國楨聯合出面，請杜月笙再為桑梓盡一次力，出而籌組「上海市城防工事建築委員會」主席，軍政方面原來的用意是藉杜月笙的聲望便於籌募款項，同時，也想請他負責「籌款購料」，從拿錢到付款一手包辦，以昭大信。

杜月笙私下向他的心腹透露，他並不贊成城防工事募款，因為募款目標高達兩百億金元券之鉅，上海的有銅鈿朋友，能飛的飛了，能走的走了，剩下來的小市民眼見紅流泛濫，大局急轉，共軍已經渡江，南京且告易手，而幣值日貶，物價飛漲，大家都在生死關頭，誠所謂泥菩薩過江自身難保，如何能夠捐得出城防巨款？此其一。再則南京龍蟠虎踞，長江號稱天塹，黃浦灘祇不過是一處蘆花蕩，南京和長江守不住，上海一片平陽，連座城牆也沒有，這個「城防戰」竟是如何打法？再加上軍政當局構想雖好，叵耐負責城防工事的人員，利欲薰心，混水摸魚，城防工事募捐尚未開始，滬市近郊，早已怨聲載道，民情憤激，原來，負責構築城防工事者，他們劃防線正有如貪官污吏開馬路，在地圖上隨便劃一條線，線內的建築物，不論是高樓大廈，工廠學校，一概都要拆掉，於是這裡面便漸漸的滋生弊端，曲直之間，可不可免？不防逕以黃金美鈔修改，在民怨鼎沸，群情憤慨的當時，正是「城防城防」，多少罪惡挾汝之名以生，在那個時候倡呼募款，實在有點不合時宜。

但是，外間謠諑正多，逐漸形成對杜月笙不利的空氣，杜月笙即使病軀沉重，無法起床。他為了止謗避嫌，藉以明哲保身，也不得不勉強打起精神，想盡辦法來攤派捐款，務使籌募的目標，得以順利完成，而且必須如此，方知他跟國民政府步調始終一致，尤其具有領導民眾協助國軍保衛大上海的決心。他咬緊牙關這麼做，對於他的病體和心理，都曾形成極沉重的負擔，不過，杜月笙可能投共的謠諑，總算因此不攻而自破。

44

跟共產黨喫米田共

民國三十八年元月二十一日，總統發表文告，決定身先引退，以冀弭戰消兵，解人民倒懸於萬一，當日離京飛杭，轉赴奉化溪口。同日，李宗仁宣佈代總統職，全國各地同胞看到報紙，得知消息，無不有天崩地裂，五內如焚的感覺，大家都知道，大陸局勢，已臻不可收拾的地步。讓李宗仁那幫不明大義，昧於事理之徒，去向共黨求和，無意與虎謀皮，中樞主和派的冒險試探，勢將斷送整個大陸。

也就從這一天開始，杜月笙和他的心腹智囊，幾度緊急會商，大家分途作撤離上海的準備，祇是，在表面上依然裝著若無其事，甚至裝著是在徘徊觀望，以免打草驚蛇，釀成意外。

對於自己的家人子女，心腹親信，以及要好相關的朋友，杜月笙在原則上是大家一道走，不過，由於各人情形不同，環境各異，他在勸促那許多人早日離滬時，在表現的方式上，略有不同。

最親近的，關係最密切的，杜月笙便直接下命令：

「行李收拾好，說聲走，就動身。」

稍微有點「情況隔閡」者，他用淺顯俚俗的譬喻，一語破的，促成他們離滬的決心，杜月笙曾經和許多人語重心長的說過：

「跟國民黨走，好歹還有一碗稀飯喫，跟共產黨嘛，只有喫米田共（三個字加起來恰好是『糞』）的份！」

這一句杜月笙的反共警語，在杜氏親友之間口耳相傳，繪聲繪影，像黃金榮家、金廷蓀家、顧嘉棠家、……婦孺老幼，大都奉杜月笙之言有若神明，因此，家家都在準備行裝。

黃老闆八十二歲了，他捨不得黃浦灘上那龐大的產業，又怕自己風燭殘年，受不了旅途的勞頓，但是他叫他的媳婦黃李志清領著他長孫黃啟予一家，先去香港，再投臺灣，他留幼子伴他暫住上海，然而，他仍然拍了登記照片，而且在照片背面寫好姓名、年齡、籍貫、住址，要他媳婦到香港後，替他申請臺灣入境證，以備萬一，這些照片現在猶在黃李志清的保管之中。

金廷蓀、顧嘉棠、萬墨林、朱文德……唯杜月笙馬首是瞻，他們都決定舉家離滬，隨杜月笙共進退。

有一天，跟王新衡在一起閑談，王新衡因外間風風雨雨，謠言太多，特地提醒杜月笙，別人可以不走，你杜月笙是非走不可的。杜月笙聽後，笑了，他告訴王新衡說：

「你放心，我會走的。但是現在何必喊出來說我要走呢？謠言讓他滿天飛，落得共產黨對我放心，免得臨時節外生枝。」

又一次，王先青來拜望老夫子，坐定了，杜月笙便皺著眉說：

「黃任之（炎培）來過三次了，邀我到一個秘密地點，跟周恩來碰一次頭，我怕不妥，黃任之說決不礙事，而且祇是見一次面而已，並不討論任何問題。」

王先青一聽，著起急來，他雙手直搖，神情嚴重的說：

「老夫子，這件事萬萬不可，即使雙方見了面不作任何商談，但是一見面就是鐵的事實，共產黨又不知道要造出多少謠言來了。」

寬慰的一笑，杜月笙方始慢吞吞的答道：

「我跟京士、清華也曾談過，他們也是你這個說法，所以，我已經拒絕了。」

聽到這裡，王先青方始恍然，原來這是老夫子在對他加以試探，唯恐他在那危疑震憾，千鈞一髮的時期，意志有所動搖。

杜月笙要離開上海，他所亟於辦理的事情，相當的多。頭一樁，他要儘量調集現金，作為他龐大家族長期逃難的生活準備，第二樁，他一手創辦，盡人皆知的中匯銀行，人欠欠人，他希望賬目能夠結得清清楚楚，不至於因中匯的未了事宜，貽人口實話柄。當其時，杜月笙彷彿已有自知之明，在他有生之年，決不可能再回上海重振中匯銀行的業務，既不會再開中匯，他便極想作一個漂漂亮亮的結束。

中匯銀行的歷史夠悠久了，它剏辦歷時二十餘年，自戰前以至勝利以後，杜月笙一直倚畀徐懋棠，他自己遙領總經理，而以徐懋棠以副總經理的名義，負責主持業務，可惜徐懋棠未能利用中匯悠久的歷史，及其有利的環境，中匯的業務始終打不開，和中匯同年開張的新華銀行，二十年來分支行業已遍佈全國各地，而中匯卻一向多衹有愛多亞路一爿總行，和天津路的一爿分行而已。直到民國三十六年，杜月笙下定決心，加強中匯銀行的陣容，自己擔任董事長，而使浦新雅出任總經理，徐懋棠、杜維藩副之，中匯銀行纔算是在南京中山東路二十四號，開了第二家分行。但是，杜月笙所希望的能在撤退以前結清賬目，這一項願望，卻是始終未能達成，正因為中匯在賬務上拖了尾巴，等他全家離滬以後，中匯方面果然發生了問題，如杜月笙者豈是一走了之，百事不管的人，因而節外生枝，惹上了許多麻煩。

三十八年四月，李宗仁的和平計劃果告全面失敗，四月二十一日，共軍發動全面攻擊，自安徽荻港，渡過長江，二十三日李宗仁悄然飛往桂林，南京棄守，首都蒙塵；二十八日宜興、吳興、長興國軍，相繼撤離，共黨竟悍然扣留政府和談代表，四十萬共軍正向上海四郊集中，淞滬大戰將起，杜月笙不能不動身了。

舉國聞名的營造業鉅子，陸根記營造廠老闆陸根泉，和杜月笙是浦東同鄉，又復是交往多年，彼此不拘形跡的老朋友。三十八年春，陸根泉為了便於跟杜月笙連繫，也搬來邁而西愛路十八層樓，和他同住在一座公寓裡，碰到杜月笙精神好時，也邀幾個搭子，陪他打打牌消遣。一日，這位同鄉老友一本正經的來見杜月笙，坐定以後，劈頭便說：

「杜先生，你該可以動身了。」

「嗯，」在陸根泉前面，杜月笙倒也無須隱瞞，他決斷的說：「我是在準備要走。」

陸根泉很高興，便問：

「杜先生準備到那裡？臺灣呢還是香港？」

「我很想去臺灣，」杜月笙坦然的說：「祇不過，那邊天氣比較熱，比較潮濕，對我的氣喘病，大不相宜。」

「那麼，杜先生是決定到香港了？」

「大概是這樣，」杜月笙點點頭說：「問題是房子還沒有找好。這一次，我不但拖家帶眷，還有不少的人要跟我去，住旅館不是長遠之計，找房子，尤其還要找一幢相當大的。」

「這個杜先生只管放心，」陸根泉一拍胸脯，慨然承允：「香港方面，做房地產的朋友，我認得不少，杜先生所需要的房子，由我負責去找。」

信電往還，用不了幾天，陸根泉便來報訊，香港房子找好了，座落堅尼地臺十八號，大小保險夠住，頂費只要港幣六萬元。

45

一黑一白負責解決

民國三十八年元月底，調任新職的上海市社會局長吳開先，離滬赴臺，然後到廣州履新，行前，他到福履理路十八層公寓去見杜月笙，談到了杜月笙迫在目睫的動向問題，吳開先認為杜月笙即令無法去臺灣，也得走香港，他可以逃離到任何地方，就是不能留在上海靠攏共產黨。但是，他也知道當時共黨已有大批潛伏份子，暗中遊說若干杜門相關人物，「保障」他們來日的身家安全，與乎「財產」、「工作」或「事業」，這幫人中大有認識不清，「受寵若驚」者，接受共產黨的支使，來跟杜月笙進行包圍與遊說，勸杜月笙不必離開上海，共產黨來了「依然還有他們的花花世界」。杜月笙未來行止如何，茲事體大，吳開先趁臨別之際，以二十多年老朋友的身份，特地再來提醒杜月笙，他說：

「杜先生，你不要忘記民國十六年清黨的時候你那一幕，你殺過什麼人？共產黨清楚得很。杜先生你也曉得『血債血還』是共產黨一直在喊的口號，而且共產黨居心險惡，他們報起仇，算起賬來，以命抵命之外，還要給人極痛苦的侮辱和磨折。他們殺一個人不但要叫那人死，尤其要使那人在死前吃足苦頭。」

杜月笙深深頷首，答道：

「這些，我都曉得。開先兄，你放心，我決不會讓我的頭顱跟心肝，給共產黨去祭他們的烈士！」

吳開先所提醒杜月笙的，是民國十六年三月十二日共進會清黨之役，杜月笙親自設計，命萬墨林充勾魂使者，顧嘉棠、芮慶榮、葉綽山、高鑫寶四大金剛齊同下手，把共產黨上海總工會負責人汪壽華先縊後埋，殺死於滬西楓林橋一道密林之中。共產黨對這一筆「血債」，二十餘年來念念不忘，而且，他們始終認為杜月笙是殺汪壽華的主凶。

吳開先調職，接任上海市社會局長的是曹沛滋，跟杜月笙相當的熟。民國三十四年四月間的淳安行，曹沛滋和陸京士先走一步，後來依然在淳安西廟會合，當時冒險犯難，出生入死，杜月笙對曹沛滋的膽識才幹即很賞識。曹沛滋就任上海社會局長之先，面對那麼一個人心惶惶，問題百出的爛攤子，委實有點躊躇難決，因此，他也曾到十八層樓請謁杜月笙，向他有所請教。

杜月笙很熱切的鼓勵曹沛滋說：

「以你的學識經驗，辦事能力，你當上海社會局長，一定可以把事體辦好。」

曹沛滋說當前正值戰時，社會局問題重重，職責艱巨，他頗有無從下手之苦。

笑了笑，杜月笙又說：

「祇有兩個問題最重要，你能夠把一黑、一白，兩件事體解決了就好。」

曹沛滋懂得杜月笙的意思，他所謂「黑」的是煤炭，「白」的是食糧，上海是一座寸土寸金，人煙繁密的大都會，「煤」與「米」，一概仰給於外地。杜月笙是在告訴曹沛滋說：祇要設法維持煤炭和食糧的供應不致中斷，其他的問題都容易解決。

癥結在於：煤與米的問題究該如何解決呢？曹沛滋再請教杜月笙：

「恰好這便是兩件最棘手的事體。」

「不要緊，」杜月笙胸有成竹，輕描淡寫的說：「這兩件事我自會相幫你解決，我給你找兩個好幫手，煤炭供應，我責成劉鴻生，食糧問題，我責成萬墨林。」

曹沛滋聽後不禁大喜，劉鴻生與萬墨林，確實是再理想也沒有的兩位好幫手，在黃浦灘，這兩位素有「煤大王」與「米大王」之稱。劉鴻生是煤炭同業公會的理事長，萬墨林則身兼「米糧」、「雜糧」兩個公會的理事長，外加上海市農會的理事長，劉、萬二人對於上海市「煤」、「米」兩界，確有「閑話一句，事體擺平」的「噱頭」與「苗頭」，這是盡人皆知之事。

46

守一世寡險乎失節

民國三十八年五月一日，共軍四十萬人圍攻海前夕，宜興、長興、吳興三處外圍據點國軍已告撤離，上海草木皆兵，情勢驟形危殆，杜月笙不能不走了，他起先還想坐飛機，一腳到香港去。

但是給他看病的醫生一致反對，他們認為杜月笙健康情形太壞，坐飛機有生命危險，醫生的話不能不聽，迫於無奈祇好決定乘船。當時急於逃出上海的人太多，買一張去香港或臺灣的船票，簡直難於登天，何況杜月笙走時太太、朋友、保鏢、傭人還要跟上一大群，急切間難於買到理想的艙位，所以當這大隊人馬擁上一萬多噸的荷蘭渣華公司客輪寶樹雲號時，艙位都是分散開來的，杜月笙、姚玉蘭和孟小冬，三個人祇有一間頭等艙，艙內兩張單人床，外帶三等床位一張。

因此姚玉蘭便唯有和孟小冬商量好，排定時間，兩個人輪流值班，招呼杜月笙，一人一班幾個鐘頭，辰光一到就去那張三等舖上睏一歇。

時值杜月笙不知第幾度的喘疾大發，方告小痊之後，喘勢平復得多，卻是大病初瘥，身體極為衰弱，銳減的體重，猶乏恢復的機會，在此情形之下匆匆就道，大有「扶上雕鞍馬不知」之概。再加上他這次離開土生土長，血肉相連的黃浦灘，他早就曉得今生今世不會再回來，以他病勢之惡化，心情之沉重，遂而使他意懶心冷，形同槁木死灰。當時他深感國事如麻，大局逆轉，他的龐大事業、蓋世聲名祇好棄之於一旦，而以他的精神體力，俱不容許他有所作為，英雄末路，內心中實有無限的淒涼感慨。

船自外灘啟椗，艙外的步聲雜沓，人語喧嘩，漸漸的安靜下來，但聞機聲隆隆，外加船舷擦水，其聲刷刷，持續而單調的音響，襯托艙中的一片緘默，落針可聞，益增氣氛的悲愴凝重。寶樹雲荷蘭輪通過黃浦江，直駛吳淞口，杜月笙的出生地浦東高橋，轉眼即過，別矣上海，靜闃中，杜月笙木然的表情，稍微鬆弛，他轉動眼珠，望了望侍坐一旁的姚玉蘭，無緣無故，發出一聲長歎，然後滿臉苦笑的說道：

「我守了一輩子的寡，差一點就失了節。」

姚玉蘭懂得，杜月笙係指離開上海以前，被那班共產黨頭腦的代表、左派同路人、共諜，以及有心穿針引線，使杜月笙投共而建立殊功，……諸如此類的「勸促者」，威脅利誘、騷擾包圍，甚至不惜採取高壓、強迫手段，逼他就範，而他終於毅然決然，掙出重圍而離開上海。這一場鬪爭的結果，使杜月笙在垂暮之年，幸獲保全清白之軀，因而晚節不虧。

「就是嘛，」姚玉蘭順著他的心意說：「可見得一個人凡事都該自己有主張。」

老一輩的朋友中，黃金榮遲疑復遲疑，遷延又遷延，最後終於決定拼死留在上海。楊虎則聽信了他海員工會老部下王寄一等人的一派胡言，儘情蠱惑，跟杜門距離越拉越遠，而且行動詭秘，鬼鬼祟祟，頗有投共的跡象，這兩位老弟兄的作為，都使杜月笙深心觖望，卻是礙於病軀，勸阻無方。對於個人進退出處，當前大局環境，頭腦最清楚的，還數金廷蓀金三哥，金三哥在杜月笙撤離上海之前，即曾不止一次的語重心長說：

「月笙，你不能上人家的當啊，我們跟共產黨的恩怨，你心中要有數目。」

金廷蓀所指「我們跟共產黨的恩怨」，除了殺汪壽華之外，還有早在民國十六年時，國民革命軍北伐之役，上海三大亨黃、杜、張加上了金廷蓀，響應蔣總司令的號召，組織共進會，用民眾力量加入清黨，攻克共黨工人武裝糾察隊的據點多處。除此以外，剿共戰事時期，抗戰前與勝利後，杜月笙在上海利用地利、人和之便，對肅奸防諜，曾有相當的貢獻，凡此，也都被共產黨認為是必須「血償」的「血債」。於是，杜月笙每次都是向金三哥敬謹作答：

「三哥，我曉得，我心裡當然有數目。」

回到內室，杜月笙尤且不勝感慨系之的告訴姚玉蘭說：

「量大的人都不會待我好，我還能巴望量小的人待我好嗎？」

有時候，杜月笙也會一針見血，戳破共產黨對於他的陰謀詭計，他說：

「他們要騙我留下來，目的就在於把我弄死為止。」

47
姚玉蘭孟小冬侍疾

離滬前後，對於他的知己朋友，親信心腹，杜月笙詞簡意賅，但卻往往再三叮嚀，如何敷衍、應付共產黨的原則和方針：

「對共產黨，決不可大包大攬啊！」

這話是說，共產黨罔顧信義，絕不可加以信任，對於他們，充其量祇能保持距離，以策安全，實在逼不過，也唯有虛與委蛇，掉個槍花，然後趕快脫離危境，等自己立定腳根，再跟他們性命相拼。

船上兩天兩夜，杜月笙不但不曾步出房艙，甚至很少離開床鋪，成天成晚的躺在床上，與姚玉蘭、孟小冬默默相對，同船的朋友曉得他正在病中，相互告誡切勿前去打擾。五月三日，船抵香港，唯恐杜月笙體力不支，難以應付盛大的歡迎場面，因此，得訊趕來迎迓的，只有少數的家人親友。

登輪迎接的少數親友之中，有一位引人矚目的翩翩少年，那便是當時已被稱為「香港杜月笙」、「夜總會皇帝」的麗池遊樂場老闆李裁法。李裁法在杜月笙十年前初度抵港時，還是個名不見經傳的小角色，杜月笙居港三年有餘，他開始有了汽車洋房，人緣聲望。香港淪陷，軍統局香港區長王新衡，曾在馬路上和李裁法相遇，當時關照了他兩句：

「淪陷後的香港秩序，你要儘力維持，我們陷在香港的人，請你設法救援。」

就這麼兩句交代，被李裁法拳拳服膺，他曾協助陳策將軍維持戰亂期間香港的治安，並且協助盟軍作戰，日本皇軍開進香港，拉李裁法到日本憲兵隊工作，擔任偵緝隊長，他便利用近水樓台的機會，遙奉重慶方面的指揮，一連救出了日本憲兵指名逮捕的國民政府重要人物，和若干不及撤退的工作人員。如侍奉　國父原配盧太夫人脫險，掩護杭州市長周象賢、後任外交部長魏道明雙親，以及陳策夫人、國民黨港澳方面黨務負責人沈哲臣等，約計一百餘人，平安撤離。

李裁法在香港所做的工作之中，最驚險亦屬最戲劇化的一樁，厥為他「以己命換吳命」，受楊虎夫人陳華之託，將杜門清客，日軍駐北平憲兵隊派遣專人前來坐「捕」的吳家元，冒險救出香港，輾轉抵達重慶。吳家元脫險後，李裁法旋即被日本憲兵列為嫌疑人物，使他處境危殆，坐臥不安，其間他曾請託為上海四行倉庫八百壯士泅水潛送國旗的女童軍英雄楊惠敏，乘由港返渝之便，向杜月笙報告，他已無法在港繼續工作，請杜先生准他離開香港潛往內地。當時杜月笙曾囑他勉為其難，設法維持到盟軍反攻的那一天，作為策應。因此，李裁法一直滯留到日軍下手逮捕的前四個鐘頭，方由朋友告警，匆匆離港抵滬，然後遶道赴渝，抵達西安後由於旅費不繼，他冒昧的打一個電報給杜月笙，詎料杜月笙立刻便給他電匯了兩萬大洋，使李裁法不勝感激。

到重慶後，吳家元絲毫不念李裁法的救命之恩，他對李裁法的冷漠敵視，和杜月笙的殷殷慰勉，愛重交加，形成極顯明的對照，乃使李裁法對於杜月笙益發欽服禮敬，願為驅策。李裁法在重慶曾受誣被捕，杜月笙四出營救，力保開釋，自此李裁法對吳家元怨憤難平，於杜月笙則感激得五體投地。

民國三十八年五月，杜月笙重抵香港，李裁法所經營的麗池花園遊樂場，不僅使滿目荒涼的香港北角，為之繁榮，而且他那家麗池，尤被美國生活 Life 雜誌，譽為遠東規模第一。他本人又出任了東方體育會主席、北角街坊福利會副理事長、跑鵝區街坊福利會監事長、華僑子弟學校校董、孔聖會名譽會長、廣東省政府參議等職，這一位「香港杜月笙」，儼然香江名流，太平紳士，在白相人地界中聲價之高，一時無兩。

照說，李裁法對杜月笙之南來，一心圖報，樂為效力，極想多方面有所表現，為杜先生做點事體，圖個顏面上的光彩。但是，論做人之漂亮，行事之落檻，「香港杜月笙」與杜月笙本人相比，畢竟略遜一籌。李裁法開麗池，無分裝潢、設備、侍應、遊樂，不但在亞洲數第一，即使置諸歐美兩洲各大夜總會之林，也能列為第一流，麗池有餐館、舞廳、游泳池、兒童樂園、亭台樓閣，高爾夫球場，女招待一月底薪港幣二千，一日可售門票兩萬餘張，當時確是香港最高尚、最大規模的遊樂場所。尤以李裁法的噱頭，辦什麼香港小姐選舉，別開生面，轟動一時，吸引大批平津上海逃難豪客，莫不趨之如鶩，竟日流連。李裁法鑒於上海來客日多，原有的粵菜部不合「阿拉上海」的口味，於是，頭一樁事體，便由杜月笙一聲交代，幫個小忙，叫萬墨林寫封信回上海去，不旋踵之間，上海黃浦灘上坐第一把交椅的大師傅，連同全套班底，攜家帶眷，統統的搬到香港來了。自此麗池增設滬菜部「德興館」，使麗池的營業，一日千里，扶搖直上。

48
杜月笙捧麗池的場

因為麗池生意好得熱昏，鈔票賺得翻倒，看得眼紅的人，自然難免，所以不久以後，便有英國籍的猶太人查理 Charles 斥以巨資，就在麗池的附近，建造了規模相當，豪華略同的天宮夜總會 Sky Room Night Club。這位查理人稱香港舞廳大王，和李裁法的綽號「夜總會皇帝」，針鋒相對，勢相頡頏。他創辦天宮，投資達港幣一兩千萬之鉅，尤其一道開在北角，其有心競爭奪生意，別別苗頭，自屬不問可知。

天宮開幕之日，盛大宣傳，多方招徠，白相的朋友好新鮮，麗池方面，當然受到很大的影響。當時，杜月笙抵港不久，猶在病中，平時從不出門拜客訪友，唯獨在這一天，晚上九點多鐘，麗池正給天宮「吃癟」的緊要關頭，李裁法在經理室，突然接到堅尼地臺杜公館的電話，原來是萬墨林特地關照：

「杜先生要到麗池來捧你的場，請你先留好座位。」

李裁法驟聞之下，內心深為感動，這一份長者的關愛，溫暖之賜與，簡直令他難以承受。杜月笙抱病在身，臥榻多日，他到香港頭頭一趟出門，竟自病榻上勉力起身，而為一個後生晚輩，在所營事業遭受嚴重威脅的時候，力疾捧場，為他助長聲勢，吸引顧客，試問這一次雪中送炭之舉，具有多重的情誼？當下，李裁法親自安排一副最好的座頭，站在麗池大門口，肅立迎迓。移時，杜月笙座車駛到，他帶了家人朋友，談笑風生，了無病容，跟一般遊客並無二致的入場參觀節目。

杜先生到了麗池，消息不脛而走，未幾，便傳到了天宮，留連天宮的客人，仍以上海朋友居多，一聽杜先生正在麗池白相，頓即一鬨而散，大家爭先恐後，紛紛趕到麗池去看一眼杜先生。杜月笙不是名演員，不是大明星，然而他的號召力和吸引力，竟比任何名伶明星都強。天宮老闆查理方在笑逐顏開，喜上眉梢，驟見紅男綠女，紳士名媛急急忙忙的往麗池跑，當時，實在是有點莫名其妙，後來一打聽，方知這完全是杜月笙到麗池捧場所致，上海白相朋友無論認不認識杜月笙，一齊趕到麗池去望望杜先生。

便自這一天晚上開始，天宮營業一蹶不振，了無起色，而麗池遊樂場則由於杜月笙抱病來白相了那麼一次，杜月笙有心要捧李裁法的場，在香港的上海朋友無人不知，無人不曉，杜月笙一片誠意，相互心照，麗池成為上海白相朋友的大本營，根據地，生意興隆，營業鼎盛，始終有增無減。一兩年後，查理的天宮難以維持，有意盤給李裁法經營，卻是李裁法未予置理。

到香港的逃難客越來越多，香江畸形繁榮，成了東方的觀光遊覽勝地，有一天，李裁法往見杜月笙，就在病榻之旁，趁杜月笙精神略好，他向杜月笙報告，他有一個構想，要在九龍青山，開設一家最高級的酒店，規模不必太大，但是裝潢佈置必求窮奢極侈，目的在使它成為香港最豪華的郊遊去處，高貴場所。使達官貴人，百萬富翁都將為之心嚮往之，一擲千金了無吝色。

杜月笙對李裁法這個計劃很有興趣，當時便問：

「裁法，你開這樣一爿酒家，需要多少資本？」

李裁法頓時警覺，以杜月笙氣派之大，心腸之熱，說不定他才開口說個數目，杜月笙便會一口應承，由他墊了。李裁法向杜月笙報告他的構想，目的祇在於徵集一部份股款，而且這筆股款最好能多找幾位上海大亨，巨室財閥分攤。——因為，李裁法並非籌不出開「青山酒店」的本錢，他想請杜月笙幫忙，祇在於能夠開出一張陣容彈硬，足資招徠的股東名單。

於是他把話說得很清楚，開設青山酒店，需要資本港幣三十萬元，李裁法自任一半，其餘一半招股。他希望那張股東名單開出來極像樣，特別要請杜先生領導群倫，擔任董事長。

杜月笙聽了，哈哈一笑，他亦莊亦諧的說：

「裁法，你的心意，我懂。你把這穩賺錢的生意要我代為邀股，無非是為捧捧你的場。既然是捧場的事體，又何妨捧足輸贏，這裡是香港，不是上海，乾脆我當董事，你當董事長。」

劍及履及，閑話一句，原是杜月笙的一貫作風，他花了幾天功夫，給李裁法創辦的青山酒店股份有限公司，邀到了幾位聲勢顯赫，身價巨萬的股東老闆，居然，就尊李裁法為董事長，把青山酒店的董監事名單開出來，李裁法何異借步登天？杜月笙言而有信，他確已將李裁法捧足輸贏。

經杜月笙一手促成的香港九龍青山酒店，往後成為香港的名勝之一。青山酒店一共祇有二十幾個房間，卻是內中懸掛的世界名畫，常有世界各國藝術家專程前往參觀。青山酒店座落海濱，設有專供顧客游泳的私家海灘，青山酒店的西餐，烹調之美，有口皆碑，自公路上通往青山酒店的一條汽車大道，屬於青山酒店私有，每隔十公尺便設一座大鐵架，路旁綴滿半月型的花圃，遍植奇花異卉，彩色繽紛，其富麗裔皇處，令人恍如置身人間仙境。於是有許多影片公司往往假青山酒店拍外景，「青山酒店」的景色，因而也輒時在香港攝製的著名影片中出現。

江湖義氣，英雄本色，講究的是投桃報李，恩怨分明，有所謂人敬我一尺，我敬人一丈。李裁法自小崇仰杜月笙，他甘願為杜月笙赴湯蹈火，雖死無憾，卻不料自西安、重慶，一直到上海、香港，他縱然成了一個觔斗蹤跳十萬八千里的孫悟空，卻依然出不了如來佛的手掌心，杜月笙的道行之高，法力之大，與乎其熱心慷慨，待人處世一概出乎至誠，反使李裁法頂禮膜拜，盛讚而已，終其一生一世圖報無門。近三五十年來海內海外多的是什麼「天津杜月笙」、「漢口杜月笙」、「蘇州杜月笙」、「揚州杜月笙」，乃至於「舊金山杜月笙」、「香港、澳門杜月笙」，但若以真正跟杜月笙見過了面，交往密切的「香港杜月笙」李裁法為例，即可想見此「杜月笙」與彼「杜月笙」實仍有一大段距離，而非苦修苦煉，做足輸贏乃可以企及。誠如杜月笙友好所發的慨嘆，「如杜月笙者，實係前不見古人，後不見來者」，集三百年幫會人物之大成。

49 幫胡文虎免無妄災

由此可想，縱使杜月笙臥病香江，歷時兩年有餘，但是杜月笙之為杜月笙，他一息尚存，即能發揮潛力，善為排難解紛。杜月笙到了香港，纏綿病榻於堅尼地臺，他仍然隱為一方之重鎮，相關人物平安無事便罷，一有問題，莫不要到堅尼地臺去向杜先生靦顏求懇。杜月笙在香港和他在上海時並無二致，照樣的能閑話一句便將事體擺平。南洋華僑巨子，虎標永安堂大老闆，在香港擁有素稱名勝的虎豹別墅，星系各報的創辦人胡文虎，照說他在香港應能擁有絕大的潛勢力。但是有這麼一日，他便愁眉不展的到堅尼地臺十八號病榻之畔訪晤杜月笙，胡文虎見了杜月笙便訴出一段令他頗感尷尬的事情。

原來胡文虎經人介紹，結識一位上海女郎葉桂芳，據說葉桂芳是有夫之婦，她的丈夫時在美國，這個葉桂芳不大規矩，她有一位姘夫名喚彭文龍，是上海人所謂小白臉，拆白黨的角色，胡文虎和葉桂芳交情泛泛，但是因為有所過從，胡文虎又是百萬富豪，南洋僑領，於是便由彭文龍定下了仙人跳之計，叫葉桂芳撕下臉皮訛詐胡文虎，一開口便討二三十萬港幣，如不應允則葉桂芳揚言要在香港九龍輪渡上跳海自殺。胡文虎懂得這一招的厲害，輪渡上擁擠不堪，眾目睽睽，有人跳海一定救得起來，那時候葉桂芳便將啼哭不已，申訴她的「委曲」，胡文虎對她如何如何，這樣子胡文虎跳到黃河裡都洗不清，必定要鬧出頭條社會新聞來。

二三十萬港幣在胡文虎不算一回事，但是他不甘於受欺，無緣無故被人敲詐，他因為女方來自上海，他自家跟杜月笙又是推心置腹，無話不談的好朋友，於是他將這件事的前因後果告訴了杜月笙，希望杜月笙能夠替他判明這葉桂芳的來路。

杜月笙問明白了胡文虎跟葉桂芳，是在一間俱樂部裡經友人介紹而相識，他便喊李裁法來，叫他去摸一摸。李裁法奉命之後絲毫不敢怠慢，他乃傾全力四出探訪，很快的便獲知他有一個學生子叫陳彼得，跟葉桂芳的姘夫彭文龍是要好朋友。陳彼得一探口氣就明白了這是一局仙人跳，利用跟胡文虎認得的機會妄想拚掉女方面皮大敲一票。於是李裁法叫陳彼得關照對方，胡文虎是杜月笙杜先生的八拜金蘭之交，而李某人不但是杜先生的後生晚輩，而且唯杜先生之命是從。這件事杜先生已經曉得了，杜先生為此很生氣，對方如果真的喫了豹子膽，那便不妨耍賴到底，放馬過來。

話傳過去以後，那個彭文龍和葉桂芳就此銷聲匿跡，噤若寒蟬，胡文虎的一場無妄之災終告迎刃而解，杜月笙為此很高興，自掏腰包拿一筆錢，叫李裁法犒賞犒賞小朋友，李裁法笑了笑說：

「就怕得不著機會給杜先生辦事情，我手底下人誰敢拿杜先生的賞賜。」

由這一件小事，也可意味得出「杜月笙」三個字即令遠在香港，自也有其驅邪除祟的重大作用，凡事祇要杜月笙插手其間，要比香港的法律尤為公平嚴正。

連發跡於南洋的胡文虎，在香港惹上麻煩都要求教於杜月笙，那班自平津京滬逃難而來的達官顯要，當然更要以病中的杜月笙為保障者，硬靠山，因此杜月笙在香港依然為杜月笙如故，他照舊是一言九鼎，片言化解的「通天教主」、「眾家生佛」。上海叉袋角一代豪富朱如山，擁有姬妾之多令人咋舌，朱如山全家逃難到了香港，旋不久便有香港頗具勢力「羅賓漢報」，排日登出連載專欄「朱門醜史」，雖非提名道姓，但是書中人物之為朱如山家中眷口，老上海呼之欲出，這一下使得朱如山大為尷尬，打官司怕揚揚沸沸，反而公開，不理不睬則一大家人心驚肉跳，坐立不安，當時他打聽過了，寫「朱門醜史」的朋友存心要跟朱如山難過，要使「朱門醜史」中斷，委實相當困難。

朱如山迫於無奈，只好求教於杜月笙。杜月笙心知李裁法和香港報界朋友處得很好，一隻電話把李裁法請來，一問之下，當時的「羅賓漢報」社社長徐鎮南，恰巧是李裁法的學生子，於是杜月笙便正式委託李裁法，代辦這件尷尬事。

李裁法一口答應，他去找徐鎮南，簡單明瞭的關照他一句：

「杜先生關照過了，『朱門醜史』不能再登。」

就這麼言話一句，當日生效，如應斯響，第二天一早，朱如山全家大小如逢大赦，鬆了一口氣，「朱門醜史」自本日起不再刊登。照說寫這種聳人聽聞，萋菲生錦的專欄原作者不愁沒有出路，「此地不留爺，自有留爺處」，羅賓漢報不登了，他儘可以轉移到其他小報繼續登場，但是李裁法和徐鎮南替杜月笙辦事十分徹底，可能是徐鎮南出了一筆錢將「朱門醜史」加以收買然後銷毀，因為自此以後便不曾見到「朱門醜史」的續稿再行發表。

杜月笙在香港為各界朋友解決問題，渡過難關，其中最噱、最妙、最戲劇化而最妙不可階者，是為李祖永落入香港老千集團的陷阱，一場「猜角子」的小賭，居然輸了十萬港幣。

50

李祖永遇老千集團

李祖永豪於資財，而且為人精明能幹，香港是他的舊遊之地，來來往往也不知經過了多少回。照說他見多識廣，閱歷閎富，他那能輕易上得了別人的當？被什麼老千集團套進去狠狠的喫一記？殊不料香港的老千集團規模龐大，策劃嚴密，正所謂：「強中自有強中手」，連李祖永也會一觔斗栽進去。

當時，李祖永在香港，擁資港幣一兩千萬，堪稱上海來客最有身價者之一，宜乎為香港老千集團加以青睞，看中弔牢，千方百計套他一套。一日，李祖永和張善琨同席，張善琨是上海影業巨子，名女星童月娟的丈夫，他在香港有計劃、有辦法，也有老班底，更有眼光發展香港影業，張善琨想籌組「永華影業公司」，時正「萬事齊備，只欠東風」，即席遇見了擁資千餘萬，正要找個好機會投資做番事業的李祖永，於是張善琨一噱，李祖永一決，由李祖永投資組設「永華公司」，就此談出了相當的眉目。

就在李祖永斥資組設永華影業公司的消息，揭佈於香港各報以後，香港某一老千集團認為「良機不可失」、「先下手為強」，因此，擬訂了套牢李祖永的縝密計劃。

李祖永嗜賭，他常到香港中環一家俱樂部賭錢，在其間認識了一位賭友，派頭一絡，出手闊綽，兩人同出同進，談得相當投機。有一天，這位賭友拉李祖永合作，他說有一位美國華僑，家財萬貫，事業龐大，這位華僑有意到香港來投資，卻是並不限於做何種生意。賭友說：

「你是上海很有名氣的事業家，那位華僑一定聽見過你的鼎鼎大名，祇要你肯出面，他還有不放心在香港大量投資，跟你合作的嗎？」

幾句話說得李祖永怦然心動，他想永華公司如能找個大戶頭，規模可以更大，營業前途也就更為可觀，像這種不費一貲，水到渠成的事，他又何樂而不為？於是，當時便約定了雙方合作的「方式」，以及，——華僑抵港之日，一道赴啟德機場接機。

屆時，自美國飛來的客機抵步，果然有一位衣著考究，氣宇軒昂的「華僑」遠自美國飛來，一群香港老千，擁著個不明究裡的李祖永，趨前恭迓，狀至諂媚，大有百鳥朝凰之概。而那位華僑更是頤指氣使，目無餘子，十足一副大老闆的姿態。凡此神情表現，看在李祖永的眼裡，使他肅然起敬，由而深信華僑富商身價之高，斷非自己所可比擬。

要想在海派人物如李祖永者面前，表演苗頭與噱頭，那位特地去一趟美國專程「回來」的老千之一，做工之像，氣派之足，誠然可以想見。總而言之，看在李祖永的眼裡，這位華僑彷彿錢多得無處可攢，那簡直是十足的「瘟生」、「洋盤」。

認定了這確是一個好戶頭，於是李祖永抖擻精神，準備好好的聯絡一下，他的賭友告訴他說，華僑為了這一趟香港行，他不住旅館，不在朋友家中下榻，特地在淺水灣買下一幢別墅，作為燕居之所。此公場面擺得如此其足，不由李祖永不漸次入彀，自投羅網，他自此把接待華僑，會商投資大計，當件正辦，排日參加一連串的應酬與宴會。

約好了時間，在淺水灣別墅舉行投資問題的初度談判，屆時李祖永盛裝赴會，卻是到時祇見那幾位老千朋友，華僑老倌遲遲未到。眾人在豪華客廳裡等得無聊，閑談之際有人提議，何不因「陋」就「簡」，來頑頑猜角子遊戲，聊以破除寂寞。

賭法是，用十幾枚一仙的角子，由莊家揣在懷中或者袋裡，每次掏出幾枚，請散家猜，散家則隨意押在一、二、三、四，待莊家攤開手來算，以四枚為基數，不足四枚者，照算一二或三，超過四枚或八枚的，則五為一、九為一、六為二、十為二，餘則七作三，八作四，數目不等，以此類推。猜不中的押數沒收，猜中者由莊家賠上四倍。

閑來無事，小賭賭，彼此都是「朋友」，倒也賭得興高采烈，相當起勁。卻是猜角子猜得正歡，華僑老倌匆匆趕回，他一眼看見這頑藝兒，想來也「極嗜賭」，當下連投資正事都顧不及談了，揎拳擄臂的便要參加，他一下場，賭注便大，人家下港幣三百兩百，他竟逐次提高到港紙一萬兩萬，尤其他賭運不佳，一敗再敗，轉眼間輸了港紙若干萬元。這時候，華僑老倌一看手錶，駭然發出驚呼，他說：

「哎呀，約會時間已到，對不起，各位，容我改日再行奉陪。」

言訖，掏出嶄新的連號美鈔，付過賭賬，又忙不迭的走了。當時，有一位香港老千向李祖永低聲苦笑，說了句滬白：

「這位華僑老倌，真是熱昏！」

51

十萬港幣原璧歸李

李祖永也真以為華僑老倌熱昏，因此，當第二次約會，老倌又是遲到，眾人等得無聊，將猜角子遊戲如法泡製一番，不久老倌趕到時照樣的嚷著想要下場玩，這時，便有人慫恿李祖永做莊，跟老倌對賭。——李祖永心想，抓一把角子除四以後剩幾枚，盡其在我，四對一的或然率，怎賭不得？他深信穩操勝算，其結果，果然中了他的如意算盤，老倌輸了美金一兩萬。

當李祖永和華僑老倌對賭，賭注越來越大，大到相當程度，在場的老千朋友彷彿很是踏實，他們適可而止，不再下注，任讓老倌和李祖永「對陣」，但是「論朋友交往」，老千朋友跟李祖永「較熟」，於是便有人自動熱心的幫忙，幫李祖永收角子捋角子，李祖永豪賭之際，必須聚精會神，得此臂助，心中自是感激。

賭到後來，華僑老倌只輸不贏，有出無進，裝模作樣的光了火，一筆，押了港紙五萬的注，四週爆出一聲驚呼，老倌泰然自若，李祖永手心裡捏了一把冷汗，他不由自主，用左手再去暗數一數他藏在西裝上衣口袋裡，那些剩下不曾納入右手掌握的角子。

確實數清楚了，口袋裡剩下的角子是五枚，當日，他一共用十二枚角子，這麼說，手掌心裡的必定是十二減五為七個，七減四是為三，華僑老倌偏偏押在「四」上，李祖永不禁暗喜，這五萬港幣他準吃無疑。

然而，答應了老倌下這麼大的注一攤開右手，望一瞥，李祖永居然嚇得目瞪口呆，如中霹靂，十目所視，十手所指，他手中的角子竟然是八個，八者四之雙倍，華僑老倌一寶押中，李祖永該賠港幣二十萬。

換了另一個人，對於此一絕對意外，必然百思不得其解，口袋裡明明有五個角子，手中再有八枚，五加八成為十三，怎的會多出一個角子來呢？說不定，是自己方才一時暗數錯了。華僑老倌的錢這麼好贏，自己又有穩操勝算的把握，何不再接再厲，多來幾次，最低限度也可以設法收回反勝為敗輸掉的十萬港幣。但是李祖永自非弱者，他腦筋一轉，立刻明白了毛病出在那裡，老千集團的陰謀詭計，於焉粉碎無遺，因此他漂漂亮亮，掏出支票簿，二十萬港幣除卻早先贏到手的十萬，他開了十萬港紙支票一張，雙手奉給華僑大老倌，推說自己也有重要約會，匆匆離了那幢淺水灣豪華別墅。

當夜他便去堅尼地臺拜望杜月笙，氣憤填膺，訴說香港老千集團設計詐賭騙財的經過，李祖永一注損失二十萬，有如醍醐灌頂，使他福至心靈，憬悟華僑老倌根本就是假的，冒充的方法很容易，只要買一張由香港往返美國的來回飛機票，賭猜角子，十二枚會變成了十三，無非幫他忙收錢捋錢的老千朋友，覷個機會多放一隻角子進他的口袋，使他明明數十二會變成十三，如此這般，焉得不敗？幸虧他還機警，輸一大票立刻撤退，若不然，就憑這小來來的「猜角子」遊戲，不把堂堂李祖永輸得傾家蕩產才怪。

杜月笙聽了李祖永的痛切陳詞，大不開心，香港老千集團天下聞名，他們有的是路道，為什麼偏要揀杜月笙的朋友開刀？一怒之下他喊來了李裁法，他正告李裁法說：

「李祖永在香港花十萬二十萬不要緊，但是這一件事情，做好了圈套叫人家往裡面鑽轂，未免下足了上海朋友的台型！」

李裁法一聽杜先生說出這話，覺得比山還重，他戰戰兢兢，竭力設法，心知香港總探長姚某對於所有老千集團無不瞭若指掌，平時無事不登三寶殿，這一次逼急了也只有找他幫忙，李裁法將李祖永遇騙一事的來龍去脈，說了個一清二白，然後，他鄭重其事的告訴姚某說：

「這件事情非同小可，因為杜先生已經光火，他說過，他在香港面皮坍光。」

姚某和李裁法一樣，平生最最敬仰崇拜杜月笙。平時，因為杜月笙在香港自立門戶，從不驚官動府，反倒使香港總探長姚某不得其門而入，始終未能承顏接詞，瞻仰杜月笙的丰采，如今得著這個為杜門効力的機會，能不特別盡心，份外巴結？於是，當李裁法把杜先生光火了的閑話傳過去，不到兩天，姚某即已私下將騙揭破，李祖永的那張十萬港幣支票還不曾兌現，便由姚某邀同李裁法雙雙送呈杜月笙。杜月笙很高興，嘉勉了李裁法和姚某一番，繼而想起那個老千集團為了套牢李祖永，所花費的釣餌本錢也不在少，想想他又自己掏腰包，交兩萬港幣給姚某，請他代為打發。

52
陳毅長電拉他回去

民國三十八年五月二十七日，上海國軍於殲滅共軍十一萬人後，因戰略關係撤出上海，是日楊虎、吳紹澍等自大西路引入共軍，為虎作倀，自取滅亡。共產黨指派陳毅為偽上海市長，陳毅沐猴而冠以後所辦的第一件事，便是「情詞懇切」的公開致電旅港上海耆紳，金融工商領袖五大亨，是為杜月笙、陳光甫、李馥生、宋漢章和錢新之。

由於長電之來，猶如石沉大海，陳毅心目中的五大亨，並無隻字片語答覆，陳毅還不死心，也可能是徐采丞在為他自己亟於脫離虎口，又耍了一記噱頭，陳毅「派」他以上海市地方協會秘書長的地位與關係，專程跑一趟香港，迎迓杜、陳、李、宋、錢五大亨返滬。徐采丞抵達香港以後，其結果是他自己從此也不重蹈覆轍，他留在香港，不再回到黃浦灘。

杜公館的相關各人，陸陸續續的到了香港，上堅尼地臺十八號一看，那幢房子不但不合理想，而且不成格局，廳不像廳，房不像房，真正能派得上用場的，簡直數不出幾間。

但是杜公館到了香港的人可真不少，自杜月笙以次，有三樓孫氏太太，姚玉蘭與孟小冬，長兒長媳維藩夫婦已經有四名兒女，次子維垣、三子維屏、五子維新，俱已建立小家庭，七子維善、八子維嵩還在讀書，外加大小姐杜美如，孟小冬的義女美娟，光是家中的眷口便有二十多人，何況還有跟出來的隨從徐道生、司機小阿三鍾錫良、大司務「小鴨子」及其下手、男僕陸圖、解子信，女傭阿妹、小妹等四人，傭人又佔了十個之多。

而堅尼地臺十八號一樓一底的房子，樓住上的是陸根泉一家，樓下杜公館，既無庭園，又缺圍牆，外面的人朝裡望，可謂「開門見山，一目了然」，全屋精華所在唯有一間半圓半方的大客廳，正房祇得三間，其餘小房都是將就走廊空隙隔出來的，一間做了秘書胡敍五的辦公室，另外三間住了杜美如和杜維善、維嵩兩兄弟。姚玉蘭和孟小冬的兩間附在杜月笙的大房間外面，劈面相對，而且聲息相通。

將這幾個人勉強分配好房間以後，再要住人，便毫無空隙，灶披間祇夠住一兩個傭人，其他的傭人必須在外面，每天早出晚歸。

因此之故，二樓陳氏太太一度由臺灣到香港，她反倒住進新寧招待所，三樓孫氏太太則在外面與兒子同住，杜維藩的太太先帶小孩到香港，住過九龍李麗華的房子，後來杜維藩乘海非輪抵步，一家六口便花兩萬港紙，在建華街頂了一層樓，而跟同自上海來的王新衡望衡對宇，隔街而居。其餘成了家的三兒一女，則杜維屏住堡壘街，杜維垣、維新住在渣華街，二小姐杜美霞嫁給了金元吉，她是金公館四少奶，金廷蓀由上海帶出來的一大家人，也住在渣華街上。

方抵香港的杜月笙，由於精神體力的關係，加以當時環境之所限，心情之蕭索，早已失卻創辦事業，養家活口，作長期打算的壯志雄心，這麼一大家人的生活所需，以及他自己每月恆在港幣兩萬以上的龐大醫藥費用，需費若干?究從何出?據姚玉蘭、杜美如等回憶，光衹堅尼地臺一處，一月開銷至少也得港幣六萬之數，有時候，姚玉蘭還得掏腰包貼補。

53

一票豬鬃美金卅萬

杜月笙帶一大家人到香港，他打的是什麼算盤？無他，「坐吃山空」，用光為止。說來也是可哀，這位當代聞人，揮金如土的上海大亨杜月笙，三十八年離開上海的時候，他一總祇有兩筆財產，其中之一，是美金十萬，當年曾因預儲子女教育費的關係，交給了好友宋子良，請他帶到美國代營「生意」。另一筆，約有美金三十萬之譜，那是出賣杜美路那幢渠渠華廈之所得，幸虧有楊管北的一句話，方始提出預存於香港，留下來應付杜月笙逃難到香港的生活所需。

早在民國三十六、七年間，杜月笙即已有意賣掉那幢自家一直不曾住過，而係金三哥用大運公司賣航空獎券的盈餘，為他所建造的杜美路大樓，起先準備賣給中紡公司，中紡出價美金三十萬。後來，因為杜維垣認得一位美國朋友，經他介紹，杜美路大廈終以美金四十五萬元較合理想的價錢，賣給了美國駐華大使館。

四十五萬美金在上海花去了一小部份，剩下養家活口帶保命的最後本錢，要不是杜月笙把得住舵，抱定了「橫財不發，投機勿做」的主張，這三十來萬美金很有可能在旅港之初便一票蝕光，因為杜月笙一家遷居香港不久，便有一筆找上門來的好生意。說起來到是熱心朋友，好意幫忙，想給杜月笙在一進一出之間，賺一大票錢。這位朋友是四川人，經常來往重慶、成都與香港，據他所知，四川是年豬鬃量特豐，價格本低，又碰上了時局關係無法出口，因而一跌再跌，已經跌到成本之內，這位四川朋友早已決定斥集巨資，大事搜購，並且他已接洽好了中航公司的飛機，代為運港，這批豬鬃運到香港以後，即令比市價再低的話，也可以有三倍五倍的利息。

乍一聽，這豈不是千載難逢的良機，朋友極靠得住，生意更是十拿九穩，加若干股子進去，也許便在數日之間，就可以賺個三倍五倍，有這種好生意不做，更待何時？

但是杜月笙聽過之後，卻一口謝絕了朋友的好意，他推說他沒有現款，而那筆生意由於爭取時間的關係，必須立時立刻拿出鈔票來，杜月笙放棄了大好發財機會，他身邊的顧嘉棠則食指大動，他不惜傾家蕩產，悉索敝賦，把他從上海帶出來的三十萬元美金「杭不啷」甩下去，滿心賺個百把萬美金。顧嘉棠在小八股黨首領之中最善理財，他平素的作風，「祇進不出」，恰與杜月笙的「揮金如土」成對比，所以他省吃儉用的積蓄，尚且超過抵港以後的杜月笙，這一次是他一生一世，最大的一筆投資。

當顧嘉棠滿懷希望，欣然加入的時候，四川朋友告訴他說，大部份的豬鬃都已經收購好了，貨色集中在成都，祇等中航公司的飛機開始履行合約，撥機逐批運港。那時候，犯川共軍纔祇攻下了巴東，川邊吃緊，成都、重慶，猶仍安如磐石，共軍跑得再快，也不可能猛一下便威脅到成都，因此，顧嘉棠交付過股款以後，便篤定泰山的等著賺鈔票。

萬萬料想不到，豬鬃方待啟運，十一月十日一早，翻開報紙一看，中國航空公司與中央航空公司的負責人，覥顏事敵，帶了十二架飛機，一道飛往北平，兩航投共，使全國各線空運全部中斷，那是當時令人極為震憾的一條重大新聞。

這一條重大新聞，對於顧嘉棠和那位四川朋友，震憾的程度尤足驚人，兩航叛變，航線中斷，運豬鬃的合同無人負責，大批的豬鬃堆在成都運不出來，一時又找不到其他的交通工具可資利用，這一個打擊對於當時的顧嘉棠來說未免太大，四川朋友本人蝕了美金三百萬，幾幾乎為破產，顧嘉棠帶出來的一家一當美金三十萬元全部蝕光，沉重打擊使心廣體胖的顧嘉棠長吁短歎，愁眉不展，見了熟人便一聲苦笑的說：

「一票豬鬃，蝕脫我十八磅。」

他是在說家當蝕光以後，他的體重驟然減輕了十八磅之多。

氣候一變，杜月笙喘疾又發，在香港時杜月笙治喘，照樣是中西並重，藥石兼投，經常來為他把脈開方子的醫生，中醫有四位，西醫則三名，這七位醫師俱非碌碌之輩，在香港可謂個個都有名望。三位西醫是戚壽南、吳必彰與梁寶鑑，四位中醫厥為蘇州滄浪亭主人、名書家、名醫師吳子深，還有旅港名醫丁濟萬、陳存仁，杜月笙的門人，婦科聖手朱鶴皋。

由於中西藥石兼投，醫生一多，意見難免分歧，究竟該用誰的醫法，該吃那位的藥，家人不敢做主，唯有杜月笙自己決定，因此之故，「久病成良醫」的說法應了驗，杜月笙反而變成他自己的主治醫師了。加以親眷朋友，來往探疾者數不在少，人人對他表示關懷，貼心，今天張三介紹一位醫師，明日李四貢獻一個偏方，弄得杜月笙醫生越請越夥，用藥越來越雜，幾個月下來的結果，他曾自嘲的說：

「如今我是拿藥當飯喫，拿飯當藥吃了！」

杜月笙本人無法拿出定見，決定祇請那一位醫師主治，別人更不敢代出這個主張，「群醫咸集，藥石紛下」，對於他的喘疾，畢竟是益少害多，莫說喘疾時至今日猶無根治的方法，即令當時有，以杜月笙的「急病亂投醫」情況而言之，也是很難治療得好。

54 張公權來打破「規矩」

堅尼地道杜公館，和任何一處杜公館不同，那便是堅尼地道門庭冷落車馬稀，三四十年來杜氏門庭的熱鬧風光彷彿已成陳迹，這並不是說杜月笙落日餘暉，苟延殘喘，竟被各界人士所冷落忽視，而是他一則抱病，一則也由於大陸局勢急轉直下，香港是國共雙方都在公開活動的是非之地，他有心避一避風頭，躲一躲糾纏。剛到香港不久，杜月笙便請袁樹珊給他看了個相，當時，袁樹珊曾慎重其事的說：

「杜先生，最近一段時期，你最好閉門謝客，任何人都不見，否則的話，恐怕會有是非。」

旨哉斯言，正中杜月笙的下懷，於是他命人寫張條子，貼在房門口，詞曰：

「遵醫囑，礙於病軀，謝絕訪客。」

條子貼出，倒也蠻有效力，卻是有一天，張公權來訪，一腳踏進了房間，要好朋友，杜月笙不得不力疾待客，從此以後，病中謝客的「規矩」為之破壞。

民國三十八、九年間，在香港長住的杜月笙，雖然怕麻煩、怕糾纏，可是他那顆愛熱鬧的心，卻並未因健康太差而予稍減，即令氣喘咻咻，爬不起床，每天還是巴望著家人親友多走動，常來來。

每天一早，多半是小八股黨碩果僅存的老兄弟顧嘉棠頭一個到，他是專程前來打一個轉，問聲月笙哥昨夜睏得好嗎？今早阿曾起來吃過物事了？風雨無阻，問過便走，並不一定要見到月笙哥，等歇到了快吃中飯的時候，他如果沒有應酬，這頓中飯便十有八九在杜家喫，杜月笙精神好，他便陪陪杜月笙，不然的話，就在外面飯廳陪陪杜公館的熟朋友。顧嘉棠一生一世對共產黨絕無好感，上海淪陷以後，他一提起共產黨便破口大罵，恨透恨透，他說祇要共產黨在上海，他是寧可死在外頭，也決不會回轉去受罪的。

跟杜月笙、顧嘉棠抱著同樣堅決反共態度的是金廷蓀金三哥，金廷蓀這次逃難，逃得非常之徹底，全家大小，四兒四媳全部搬到了香港。他也是抱定主張，絕對不跟共產黨打交道，殊不料他的夫人懷鄉情切，不耐客居，也不曉得聽了什麼人的蠱惑挑唆，居然跟金三哥老夫妻倆意見分歧，各行其是。金老太太不顧一切的帶了三個兒媳婦，四名女將由香港開回了黃浦灘，杜月笙、金廷蓀、顧嘉棠一班老兄弟再三苦勸，勸不動這位金三嫂。照金三嫂的意思，她堅持要把四名兒媳一道帶回頭，幸好大少奶在香港醫院中待產，總算免於同行，少受了一番波折與磨難。

金三嫂帶了三位少奶回上海，實使杜月笙、金廷蓀擔盡驚嚇，大費手腳。因為金三嫂回上海後住在殺牛公司附近朱家木橋的金公館，平安無事了一段時期，共產黨猙獰面目暴露，展開了清算鬪爭、三反五反大屠殺，朱家木橋一帶每天都有滿載死囚前往市郊處決的卡車開過，嚇得金三嫂心驚肉跳，險乎得了神經病，金三嫂託人想辦法打張路條，自己先逃回香港，留下三位少奶陷身魔窟，而其中的四少奶正是杜月笙的次女杜美霞。

杜月笙在香港想盡方法，要把他的二小姐救出來，但是共產黨正一心一意騙杜月笙回上海，杜月笙的子女多一個在共區，就他們來說正好是威脅杜月笙的人質，因此他們決不肯輕易應允，綁票勒贖原是共產黨的一貫伎倆，他們怎肯放過這個好題目？起先杜月笙命他的次婿金元吉，寫信到上海請杜美霞出來，共產黨那邊拒絕發給路條，然後一再函電交馳，依然石沉大海杳無消息，最後則以杜月笙病危為詞，拍發急電，方始將杜二小姐，救出了虎口。多一半是因為在那個時候，杜月笙的長子杜維藩也在萬般無奈的情況下進上海去了。

同時杜月笙的二樓太太陳氏夫人，在杜月笙赴港之先，曾經到過一次臺灣，頗想在臺定居，杜月笙抵港，她也由臺來港打了一轉，夫妻間話不投機，陳氏夫人便和維翰、維寧回了上海，而這趟回去，竟因而被陷，始終不得出來。

明乎此，則可獲知堅決反共，認清共黨本質如杜月笙者，為什麼在三十八、九年之交，還不敢與共產黨公開破臉，反目相向，有親生骨肉落入共黨的掌握，虛與委蛇，相互鬪法，全是衷心非願，迫不得已之舉。

在這一段時期，杜公館堅尼地臺人客雖少，飯廳裡仍然每天中午準備兩桌飯，一張圓枱面一張四方桌，通常那張圓枱面必定坐得滿，圓枱面坐不下了，再開方桌一席。

經常來杜公館吃中飯的，除了杜月笙的兒子媳婦女兒，女婿，顧嘉棠、金廷蓀、王新衡、駱清華、沈楚寶等諸人之外，還有杜月笙的表弟朱文德，總管萬墨林，這兩位在香港經常不離杜月笙左右的哼哈二將，朱、萬二人為了往來方便，都在堅尼地臺租了房子，而且和杜公館近在密邇，等於隔壁。朱文德一家住在堅尼地臺十號，萬墨林一家住六號。

55 三椿消遣賭書與唱

喘不發，腳不麻，精神好，體力夠，杜月笙隨意思之所至，在香港有三椿消遣，其一是賭，其二是書，而其三是為唱。

賭，不僅規模縮小，而且輸贏數目，亦無復當年的豪情勝概，由於精神體力之所限，杜月笙晚年居港，只能玩玩十三張羅宋牌九，為了湊興，勉強陪他頑頑的，有當年的豪賭朋友朱如山、徐士浩、盛家老五盛泮澄、吳家元、張公權的令妹張嘉蕊。為什麼祇打羅宋牌九？說穿了便是由於打羅宋可以少用腦筋，坐著不動，而且時間不長，隨時都能結束。輸贏雖不能與當年相比，但是一場進出也有個港幣好幾萬。即使打這種費力不多的牌，有時候杜月笙還會感到精神體力難以為繼，於是喊杜美霞來代他接下去。

「書」則為杜月笙的另一嗜好，聽說。「說書」這一行業在香港始終不能生根，要找一位說書先生可謂相當的困難，好在當時有一些「說書先生」也從上海逃難到了香港。杜月笙選了其中的四位：張建國、張建亭兄弟，蔣月泉和王伯英，他請這四位「說書先生」輪流的到堅尼地臺杜公館，每天一位，分別為他開講「玉蜻蜓」、「雙珠鳳」、「英烈傳」、「水滸傳」等等著名的說部。「聽書」成了杜月笙的日課之一，他用聽說書來消磨時間，尤其聚精會神聽書時，可以使他暫時忘卻身上的病痛與苦楚。

不過在當時的杜公館，姚玉蘭、孟小冬以次，沒有一個人具有杜月笙這個共同的嗜好，因此，當他一榻橫陳，瞑目傾聽「說書」時，往往房間裡只有他一個人，充其量多上服侍他的徐道生，有時候萬墨林、朱文德也來陪他聽上一段。

「唱」的場面比較熱鬧，曾有人謂「天下之歌，盡入杜門」，杜月笙自己身畔便有姚玉蘭、孟小冬兩位頭人，並稱鬚生泰斗與冬皇，再則由於杜月笙一生酷嗜皮黃，他身邊的人幾乎個個都能哼幾句，而且其中不乏佼佼者。堅尼地臺杜公館每星期五必有清唱小聚，旅居香港的名票名伶，因為杜公館有冬皇孟小冬在，莫不以一履斯境為無上之嚮望，莫大之榮幸，但是杜公館的雅集衹限於至親好友，故屬門生，經常必到的有趙培鑫、吳必彰、錢培榮、杜維藩、杜維屏、朱文熊、萬墨林等人，馬連良抵港以後，幾乎每日必去杜公館，他到時雅集又添一份熱鬧。王新衡衹要有空，會興緻勃勃的前往參加，他跟著大家稱孟小冬為「孟老師」。

24

共黨統戰無微不至

杜月笙方抵香港不久，共產黨的統戰份子，立刻對他展開了包圍攻勢，共產黨亟欲爭取杜月笙，使他重回黃浦灘，除開他個人的聲望及號召力量，足可為共黨利用一段時期，還有一層最重要的原因，厥為當時上海金融領袖、工商鉅子，莫不紛紛跟著杜月笙轉移，他們挾巨資而抵香港，使得共產黨在上海及其附近劫奪來的銀行、工廠、公司、商號，在房地、機器、生財、傢俱之外，就剩了一個空殼，既乏富有經驗的主持人，又失去了可供週轉的資金。因此之故，共黨在港統戰工作人員千方百計，不惜威脅利誘，乃至於甜言蜜語，巧言令色，一心一意促使那些金融工商巨子「回上海去」。

但是上海的金融工商巨子，向以杜月笙馬首是瞻，言聽計從，在共黨統戰份子的花言巧語，陰謀詭計之餘，當然也有一部份人意志動搖，心存觀望。一般來說，當時旅港金融工商界人約可分為三種，上焉者認清中共面目，抱定決心在自由地區另創事業或者靜觀待變。中焉者模稜兩可，遲疑不決，卻是無疑已被中共統戰份子打動，他們熱烈的希望杜月笙能夠帶著他們回上海。下焉者惑於中共的釣餌，決意吞它下去，不過仍存一線之望，最好是杜月笙也回黃浦灘。

便在這群小包圍，長日糾纏騷擾的時期，杜月笙的好朋友，上海金融工商巨頭如王曉籟、劉鴻生、吳蘊初……等人，均已中了中共的奸計，打定主意向左轉。在這幾個人裡面，劉鴻生、吳蘊初等自己擁有實力，他們屬於「中焉者」，如王曉籟則多年以來一直靠牢了杜月笙，除了杜月笙做他的靠山，不論有貝之「財」或無貝之「才」，他竟一無所有，因此王曉籟是離不開杜月笙的。他聽信了共產黨的煽惑，想以前進份子、「民族資本家」的姿態，重回黃浦灘，當然他就非得拖牢杜月笙同走不可，於是，王曉籟是為「下焉者」。

有很長的一段時光，這班有心靠攏者排日出入杜月笙之門，糾纏不放，拼命的勸，逼牢杜月笙跟他們同走這一遭。王曉籟和劉鴻生兩個更是無日或休，幾至勸得舌蔽唇焦，聲淚俱下，不過，杜月笙始終立定腳跟，屹然不為其所動。

然而，忽有一日，臺北一家素具權威的報紙，登出了一篇各方重視，轟動一時的社論，在這篇社論中出現了兩個新名詞，所謂「政治垃圾」與「經濟蝗蟲」。中共統戰份子如王曉籟、劉鴻生之流認為這是一個「勸杜月笙回上海」的好題目，他們拿了報紙輪番去見杜月笙，不惜添枝作葉，加油加醬，告訴杜月笙說，社論中所指的暗中操縱上海金融、物資的經濟蝗蟲，不正是暗指你杜月笙嗎？臺灣報紙差一點就要對你提名道姓了，尤其是那篇社論的結論，旨在「絕不容許政治垃圾、經濟蝗蟲」到臺灣復興根據地去掀風作浪，重施故技。在這種情形之下，你杜月笙難道還有到臺灣去的可能？還不如「光光采采」的跟我們回大陸吧。

竭力挑撥離間的越來越多，而且都是異口同聲，眾人一詞，杜月笙剪下這篇社論來，叫他的秘書邊讀邊為講解，社論的措詞難免過火，將「罪狀」與「實際」對證，杜月笙三個字彷彿也是「呼之欲出」，於是杜月笙不由不大受刺激，他小心翼翼，將那張剪報摺好，放在自己的馬甲袋裡。

57

汪寶瑄專程趕得來

民國三十八年九月間，香港堅尼地臺杜公館又有一位常客常川進出，那是曾經身為和談五代表之一，被代總統李宗仁派到北平去跟毛澤東與虎謀皮的章士釗。章士釗隨同和談代表團在三十八年四月一日飛北平，談判二十八天不得要領，四月二十八日起便被毛澤東扣留，歷時四月有餘，他又啣毛澤東之命到香港，顯然負有共黨賦予的任務，並且受到共黨的監視。

一日，杜月笙正在客室和章士釗扃室長談，自廣州來了一位好朋友，江蘇省黨部主任委員，兼為立法委員的汪寶瑄。

杜月笙聽說汪寶瑄到訪，非常高興，他當時便請章士釗到另外一間房裡小坐稍候，一面起身迎迓汪寶瑄。汪寶瑄和章士釗打了個照面，他又看到杜月笙面容清癯，神情憔悴，但是一見汪寶瑄之下，情緒顯得相當的激動。杜月笙一伸手，從自己的中式馬甲口袋裡，掏出一份剪報，他搖頭、嘆息、苦笑，把那份剪報一直遞到汪寶瑄的手上。

汪寶瑄一看，便知道是當時引起軒然大波的臺北某報一篇社論中用上了「垃圾、蝗蟲」二詞，斥責許多不甘與共黨同流合污的投奔自由者，言下之意彷彿這班人還想到臺灣來烏煙瘴氣搞垮臺灣這一處反共的聖地，因此譏誚這般人為「垃圾、蝗蟲」。

當時，汪寶瑄向杜月笙一笑，他開門見山的告訴杜月笙說：

「杜先生，我正是為這件事到香港來，專程拜訪你的。」

激動之餘，不克自已，杜月笙極其罕見的向汪寶瑄發了一頓牢騷。他說他並非國民黨員，而抗戰、戡亂，一連兩次為國民黨犧牲一切，毅然赴港，用心無非是免為國民黨的敵人所用，他這麼做，完全是本諸良心，盡其在我，既不求功，也並不是為了爭取表現，在這種情形之下臺灣還有人認為他是「政治垃圾、經濟蝗蟲」，譏誚諷刺，不留遺地，實在是令人傷心。

汪寶瑄立即向杜月笙表明來意，他說，刻在廣州因要公稽留的洪蘭友，正是奉當局之命，便道赴港對杜月笙加以安慰，並且有所解釋。汪寶瑄告訴杜月笙，洪蘭友為這件事心中也很難過，始終不得安心。洪蘭友託汪寶瑄轉告杜月笙臺灣的近況，總統猶未復職，一切難免顯得紊亂，某報的這篇社論，大有親痛仇快之概，令人一見而知撰稿人既幼稚且有偏見，因此，當局目前已在著手整頓。

眼見杜月笙的情緒漸次平復，汪寶瑄又說：

「當局還有一封親筆函，將由洪蘭公面交杜先生，信上所說的，和我剛才講的意思差不多。」

頓了一頓，杜月笙方始語重心長的回答：

「寶瑄兄，你回臺灣以後，務必請你代我杜某人轉告臺灣方面那許多黨政負責朋友，我杜月笙是白相人出身，我不是國民黨員，同時我也不懂三民主義，五權憲法。但是自從民國十六年起我追隨國民黨，往後的抗日、戡亂，甚至於將來反攻大陸，我一定還是跟著國民黨走，這不但是因為我杜月笙一生不做半弔子的事，而且，我還有我一層最簡單的道理，老實不客氣說，現在跟國民黨的人未見得滿意，不過我們大家應該明白這一點，跟國民黨縱使沒有乾飯喫，最低限度也有口稀飯喝，倘使去跟共產黨呀，」他突然提高聲浪，極其輕蔑的說：「我敢於說將來連屎都沒有得喫的！」

汪寶瑄不但甚以為然，尤且衷心感佩，因為他想，當許多國民黨一力培育、造就、栽培的高級幹部，都在紛紛變節投共的大混亂時期，對於杜月笙這種忠貞不二，獻替良多的黨外人士，何能苛求？可是杜月笙對自己的進退出處大義凜然，晚節不虧，即令在當時斯境，杜月笙為國民黨的作為，與其對國家的貢獻，助力之多，尚且超過若干國民黨高級幹部，以此，他認為杜月笙的忠黨愛國，反使國民黨幹部有所惕勵。

接下來，杜月笙又說：

「寶瑄兄，這就是我的心意。無論如何，我還曉得個好歹香臭，故所以，我決不會跟共產黨走。杜月笙一生一世，凡事都要做到言話一句，那能這麼一件大事反倒會得破例？總而言之一句話，我杜月笙跟國民黨算是跟定了，隨便怎樣也不會回頭。」

汪寶瑄頗表感奮，緊接著他便和杜月笙談起共黨竭力爭取金融工商界領袖人物回返大陸的問題，共產黨對這一幫人威脅利誘，無所不用其極。汪寶瑄不惜指明了說：撤離大陸的金融工商鉅子多一半集中在香港，他們所攜出的衹是少數的資金，絕大部份資產仍還留在大陸，這便是共黨可資利用的釣餌，他很為他們的未來動向擔心，唯恐他們自投羅網，落於陷阱，卻是他又強調的說：

「據我所曉得的，這麼些跟杜先生有關的金融工商界人士，他們留在香港進退維谷，左右兩難，其實，他們都是在看杜先生的風色。」

「我的風向早已定了，」杜月笙一語破的，片言決疑，然後他又說：「倒是最近王曉籟和劉鴻生居然悄悄的回到上海去，使我心裡非常難過。」

汪寶瑄所負的使命圓滿達成，他很高興，即午，杜月笙邀汪寶瑄在堅尼地臺午餐，為他洗塵，同席的有王新衡和宣鐵吾，老友聚晤，倍感歡快，席間杜月笙聽說汪寶瑄翌日即將返臺，他殷切留客，命楊管北替他退票，留汪寶瑄在香港多住三天，以資盤桓。盛情難卻，汪寶瑄祇好答應了。

58

章士釗泡堅尼地臺

統戰份子勸誘無功，陳毅的「笑靨迎人」又被杜月笙視若無覩，置之不理，共產黨亟需杜月笙重返上海，為他們竭澤而漁，遂行勒索。於是，他們方始又施一計，派出杜月笙的一位老友，被李宗仁任為和談五代表之一，到北京後先則被扣，繼即叛降毛澤東的章士釗。毛澤東叫章士釗專程跑一趟香港，為朱毛紅朝盡量爭取可資利用的人物，其中最重要的一位，厥為杜月笙。

章士釗「啣命而來」，力圖「立功、報効」，他深知毛澤東心目中主要目標何在，因此集中全力，先「解決」杜月笙的問題。到香港後，他便不時出入堅尼地臺杜公館，登堂入室，有時直趨病榻之側，和杜月笙接席密談，他鼓其如簧之舌，搧動誘惑，兼而有之，他分析天下大勢，國際動向，尤其對他的敝同鄉後輩毛澤東，「歌功頌德」，捧得來肉麻之至。

第一次長談，杜、章之間，便有一段頗為精采的對話，約略如下：

當章士釗滔滔不絕，盛讚毛澤東是如何的尊老敬賢，求才若渴時，杜月笙很巧妙的接過他的話來，用非常關懷的口胳，問起章士釗：

「章先生是決定在北平定居了，是嗎？」

怔了一怔，章士釗方答：

「是的。」

「章先生是否照舊掛牌做律師?」

「這個——」頓一歇，章士釗祇好老老實實的回答:「誠然，共產黨統治下是用不著律師的，我不能再掛牌，不過……」

這一次，杜月笙接口很快，他不等章士釗把話說完，便問:

「章先生既然不能再做律師，那麼，你有什麼計劃?是否想改行做做生意?」

「做生意嘛，祇怕共產制度也不容許，」章士釗被杜月笙逼得太緊，唯有直話直說，坦然吐露，卻是接下去他又指手劃腳，洋洋得意的吹起牛來:「不過，毛『主席』當面告訴過我，我在大陸，一切有他負責。有了『毛主席』的這一句話，個人的生活種種，那還用得著躭心麼?」

於是，杜月笙像在自言自語，他一疊聲的說是「啊啊，祇是生活不用擔心，祇是生活不用擔心。」

章士釗聽後，頓即面紅耳熱，囁囁嚅嚅的支吾了幾句，第一次長談，自此草草結束。

等到章士釗告辭離去，姚、孟二氏，兒子女兒，還有親信諸人，都在等候「消息」，杜月笙坐久了，有點累乏，可是他仍然說出了兩人之間所談的這最要緊一段，然後他搖頭苦笑的說:

「章先生年紀一大把，做官的興緻高極!祇要有官做，他跟誰都可以，但是他投了共產黨毛澤東，卻祇說是保障他的生活。既然祇為了生活的話，臺灣、香港、美國……隨便那一個地方，也要比共產黨那邊的日子舒服得多。」

晚間，休息過來，精神回復，杜月笙又提起了章士釗的兩件往事，抗戰八年，杜月笙怕章士釗落水當漢奸，始終把他拉牢了同在一起，章士釗夫婦曾與杜家合住香港、同遊西北，尤曾同住南岸重慶，一應生活開銷，都由杜月笙負責，談到了這一件事，杜月笙呵呵一笑說：

「負責生活，毛澤東不過給了他一句言話，我杜某人倒是真負責過不少年啦！」

被杜月笙尊如上賓，在大後方流連詩酒，嘯傲煙霞的章士釗是否能夠滿足呢？杜月笙打了個哈哈說道：

「當時，章先生一心一意想當司法行政部長，當不上，就一天到晚發牢騷。我祇差不曾老實告訴他了，中央絕不可能請他當這個官的。」

接著他又說：章士釗宿願未償，官癮難熬，便在勝利前夕，政治協商會議籌開時期，趁組黨之熱，臻及高潮，他看中了杜月笙聲望如日中天，尤其「恆社」人才濟濟，「恆社」社員對杜月笙忠心耿耿，遇事爭先，因此便想利用「恆社」組織為基礎，籌組新黨，奉杜月笙為黨魁，而由章士釗幕後操縱運用。杜月笙喫他逼不過，乃假恆社社員張裕良的「良廈」，召開恆社社員會議，表面上說是付諸公決，實際則章士釗方一開口建議擁護杜月笙組織新黨，造福邦家。杜月笙立即聲明，他祇知道擁護最高領袖，有領袖在，國家便有希望，所以用不著「我們來攪什麼新黨」。同時他更表明自己的一貫主張，當抗戰初起，上海抗日後援會成立之日，陶百川、吳開先、潘公展、童行白四位朋友首先喊出口號：——「在一個組織：國民黨，一個主義：三民主義，一個領袖：蔣委員長的領導之下，全民抗戰，爭取最後勝利！」杜月笙重提往事，他說他是公開贊同此一口號的第一人，在上海抗日後援會成立大會席上，他即已大聲疾呼的喊過。

杜月笙斯語一出，使章士釗大為尷尬，下不了台，但是「雄心」未死，仍然在講台上喋喋不休，力陳他的組黨「發展抱負說」，這時候，也有恆社社員插進來發一段言，人人支持老夫子的定見。最後，則由杜月笙作一結論：「章先生一定要組黨，我杜某人決計第一個參加，奉章先生為黨魁，至於恆社同人參不參加，任憑自決！」一齣組黨趣劇，遂在章士釗吹鬍子瞪眼之下，宣告收場。

講過了這兩件往事，在一旁凝神傾聽的妻子兒女，心裡都有了數目，照杜月笙的看法，章士釗投共後自顧尚且不暇，他本身的慾壑始終不得填一填，又怎能說服堅決反共，認清共黨本質的杜月笙？

然而章士釗「毛」命在身，他不能死心也無法死心，堅尼地臺還得三日兩頭的來，有時候就在杜公館吃中飯，和滿座嘉賓，杜門中人同席用餐，說說笑笑，情景依稀當年，卻是許多熟朋友間已有相當的距離，場面也顯得尷尬來兮。

59 勸人的反被人勸去

章士釗騎虎難下，他要不斷的往杜公館跑，就無法避免和國民黨的要人劈面相逢，相逢時更免不了有窘迫的場面出現，國民黨的朋友們理直氣壯，大義凜然，章士釗於是為之幾度吃癟。

頭一回是碰到多年交好的老朋友吳開先，晚飯過後，杜月笙邀章士釗、吳開先一同到陽台上歇涼，看香江夜景，任輕風拂面。當時，章士釗有點倚老賣老，忍不住的重彈舊調，儘在為壞事做盡的共產黨說好話，稱誇毛澤東何等的禮賢下士，獎掖人才，他口口聲聲的作保證，祇要杜月笙肯回大陸去，不論在何種情形之下，共產黨絕對不會虧待杜月笙。

吳開先在一旁聽得忍無可忍，他一聲冷笑，亦莊亦諧的加以駁斥：

「章先生，你在騙什麼人呢？我從民國十六清黨之役算起，跟共產黨交手了二十多年，共產黨的真面目，難道我還不認得？老實不客氣說，就講有關共產黨理論的書籍，祇怕我也要比章先生多看兩本。共產黨的那一套，三歲小兒都騙不到。」

章士釗窘透，當下強詞辯解的說：

「你這種說法，可拿得出事實、證據？」

「事實、證據太多了，」吳開先侃侃然的答道：「共產黨對他們黨外的人客氣，根本不必相信，試看他們自己的『元老』、『領袖』，如陳獨秀、張國燾、瞿秋白，不是一個個的被他們自己人鬪倒下去了嗎？共產黨對於他們自家大好佬、大功臣尚且不能容忍，又何況不跟他們同路的黨外人士？」

為之語塞，章士釗格格不吐，於是，吳開先打個哈哈，再調侃的追問：

「章先生，此地此刻祇有你、我和杜先生。章先生你的這一套，究竟要騙我呢，還是要騙杜先生？」

趁此機會，杜月笙哈哈一笑，替章士釗暫時解了圍，同時也顯示了自己絕不會輕易上當的決心。不斷糾纏，常時登門，章士釗的這場牛皮糖攻勢，要到幾時方休呢？杜月笙不耐煩時，自有他的退兵之計。多一半也是出乎一片愛顧老友的誠意，一部份則在於早日結束這一場必無結果的冷戰。漸漸的，在跟章士釗談論之間，杜月笙開始反轉來勸章士釗棄暗投明，還我自由之身。他勸章士釗到臺灣去，或者遠走高飛，保全晚節，他苦口婆心的說：

「最好早早脫離，圖個清吉平安。」

杜月笙不曾留章士釗蹲在香港勿走，那是因為他早已獲知，毛澤東放章士釗出來辦事的同時，即已在他身邊佈置了監視人員，除開上杜公館，章士釗一直在共黨特務的監視之下。

因此，他甚至於極其誠懇的對章士釗說，如果章先生決心脫離共產黨的羈絆，無論是到臺灣或者到外國，行程和安全問題，杜某人可以拍胸脯包管解決。

「勸人的反被人勸了去」，章士釗不覺倒抽一口冷氣，但是他無法發作，更不能提出任何抗議，幾十年來杜月笙對章士釗的好處多矣，何況，杜月笙態度的誠懇，也令人不容置疑。

恰好在章士釗和杜月笙反覆辯論，不得結果的這一段時期，毛澤東在北平喊出了「人民民主專政」的口號，章士釗見這「六字真言」時連他也大不以為然。那日他到堅尼地臺杜公館去，座中偏有王新衡在，章士釗說民主與專政根本上是兩極端之事，毛「主席」焉可混為一談？王新衡於是便正告章士釗說：

「章先生，我是到過俄國的，我懂得這就是列寧的基本理論，共產黨所極力提倡的正是這個，他們跟英美國家不一樣，『民主』和『獨裁』在共產黨是二者為一，混淆不清的。你莫聽他們口口聲聲的喊『民主』，其實他們的所作所為無一而非『獨裁』！」

王新衡用醍醐灌頂之勢，正是要喚醒章士釗的迷夢，因此杜月笙接下來便勸章士釗「倒向蘇俄不如倒向英國」，何不就在香港住下，不要再去上共產黨——毛澤東的當了。章士釗聽後默然，使杜月笙、王新衡都覺得，這一次勸他懸崖勒馬，可能會得生效。

60

機要秘書走馬換將

章士釗首鼠兩端，躊躇不決，他這一次啣「命」赴港為毛澤東拉班底，其結果是演成一齣笑劇，可能是章士釗聽過杜月笙、王新衡的循循善誘後，神情舉止的變異，使負責監視他的共黨特務起了懷疑。一日，章士釗在他的港寓，剛派傭人出去買東西，他正一人在家等候，共黨監視人員推門進來，請他即刻登車回大陸。據章士釗家的鄰居後來對杜公館的人說：當時章士釗曾要求等傭人回來，作一交代，但是共產黨特務不准，章士釗又說要去樓上向某人辭個行，對方還是拒絕，於是，章士釗自此不告而別，他等於是給共產黨架走的。

回北平後的章士釗，其後也曾出來到過香港幾趟，他在紅色魔朝做官的願望，始終未能達成，除了什麼「人民代表大會」聊備一格的代表，毛澤東給他的實缺僅祇是偽文史館副館長，支幾文乾薪維持生活，落水者的所得如斯而已。

胡敍五充任杜月笙的秘書，原係抗戰初期經黃炎培介紹過來，抗戰八年、勝利四載，他為杜月笙致力甚多，杜月笙第一次旅港身邊的得力幫手是翁左青與胡敍五，第二次仍然還是這兩位，不過首度旅港杜門座客常滿，人文薈萃，如老虎總長章士釗，江東才子楊雲史，吳佩孚的高級幕僚楊千里，都曾降尊紆貴，為杜月笙司過翰墨詞章。二度香港居，文墨方面的工作就祇剩了胡敍五獨挑大樑，因為翁左青明於事理，善長分析，頗能出出主意，管理庶務，若論筆下功夫，新舊文學俱有根柢，那他畢竟是及不上胡敍五的。

胡敍五隨同杜月笙到了香港，工作了一段時期，不知怎的忽然動了蓴鱸之思，起了還滬之念，口口聲聲的說要回上海。他這一決定使杜月笙大為不安，唯恐胡敍五之回大陸，引起無謂的麻煩與謠言，尤其旅港初期胡敍五兼為杜月笙掌管機密，他曉得的事情太多，又怕共產黨對他加以利用。因此杜月笙便親自奉勸敍五兄，設非必要，何苦冒險自陷共區，他一再懇切挽留胡敍五，卻是胡敍五辭意頗堅，無可奈何，又叫跟胡敍五談得來的長子維藩，和萬墨林兩人從旁勸阻。萬墨林勸駕不曾發生作用，便由杜維藩接手，他約胡敍五到外面吃咖啡。

杜維藩直淌直的和胡敍五談判，他問胡敍五：

「敍五兄，你說老闆從前待你好嗎？」

「很好。」

「那麼，你是否嫌比老闆現在待你不如從前了？」

「我沒有這個意思。」

「敍五兄，」既然是多年交往的自家人，杜維藩便坦坦白白的說：「老闆從前待你好，是因為從前的路子粗，進賬多，日腳好過。現在跟從前大不相同了，現在老闆在香港，一點進賬都沒有，就靠帶出來的那點錢，天長日久，坐吃山空。老闆自家的日腳不好過，跟他的人當然要比從前差一點，好在有粥吃粥，有飯吃飯，大家同甘苦共患難。所以我說你最好不要在這個時候離開，免得人家批評你不夠義氣。」

胡敍五並不否認杜維藩所講的話有道理，但是他去意已決，無法挽回。勸阻無效，胡敍五還是辭去了一幹十二三年的杜月笙秘書一職，他悄悄的回了上海。

機要秘書出缺，使杜月笙大傷腦筋，幸虧早年即曾在杜公館任過秘書的邱訪陌，當時也在香港，杜月笙便去請了邱訪陌來，接替胡敍五的遺職。邱訪陌是福建人，中過舉，前清時代還當過一任知縣。他還是杜月笙的老把弟，早年智囊團的首腦陳群陳老八介紹來的，學識淵博，文采斐然。在杜月笙一生所用過的專職秘書之中，就推邱訪的陌文筆最好，有邱訪陌來接胡敍五，不但駕輕就熟，而且更為得力。

想不到的是過了不曾多久，胡敍五又自上海悄然南來，仍舊回到杜公館。

61
王新衡首次返臺行

三十九年五月，王新衡奉召返臺，行前，他去向杜月笙辭行，問杜月笙有什麼事情交代？杜月笙則鄭重其事的答道：

「我已經寫好了一封信，請你轉呈。」

他把那封上最高當局書取出，請王新衡先看一遍。杜月笙在信中備述他聽說最高當局身體健康，精神奕奕，心中非常之高興，他並且力陳自己決以「民國十六年時之反共及効忠領袖態度」，繼續努力，以求貫徹，他又說共產黨雖已佔據上海，但是他自己仍在上海留有若干關係，尤且隨時可以派人潛往工作。杜月笙十分熱烈懇切的自動請纓，他說，不論最高當局有任何任務交辦，他一定竭盡力量，設法達成。

王新衡赴臺未幾，旋又返港，他帶來一份最高當局發給杜月笙的密電碼本，同時告訴杜月笙，他晉謁最高當局的經過。最高當局起先有意留王新衡在臺灣工作，但在看過杜月笙的信，並且聽了王新衡的補充說明後，遂又決定派遣王新衡常駐香港，擔當香港方面的重任。

得到如此圓滿的復示，杜月笙實有無限的感奮。

早先，杜月笙決心離開上海，赴港避亂之前，曾經扶疾往訪黃老闆，力勸他的金榮哥預早為計，也跟他一樣，作避難香江的打算。

當時，黃老闆推心置腹，向杜月笙吐露自己不得而已的苦衷，黃金榮說：

「月笙，我老了，這些年來，我跟你的境遇不同，我是能不出門便不出門，能不動頂好不動。你算算，我今年已經八十歲，俗話說得好：『人生七十古來稀』，我活到了八十一，就已經多活了十一年，今日死或者明日死，對我並無多大的關係。」

黃金榮接下去娓娓細訴的說，自從他六十歲那年正式宣告不問世事，安享餘年，他生活的目標，就祇剩下每天抽幾筒大煙，上一趟混堂洇一個浴，湊幾位牌搭子碰幾副銅旂。除此三者以外，無復他求，也非有此三項享受而不歡。因此他堆滿臉苦笑訴與杜月笙：

「月笙，你替我想想，假使我去了香港，頭一樁，差館裡發現我抽大煙要捉。第二樁，你叫我到那裡去找碰銅旂的搭子？第三樁，香港有沒有混堂，能否容我這八十多歲的人每天去洇趟浴，也是問題。何況，樹高十丈，葉落歸根，我已風燭殘年，能有幾年好活？共產黨來了，哪怕他們是狼心狗肺，三頭六臂，充其量，叫我死吧，好歹我也死在家鄉。」

杜月笙聽他金榮哥說得如此剴切透徹，心知其意已決，也就不再勸了，卻是辭出來時，意味得出這便是最後的訣別，他忍不住洒了兩行熱淚。

到香港堅尼地臺十八號定居，第一次聽到金榮哥的消息，為上海來人說得繪聲繪影，言之鑿鑿。上海淪陷前夕，黃金榮唯恐砲火殃及，自曹河涇黃家花園遷居鈞培里老宅，逐日洇浴、碰銅旂、吞雲吐霧如故。共產黨進了上海，起先倒還安然無事，但是數月以後，忽有一日，足有一百多人氣勢洶洶的直撲鈞培里，圍在黃金榮公館大門口，大呼小叫，齊同咆哮，揚言要把黃老闆家中打得稀爛。

這時候，八十一歲的黃闆從容鎮定，他大踏步搶出門外，面對著那一百多攘臂擄袖，瘋狂暴跳的強徒，黃老闆拉開嗓門便是聲聲怒吼：

「我就是黃金榮，你們各位今朝來，阿是要把我黃金榮的家裡打爛！」

多一半人被這白髮皤皤老者的虎虎生氣震懾，也有人雜在人叢中喊：

「是的！今天一定要打爛黃家！」

「好！」斬釘截鐵的一答：「要打爛，我會得自家來！現在我把大門關上，我自家來打給你們看！等歇你們進來查，有一件物事勿曾打爛，你們儘管把我的房子拆了！」

言訖，便命手底下人關大門，童顏鶴髮的黃金榮，擄起衣袖，抄根門閂，就此要自己打爛自己的家。這時候，偏生又有不知從何而來的「調解者」，隔扇大門之外，作好作歹，高聲排解，在說什麼：

「好啦，好啦，黃金榮已經知錯，看在他一大把年紀的份上，饒他一次！」

62

從八歲寫到八十歲

緊接著，便又有人拍門，黃金榮氣喘咻咻的，親自把門打開，外面有幾個毛頭小夥子，張牙舞爪，指手劃腳，好生教訓了黃金榮一頓。一場毀家的糾紛，方告有驚無險，化弭於無形，百把個窮凶極惡的人，逐漸散去。黃金榮八十多年來從不曾受過這大的侮辱，回到客廳，氣呼呼的一坐，足有半晌說不出話，他老淚縱橫，徒呼負負，那幾個毛頭小夥子教訓了他些什麼，也是一個字都不曾聽見。

隔不了幾天，又有共產黨的幹部上門來，他們滿臉奸笑，卻是態度硬，逼牢黃老闆，叫他「向人民大眾坦白」，黃老闆雙手一攤的問：

「叫我坦白啥末事？」

「你這一生的事，」共產黨幹部字字著力的說：「從你八歲起，到八十歲為止，請你詳詳細細寫份自白書。」

黃金榮有意反抗，但是家中各人苦苦勸他忍耐，「人為刀俎，我為魚肉」，反抗是沒有用處的。迫於無奈，請位朋友寫了厚厚一疊的自白書呈上去，從此以後便坐立不安，提心吊膽的等候判決。其結果，是共產黨派人來抄家，妙的是，毛病還並不出在黃金榮的自白書上。

黃金榮的二兒子黃源燾，十足的少爺、小開，抗戰勝利後，上海治安欠佳，鋌而走險的歹徒甚多，上海好白相的大少爺，普遍存在一種風氣，那便是別一支手槍防身，並且跟治安、情報工作人員攀攀交情，拉拉關係，圖一個安全保障。黃源燾不會開手槍，可是也並不例外。他有一支自備手槍，又跟一位姓戚的諜報人員很要好，上海撤退，姓戚的有一大捆步槍放在黃源燾住處，這件事黃金榮確實並不知情。

倘若是在黃老當闆權得勢的那些年，鈞培里黃公館，長短槍支經常也有個五七十桿，這一大捆步槍，實在無啥稀奇，不過共產黨來了，情形大不相同。因此，當共黨幹部破門而入，從黃源燾的那一支手槍抄到了一大捆步槍時，連經過多少驚風駭浪大場面的黃老闆，居然也給嚇得目瞪口呆，面如死灰。

當時，共產黨僅祇把槍支沒收，黃源燾則被帶了去問話，共產黨對他倒也並不為難，招出來槍支來源就此作罷。然而，正當祖、叔、孫三代，黃金榮、黃源燾和黃啟予之弟黃啟明衷心慶幸，逃過一場大禍。又數日，共產黨來了一份通知，黃金榮的自白書看過了，「上級」認為他「有罪」，所給他的處罰是，每天早晨到黃老闆自家開的「大世界遊樂場」門口掃街。

「處在矮簷下，不得不低頭」，老邁龍鍾的黃金榮，八十歲的白髮老翁，由共產黨幹部押解，開始在大馬路大世界門口手執長帚掃街了。消息傳出，全上海人為之震動，當日，也不知有多少人麕集街頭，親眼目覩共產黨凌辱黃老闆。有人欷歔，有人憤慨，黃金榮則面部毫無表情，一步一步的在掃地，矮胖身軀，彷佛一具笨重的機械。於是共產黨為擴大宣傳，派了記者來採訪，來拍照，許多「幹部」圍在黃老闆的四週任意謔笑。

這張黃老闆大世界掃街的照片，刊登在上海各報顯著地位，不久報紙傳到香港，一日，杜月笙心血來潮，忽然問起上海報紙為何多日不見？他很關切上海方面的消息，家中各人則因為時值上海清算鬥爭期間，唯恐杜月笙看到老朋友如何受到屠戮迫害，心中難過會得妨礙病體，所以有時候便藏過幾張，不給他看。齊巧這一日杜月笙一定要看新到的上海新聞報，家人無奈，衹好再找出來，交到他的手上。

杜月笙一眼便看到「黃老闆掃街」的那張照片，他的表情始則驚駭，繼而切齒，然後便是深切的痛苦與悲哀。他臉色灰敗，身子搖搖晃晃，勉強的將那一段新聞讀完，自此便坐在沙發裡咻咻的氣喘。

那幾天他精神略好一點，金榮哥所受的折磨，帶給他莫大的刺激，於是當日又告病倒，家人十分慌亂，因為他的喘勢越來越急。

又是纏綿病榻，中醫、西醫川流不息，那天，黃老闆的長媳黃李志清到訪，除了探病，她還有重要事體要跟杜月笙商量。

63 敲黃金榮美金兩萬

杜月笙在病塌上很親切的喊黃李志清:「妹妹」,請她坐下,問她有什麼要緊事?於是,黃李志清拿出了一封方自上海寄來的信,黃金榮向他的媳婦「求援」,他叫黃李志清趕緊設法籌款匯寄上海,因為,共產黨要黃老闆捐獻兩萬美金。

看完了信,杜月笙又是一陣憤恚與激動,好不容易用藥物把他的急喘壓制下去,他漾一抹苦笑,有氣無力的問黃李志清道:

「妹妹,妳打算怎麼辦?」

黃李志清告訴他說:她正是得信以後急如熱鍋螞蟻,一時打不定主意,所以才到杜家伯伯這邊來討教。

於是,杜月笙開口說話了:

「妹妹,倘若是共產黨網開一面把老闆放出來,祇要老闆平安無事到了香港,莫說是兩萬美金,便是美金二十萬,我和妳傾家蕩產都不夠,那怕去求,求借,我們也是願意的。」

黃李志清也是傷心難過,她點點頭說:

「就是說麼。」

「倘使老闆到了香港，我們有飯吃飯，有粥吃粥，苦日腳一樣過得快活。」

「是啥。」

「現在的問題是老闆絕對出不來，」石破天驚，杜月笙點入正題：「因此之故，我們無論寄多少錢回上海，結果一定是毫無用處。」

黃李志清一心惦記她公公在上海如何受逼，如何受罪，純粹基於一片孝心，她總以為，能夠籌出這筆錢匯過去，一方面算是她自己努力設法盡了孝道，另一方面也許可以使共產黨對待老闆好一點。

她把自己的心意，向杜月笙說了，杜月笙聽後卻唯有搖頭苦笑。黃李志清的作法，他不贊成，同時他也說明他不贊成的理由：

「妳這樣做祇有一個結果，讓共產黨認為老闆是一條財路，頭一次兩萬美金匯去，第二次的訛詐不久又來。妳不再寄了，他們就會加倍的壓迫老闆，折磨老闆，使老闆的罪越加難受，永遠不斷，他們非逼牢妳繼續寄錢不可。到那個時候，莫說我們是逃難來的，手頭有限，就有金山銀海，也是不夠。」

黃李志清急得掉下了眼淚，她焦灼萬狀的說：

「杜家伯伯，你說我們到底應該怎麼個做法？也不能看著老闆受逼啥！」

「妹妹，妳不要急，事已如此，急煞也沒有用處，」杜月笙柔聲的安慰她說：「要末妳照我這一個辦法做，回信老闆，告訴他在香港籌錢很不容易，跟親眷朋友開口，必定要說接得出老闆來，方始可以籌到這一筆大數目。唉！」浩然一聲長嘆，杜月笙又不勝欷歔的說：「老闆八十一了，他還害得有老肺病，一生一世不曾起過早，如今喊他天天起早掃街，風塵殘年，能夠熬得了多久？依我看，即使要接他到香港，這件事也得趕快。」

得了杜月笙的應付之策，黃李志清興辭離去，她為了盡孝道，她怕黃金榮在上海被共產黨逼得太緊，可能發生意外，因此她湊集一部份現款，又變賣了些手飾，準備先匯一筆數目到上海去，也好讓黃金榮在上海有個緩衝的餘地。

果然，錢還沒有匯走，共產黨又逼著黃金榮打長途電話，關照黃李志清速即籌款，立匯上海。黃金榮在電話中問起兒媳婦在香港借籌款項的情形，黃李志清曉得他身邊有共產黨監視，祇好推托的說：

「到香港來的上海朋友都在難中，叫我好去向那一個開口呢？」

於是，黃金榮便指明了，祇要尋兩位老弟兄，杜月笙與金廷蓀。

黃李志清馬上就說：

「金家目前環境不好，我不便去談，杜家伯伯那邊早去過了，他也籌不出這麼多的錢，杜家伯伯又說我手頭這點首飾有限煞，我還有小人，他說我和啟予將來也要安身立命的。」

時間將到，黃李志清方始透露，她已悉索敝賦，摒擋所有，湊了一萬美金，不日即將匯出。其餘部份，慢慢交再想辦法。

匯出了那一萬美金以後，黃李志清根據杜月笙提示的原則，果然被她想出了一條妙計，她主動寫信寄回上海，稟告公公黃金榮，她說是已經和匯豐銀行接洽好，用黃家在上海的房地產作抵押，可以借到一筆鉅款。不過，因為房地產的道契統統被她帶出來了，匯豐銀行方面表示，必須黃金榮本人到香港來親自簽字，方可成立貸款契約。——上海那邊，黃金榮把這對信拿給共產黨看，要求辦理出境路條，到香港去簽字借錢，共產黨看過信後聲聲冷笑的說道：

「這是你媳婦擺的噱頭，老先生還是不必動的好。」

在這件事情過後不久，陳彬龢從上海逃出來，他帶來黃老闆的口信，告訴旅港親友，實際上黃老闆已經獲悉，共產黨所掌握的資料，證明他在過去若干年裡並不曾直接殺害過共產黨，因此之故，他不成為共產黨清算、鬬爭的對象，大概還不至於有生命危險。問起共產黨為什麼要對這樣一位八十多歲的老年人，如此惡毒的多方折磨與虛聲恫嚇？陳彬龢說黃老闆自家心裡有數目，共產黨是在拿他作宣傳，嚇嚇上海老百姓，連滬上大老，三大亨之一的黃金榮，他們都能逼他到大世界門口掃街，還有誰能逃得過共產黨的迫害，所以黃老闆也祇有受活罪，陪他們把這齣殺雞儆猴的戲唱下去。

能夠裝聾作啞，虛與委蛇，黃老闆運用其八十年的人生體驗，處世手段，在共產黨惡意播弄之下逆來順受，苟延殘喘，可能還拖得下去一段時光。至此，杜月笙稍覺心寬。

64 老兄弟倆命喪黃泉

然而，隔不了多久，上海方面的消息，越來越壞，越來越糟。共產黨攻陷上海之初，除了滿街扭秧歌，各學校一律懸掛毛澤東的照片，共軍對於上海百姓，仍還裝出一副「秋毫無犯」的姿態，他們不跟老百姓交談，不喫老百姓的東西，不喝老百姓的茶水，騙得上海老百姓還真以為共產黨也是中國人呢。殊不料，當民國三十八、九年之交，共產黨的偽善臉皮撕破，猙獰面目顯露，上海人這才曉得共產黨的毒辣、厲害。如黃金榮事件，在他們祇不過是尋尋開心，一試「身手」，緊接著，清算鬪爭開始，上海的富商巨賈，名流士紳，全部列入共產黨的黑名單，紅色囚車，滿街飛馳，成千上萬的「罪犯」，幾將各處監牢擠破。共產黨在上海的捉人紀錄，曾有一日之間高達二萬七千餘名者。

逸園跑狗場成為「排隊公審」的「露天法庭」，紅橋、龍華飛機場，充作集體槍決的「殺場」，共產黨刻意製造腥風血雨的恐怖氣氛，除開上海各報，每天長篇累牘的大登其「公審」「處決」新聞，共產黨更規定任何店舖人家凡有收音機者，當公審進行期間，必需把收音機放在大門口，一齊扭開機紐，放大聲浪，使屋裡屋外的人統統聽得清楚明白。於是黃浦灘在勝利以後，連續響徹雲霄了三四年的什麼「花兒為什麼開，鳥兒為什麼唱？」、「黃葉舞秋風」、「我的年輕妹呀」、「望穿秋水、不見伊人的倩影」，轉瞬之間都變成了聲震天地，令人心膽摧裂的「有罪！有罪！」「槍斃！殺了他！」

杜月笙在香港每天都看上海報，每天都看到上海百姓如何驚魂失魄，眠食難安，以及許多至親好友，慘遭共產黨殺害的名單。一日，上海共產黨的報紙上面講，中國通商銀行大樓，已經被共產黨佈置成為「工人文化之宮」，而且當時正在裡面舉行什麼汪壽華血衣展覽，他便大叫一聲不好，心想早年共進會弟兄中不及逃出的葉綽山和馬祥生，一定糟了。

果然，旋不久便傳來馬祥生、葉綽山雙雙被殺的新聞，共產黨對那段二十三年前的往事，念念不忘，決意報復。馬祥生和葉綽山兩個，一同被綁赴楓林橋，當年處死汪壽華的現場，舉行「規模特別龐大」的公審，「參觀者」人山人海，樹頂、汽車和三輪車上，全都成了臨時看台。馬祥生、葉綽山被牽上台時，共產黨的主審人先「慷慨激昂」，指責他們兩個的種種罪狀，罵過，便轉向馬、葉二人，高聲的一問：

「馬祥生！葉綽山！民國十六年三月十一日夜裡，殺害上海總工會理事長汪壽華的血案，你們兩個人，是不是有份？」

當時，馬祥生年紀大了，膽量轉小，他以為自己並未實際下手殺汪壽華，還在刺刺不休，多方辯白，和他並肩而立的葉綽山，則早已心知難逃這一關，一意速死，當下他便頗不耐煩的高聲說道：

「好咧，祥生哥，大丈夫死就死！多說這些廢話有啥個用？」

據此，共黨的「主審」宣佈馬祥生、葉綽山二人坦白認罪，立時三刻，判決槍斃。拖下公審臺便是一連串清脆嘹亮的槍聲，便在數以萬計的觀眾之前，兩兄弟雙雙臥身血泊。

65

迫不得已用上氧氣

「我雖不殺伯仁，伯仁由我而死」，杜月笙回想當年，馬、葉二位和他一道赤手空拳，打出一片花花世界，組織共進會，參加清黨，原是他的一力主張，馬祥生、葉綽山兩位好兄弟，無非唯自己之命是從，如今殺汪案的主動人避居香江，馬祥生、葉綽山則落了如此悲慘的下場。此一事件給予他的打擊，份外的大。杜月笙聞訊以後淚下沾襟，痛哭失聲，於是心力交瘁，臻於極頂，他的喘疾驟然間如山洪爆發。

這一次喘，發得來勢凶猛，將人嚇壞，杜月笙喘時但見他滿頭滿頸青筋直爆，大汗淋灕，身上穿的絲襖，過一陣濕淋淋的像是方自水中撩起。他每一次喘，都有幾度窒息、幾度暈厥，使家人以為他已長瞑不視。喉頭吸不進空氣時，他會從床上直跳起來，伸張雙臂，十指楂開，彷彿失足溺者亟於抓到一塊浮木。喘到這步田地，吃藥、打針、噴煙，一概失卻功效，中醫西醫穿梭般跑來跑去，商議、會診，始終無法使杜月笙的喘勢減輕，更弗論使他止喘恢復呼吸平順。

一位有名的西醫戚壽南，他斟酌再三，提出了一個無可奈何的辦法：

「喘到這樣，祇好用氧氣。」

從此，杜月笙套上了枷鎖，他卜晝卜夜，長與氧氣罩、氧氣筒為伴，隨身多了笨重的配件，使他八九個月不能外出。

醫院裡所備的氧氣，原為急救之用，但是七八位名醫採納了戚壽南的建議，大批的氧氣筒，搬到了杜公館，便成為杜月笙一刻不能輕離的活命之資，除非喘停，他口鼻之間的氧氣罩，就像是他身上的器官之一。

因為經常需要氧氣，杜月笙臥室外面，氧氣筒排列成行，必須專人管理。杜月笙使用氧氣之多，及其為時之久，使得許多初次赴杜公館看病的醫師，一致為之極表駭異。氧氣罩一罩上，杜月笙便喘得好些，呼吸也能漸漸的平復，祇是那一陣喘大發，實在是發得他餘悸猶存，擔心駭怕，因此，他認為自己的生命力過於脆弱，安全感遂而喪失無遺，急切無奈，唯有信託醫藥。漸漸的，他變得家中一時缺了醫生，他便很不自在，飯也吃不下，覺也睡不著，必定要喊人請來一位醫師，他方能安心的喫喝與睡。須知杜月笙所延請的那些中西名醫，都是極一時之選，業務最為繁忙的，通常他們並不出診，而杜公館這邊的要求，卻是必須隨請隨到，一刻也不能遲延，碰到他們正在診所緊急治療，杜公館催促的電話，急如星火，自難免有手足無措，顧此失彼之苦。

好在這許多位名醫，或則欽仰杜月笙的為人，或則早就是杜門故舊，朋友學生，固弗論杜月笙病勢一來便急，即以私人交誼而論，也是一有緊急情況非到不可。譬如中醫師朱鶴皋，他和他的介弟朱鶴齡，兩兄弟都是杜氏門生，恆社社員，老夫子病篤，焉有不盡心侍疾之理。也因為這一層關係，朱鶴皋在眾家名醫之中，最最辛苦，他是不分晝夜，一得電話即須摒擋一切，儘快趕來。往往，杜月笙夜裡睡得不安穩，睡睡醒醒，心神不寧，他必得有醫生在家裡方始睡得著覺，這時候，多一半是朱鶴皋在杜公館裡睡沙發，徹夜守候，或者全日不離，而在他自己的診所裡，也許正門庭如市，候診者排起長龍，朱鶴皋業務再忙，當老夫子需要他的時候，他總是不忍離去。

開始使用氧氣以後，杜月笙的喘疾逐日減輕，共產黨血洗黃浦灘的消息，猶在方興未艾，不絕如縷的傳來，共產黨的居心越來越險惡，手段越來越毒辣。杜月笙的舊相識，辣斐德路偉達飯店老闆陳偉達，竟被共產黨唆使他的親生女兒控告乃父強暴亂倫，而被判處死刑。越劇名伶筱丹桂的姘夫張春帆，因為筱丹桂服來沙爾自殺，於是由越劇女伶十姊妹袁雪芬、袁水娟等具狀伸「冤」，張春帆便和陳偉達同時雙雙綁赴刑場，執行槍決。

在共黨殘殺，令人頭皮發麻聲中，杜月笙除了為上海老百姓悲哀，為受難的朋友學生痛哭，他還有一樁牽心掛肚腸，使他眠食難安，魂夢為勞的大心事，那便是，他的長子杜維藩，時仍陷在上海，逃不出來。

就在民國三十八年年底，上海中匯銀行「告急」函電如雪片般飛來，中匯銀行的總經理原係浦拯東、副總經理徐懋棠、杜維藩。抗戰勝利以後，中匯擁有兩個存款最多的大客戶，杜月笙一手創辦的上海魚市場，和杜月笙任董事長的大東書局，有這兩大客戶每天解存鉅額現款，中匯銀行對於一般小額存戶始終興趣不高，無意爭取。然而偏在上海淪陷以後，大東書局和上海魚市場的主持人杜月笙、唐承宗俱已撤離上海，兩大客戶風流雲散，幾同解體，再也沒有鉅額現款存進來。照說中匯銀行理該無事可為，關門大吉，卻是奇怪，上海人大概都曉得中匯銀行是杜月笙所開，共產黨偽善面皮猶未扯破，生意買賣暫復正常，在上海公私各銀行中，中匯的存戶突飛猛晉，與日俱增，業務反倒欣欣向榮。此一反常的現象不曾使杜月笙沾沾自喜，引為歡慰，相反的他卻認為照這樣下去，他肩膀上的擔子勢將越來越重，他擔不起這麼大的責任，他曉得共產黨斷乎不會允許有私家銀行存在，中匯銀行在不久的將來必定要被中共沒收，杜月笙雅不欲做共產黨的工具，利用他私人的聲望與信譽，為共產黨斂集財富，搾取老百姓的血汗，所以他不但無意繼續維持中匯，尤且亟於早將中匯關門。

卻是他苦於在撤離上海之前，無法先行宣告中匯停業，此刻他便不得不採取亡羊補牢之策，不惜任何代價和犧牲，設法結束中匯銀行，而使杜月笙在黃浦灘上為萬眾崇仰的信譽，不至於有白璧之玷。中匯銀行總經理浦拯東先已辭職，因此，他便囑令他的學生子，中匯副總經理徐懋棠到上海這龍潭虎穴去走一遭。

66

杜維藩闖龍潭虎穴

徐懋棠大半輩子席豐履厚，養尊處優，他好不容易在中共陷滬之前逃到了香港，此刻老夫子一聲命他回上海，他那來這個甘冒生命的膽量？起先他推三阻四，後來便支支吾吾，他的態度使杜月笙勃然震怒，尤其當時情境迫不及待，急切無奈之餘，帶三分氣忿，杜月笙便斷然的說：

「好，你既然不肯去，我就叫維藩到上海去辦中匯結束。」

徐懋棠依然不聲不響，於是杜月笙言話一句，便再也不容收回，他明知杜維藩此去非常危險，然而話已出口，他唯有硬著頭皮，叫杜維藩回上海，辦理中匯銀行的結束事宜。

杜維藩父命難違，祇好別妻離子，心惴惴然的回上海去。他到上海的時候，共產黨正在披起那張虛偽的表皮，共產黨不曾對他為難，卻是杜維藩住進愛多亞路中匯銀行去辦公。他立即發現，整個中匯銀行已在傾向共產黨職工的把持之下，而共產黨在中匯銀行的頭目，是為儲蓄部的一名襄理兼課長。

暗中為共產黨効力的中匯員工，抓牢了杜維藩就不肯放，雙方南轅北轍，於是展開了明爭暗鬭，杜維藩奉杜月笙之密令，冒險赴滬原為結束中匯業務，但是共產黨卻反而利用杜家大少爺都回來了為詞，廣為宣傳，儘量擴充。因此杜維藩在這一段時期極為痛苦，他在勉力應付公事以外，一天到晚都在想著怎樣離開上海。

杜維藩去看過他的「寄爹」黃老闆，聽黃老闆向他訴說自己的悲慘際遇，驚險鏡頭，當共產黨展開清算、鬪爭與公審，驅眾如羊，殺人如麻，杜維藩也曾站在中匯大樓樓頭數過囚車開來開去的數目，他心知自己非走不可，於是耍了一記噱頭。

杜維藩故意跟那位潛伏中匯的共黨頭目套交情，說「知心話」，他純以業務觀點論事，強調當前的中匯為了擴充業務非得增資不可。果然那名共黨頭目一聽「增資」二字，便眼睛一亮，眉飛色舞，卻是他當下便問：「怎麼樣個增資法呢？」

「老闆在香港，」杜維藩指的是他父親杜月笙，「一大筆款子存在手上，香港又沒有什麼生意好做。讓我到香港去跟老闆講，中匯業務大有可為，何不撥一筆錢給中匯增資呢。」

這個話的前半段一絲不假，杜月笙在香港有一筆賣房子的錢，中匯同仁大抵曉得，共產黨指望噱杜月笙的銅鈿和人一道進來，答應了杜維藩「回一趟香港」的要求，不，過杜維藩必須自家去尋一位保人。

為了找這個保，使杜維藩煞費躊躇，為難已極，他所謂回香港請老闆增資原本是騙取路條，得以脫身的一記噱頭。來日他到香港便不再回轉，共產黨上了杜維藩的當，一怒之下，保人極可能會殺頭槍斃。杜維藩不能救自己而使別人為他送命，因此他也就無法決定請誰出來為他作保證。

事為劉壽祺所知，劉壽祺是杜月笙好友劉春圃的兒子，經杜月笙一手栽培提拔，在杜月笙所擁有的華豐麵粉廠當到了經理。當時他跟中共的偽上海勞工局長關係拉得極好，聽說杜維藩正為保證出境問題作難，由於兩代的交情，和少東的安危，劉壽祺慨然自告奮勇，挺身而出，他願意擔保杜維藩離開上海，回到香港以後，在共產黨指定的日期之內趕回上海來。劉壽祺的慷慨仗義使杜維藩深受感動，杜維藩向他說明自己的計劃確實是就此逃之夭夭，鴻飛冥冥，他是絕不會再回上海來自投羅網的，杜維藩說共產黨手條子極辣，他唯恐劉壽祺擔這個保，會得惹翻共產黨，害了他的一家門。

但是劉壽祺卻故作輕鬆，他漫不在乎的說：

「維藩兄你只管放心，萬一出了事體，好歹我還有後台靠山。」

他所說的「後台靠山」便是他的偽局長朋友。杜維藩相信劉壽祺真有這個「法力」，讓他擔保自己赴港，具結後果然不久便領到了路條。這一下直如「龍歸大海，魚躍於淵」，杜維藩平安無事的回到香港，使得自杜月笙以次，全家大小，歡欣如狂，人人都在額手稱慶，尤且感激劉壽祺的仗義勇為，捨己救主。

然而，上海那邊，共產黨在杜維藩限期屆滿，仍然不見他回來，於是「三令五申」，一催再催，把個劉壽祺逼得上天無門，入地無路，他的偽局長朋友，照樣的對他臉孔一板，口口聲聲公事公辦。劉壽祺百計拖延，飾詞展緩，其實他始終不曾將共產黨逼他交出杜維藩的情形，通知香港方面。他長日受到中共的嚴催坐索，實在喫他們逼不過了，三十九年九月，有一天劉壽祺從九層樓的窗口，蹤身一跳，一頭栽到街心，頓時摔得頭破骨折，血流遍地，他算是為盡忠杜門，自殺畢命。

67 桂生阿姐全始全終

愛子無恙歸來，使杜月笙大大鬆了一口氣，中心歡慰，無以復加，因為杜維藩的脫離虎口，重返自由世界，對杜月笙來說，實有兩層重要的意義。杜維藩由香港去上海，前後半年之間，外間不明真象的人士，附會渲染，議論紛紜，都說杜月笙長子返滬，是為杜月笙本人投共舖路，因而「料準」杜先生在不久的將來一定會回黃浦灘。最低限度，杜維藩上海行，也是替他父親從事試探，看看杜月笙和共產黨究竟有否合作的可能性。

也不知道出於巧合，還是共產黨的特意安排，便在杜維藩滯留上海行不得也的那一段時期，中共發表了杜月笙的一項新「職」，偽中國銀行董事，同時在香港茶座，口耳相傳，像煞有介事的說，杜月笙將派中行香港分行經理鄭鐵如，代表他回大陸出席偽中行的董事會，凡此種種僅憑猜測想像，毫無事實根據的說法，都使杜月笙極感困擾，大傷腦筋。杜月笙「投共」之說甚囂塵上，居然運素稱權威的美聯社也發出了以訛傳訛的電訊，驚動了不少親戚朋友，駭異震憾，相繼而來探問真象，於是杜月笙唯有不憚其煩，在病榻上一一解釋辯白，因而為之費了不少的唇舌，尤其形成杜月笙心理上很沉重的一項負擔。直到杜維藩脫險抵港，這滿天的星斗，不絕如縷的謠諑，方始雨過天青，一筆勾銷。

另一層重要的意義，當然是長子杜維藩個人的安全問題。當初派徐懋棠回上海而他不敢去，自己多一半是動了氣，小一半也是實偪處此，無可奈何，才把大兒子送進黃浦灘的，在杜維藩是父命不可違，自己和全家上下何嘗不是硬起了心腸？倘若杜維藩真有個三長兩短，不但對於病中的杜月笙是一項嚴重的打擊，他將又何以對他九泉之下的妻室，和都在跟前的媳婦、孫兒孫女？

所以，杜維藩人到香港，杜月笙可說是披襟當風，如釋重負，忍不住的要脫口歡呼，當日，他精神一震，把一別半年的杜維藩，喊到了房裡來，嘉勉慰勞了他幾句，父子二人，隨即開始一次極關重要的長談。而杜月笙對於新自上海來的長子，他所問起的頭一樁事情，便是——

「我拍給黃國棟，叫他轉給你的電報，你收到了沒有？」

杜維藩一聽，便曉得他父親要問的是什麼事情，黃金榮黃老闆的正室夫人，杜維藩的寄娘，杜月笙尚未出道以前，對他一力栽培提拔的林桂生，「桂生阿姐」在三十九年春病逝上海，杜月笙在港驚聞噩耗，至感悲悼，他立刻打電報給留在上海的杜家賬房黃國棟，轉知杜維藩前去料理喪事，盡哀成服。桂生阿姐自從黃金榮另娶露蘭春，她「提得起，放得下」，翩然離了她相幫黃老闆建立起來的聲勢赫赫，鐘鳴鼎食的黃公館，便是杜月笙不惜開罪金榮哥，替他的桂生阿姐在西摩路備下了一幢住宅，搬過去定居。桂生姐從此閉門不出，不問世事，二十五、六年裡，歷經北伐、抗戰、戡亂，那怕黃浦灘砲火連天，打得稀爛，她一仍安如磐石，不避不走。上她門的祇有一個炙手可熱，步步高陞的杜月笙，而杜月笙一生一世唯獨視林桂生為他的大阿姐，直是在說永遠報不完她的恩。桂生姐之死，使杜月笙以未能親自送終為憾恨，他叫杜維藩去弔孝，治喪，一再關照必須由他負擔所有喪葬費用，則是基於他對桂生阿姐的瞭解，貫徹她立身處世的方針，杜月笙認為，必須如此，桂生阿姐在九泉之下方得心安。

杜維藩稟告他父親，他在上海時已經遵照杜月笙的囑咐，妥善辦好了桂生姐的事後，杜月笙聽後猶在不勝欷歔，他說了些桂生姐的為人和性格，對於她的「硬氣」讚不絕口，以一個孤老太婆在上海關起大門，渡過了刀兵時起，動盪不安的二十五、六年艱苦歲月，她不但不要黃老闆給她一文錢，幫她一點忙，而且絕不告貸，求借，或者接受任何人的餽贈。上海人所謂的「白相人阿嫂」，桂生姐可以稱得上是代表性的人物，她是「白相人阿嫂」的「開山祖師」，同時自她溘然長逝，這一類典型的人物就此永遠絕跡。

68

潘漢年捏恆社名冊

接下來杜月笙便問杜維藩恆社子弟的近況，以及他們留在上海，處境有否危險？對於這一個問題，杜維藩唯有搖頭苦笑，他說根據他的統計，恆社弟兄滯留滬上不曾逃出的還有五、六百人，而在他離開上海的前夕，共產黨早已開始清算鬥爭，五六月間上海被捕的清算鬥爭對象為數在萬人以上。這其間有多少恆社弟兄，他無從打聽。不過，有兩點極堪注意的事，可以預見恆社弟兄的前途一定是凶多吉少。其一是根據共產黨初步宣佈的清算鬥爭對象，是為：

（一）地主。

（二）資產階級。

（三）國民黨員。

（四）國民政府軍公人員。

（五）反革命份子。

凡是屬於上列五種階層之一，便將被捉了去清算鬥爭，杜維藩十分沉痛的說道：

「照共產黨所宣佈的清算鬥爭對象，恆社留在上海的五六百位弟兄可說無一能夠倖免，問題祇在於遲早之間。據我所聽說的，已經有不少恆社弟兄慘被鬥爭，或者是捉進去了。」

另一個壞消息也是他聽人家講得言之鑿鑿的，共產黨的特工頭子，偽上海市副市長潘漢年，曾經得意洋洋的向人宣稱：

「恆社的一本名冊，早已捏在我手裡了。」

潘漢年這麼說，顯然是以恆社弟兄作為五種階層之外的另一種清算鬪爭對象，杜維藩說他聽到這個話時，念及留滬恆社弟兄的未來命運，當下即為之不寒而慄。

杜月笙則聞言嗒然不語，他的神色一變而為愁慘悲痛，二十年來他對恆社子弟加意培植，嘔心瀝血，其愛護之深，用心之苦，不是一般朋友師生的情誼所可比擬。杜維藩的報告可能是他預料中事，但他內心對於留滬恆社子弟的安全猶存一線僥倖之望，杜維藩的一番分析使他這最後的冀望也歸於破滅，於是杜月笙陷於深鉅濃重的悲哀之中。

舉一件小事為例，杜維藩向他父親說明陷於竹幕的上海人，過的是什麼日子，死亡的陰影，恐怖的氛圍，和尚、尼姑被逼迫著還俗，滿街有人在扭令人看了噁心的秧歌，這一切都不必說它，天長日久，困擾不堪的「刑法」之一是開會。開會，開會，開會，無分男女老幼，老闆夥計，沒有一個人免得了開會之災，每天最低限度要開會一次，杜維藩回上海仍舊住在華格臬路老宅，他憤憤然的告訴他父親：

「我們家對過的那條街堂仁昌里，一個掃垃圾的，幾十年來從不曾踏過我們家門檻，如今他是我們那一帶的什麼員了，每次開會都由他來通知，他天天大搖大擺跑到我們家裡來，大呼小叫，頤指氣使，叫我們上上下下的人去開會。我實在氣不過，有時候躲著不出門，這個掃垃圾的會得上樓跑進我房間，於是我祇好推托頭痛，告一次假。但是馬上就有朋友好意來警告我，說是這種人千萬不可得罪。」

滔滔不絕的傾訴到這裡，杜維藩突然發現杜月笙面色蒼白，喉間又在咻咻有聲，他驚覺他父親的喘病又有發作趨向，他慌亂的站起來，請杜月笙休息，其餘的事明日再談。當他辭出的時候想想不禁有點懊悔，他向他父親透露了上海人的痛苦與厄難，這使杜月笙大受刺激，欲哭無淚，黃浦灘和杜月笙六十餘年來血肉相關，如今他翹首北望唯有妖氣迷漫，一團黑暗，五百萬上海市民在任人宰割，杜月笙的心中「好一似滾油在煎」。

69
中匯銀行由它去了

中匯銀行是杜月笙生平所辦的第一個事業，也是一直維持到最後的一所機構，臨到上海撤退時期，三十年來接納了一些外來的股份，但是中匯股東多半是至親好友，而杜月笙本人所佔的股本，則始終保持在百分之六十五以上。

由於杜維藩深入虎穴，去主持了半年中匯銀行的業務，等他回到香港，杜月笙旋即在他堅尼地臺港寓，召開中匯銀行股東會議。他叫杜維藩以中匯銀行代總經理的身份，向股東們提出報告。在香港的中匯股東，還是金廷蓀、顧嘉棠與徐懋棠，當日一律到齊。

杜維藩向股東們坦白承認，當初他啣命返滬，董事長杜月笙給他的任務是結束中匯銀行，免得存戶不斷的把錢存進來，將來一定會給共產黨一把抓走，全部沒收，反而使杜月笙和中匯銀行成為共產黨搜刮歛集的工具，損及杜月笙在黃浦灘的私人信譽。

但是他到上海以後，由於中共幹部的把持操縱，杜維藩不僅無法使中匯銀行關門，反而由於中共幹部的宣傳利用，竟然產生了反效果。杜維藩啼笑皆非的說：

「我到上海之初，先去儲蓄部查賬，當時中匯銀行的定期存款是七億，折合港幣只有三千多。後來共產黨幹部儘量宣傳，說是家父派我先來主持業務，再過些時家父也要回上海的，這一下不但老客戶增加存款額，新客戶也在不斷的來，只有三四個月功夫，儲蓄部的定期存款突飛猛晉，居然增加到了一百七十多億，折合港幣也有八十幾萬。客戶越是相信中匯銀行，我心裡越是駭怕，因為我曉得共產黨遲早會有一天要把我們中匯銀行拿過去，到那時候存戶的儲蓄不明不白被沒收掉，我們根本就沒有辦法向他們解釋。」

這一席話，說得杜月笙神情黯傷，極為難過，在上海各公私銀行存款銳減，有存款的客戶能提光便儘量提光的情形下，唯獨中匯一家，一枝獨秀，這正足以表現「杜月笙」這塊金字招牌，即使他本人不在，即使黃浦灘上共產黨橫行霸道，控制一切，卻依然可以發揮作用，取得上海市民的信任。這份情誼，是何等的重，又是何等的令他深心感動。可惜的是杜月笙當時縱有回天之力，也不能重返上海，為那五百多萬竭誠欽重他的上海市民，盡一點點心力了。

杜維藩自上海到香港，帶出來一本詳詳細細的賬，載明他負責「主持」中匯銀行業務的那一段時期，一應營運狀況，收支明細。他把賬本攤開，報告中匯銀行的財務情形說：

「儘管儲蓄部的定期存款與日俱增，可是，一則由於把持業務的中共幹部，一心一意多吸收點存款進來，從不曾做過開拓放款業務的打算。二來淪陷後的上海，事實上做也談不到什麼放款，所以，一百七十多億存款全部擱死在那裡，而存戶利息還要照付，這樣『祇進不出』的結果，存款日多只有面子上好看，其實是每天都在蝕本的。」

報告至此，杜月笙忽然想起來了一件事，他插嘴進來問道：

「維藩，過陰曆年的時候，由你做主，中匯銀行全體員工每人發了三個月的年終獎金，說是說紅利，這究竟是怎麼一回事？」

70

杜維藩當眾被鬥記

提起這一件事，杜維藩心中猶有餘悸，所以他當時一聲苦笑的回答：

「那是中匯銀行全體職工鬪爭我，而我又鬪不過他們的結果。」

「鬪爭？鬪你？」

連同杜月笙在內，在座的幾位長輩和師兄弟徐懋棠，全都給杜維藩嚇了一跳，因此，他們異口同聲的驚問，而且一迭聲的催他：

「快點把經過情形從詳道來。」

「在我們中匯銀行裡，實際掌權的是共產黨幹部，頂頂神氣的是各級職工，」杜維藩一臉無可奈何的笑，娓娓說道：「最傷腦筋的是總經理、副總經理，夾在他們中間，真正連頭也給軋扁掉。」

說得大家都失聲笑了起來，頓一頓，杜維藩繼續往下說道：

「各級職工都有一張紅派司，共產黨幹部就不用說了，我們當總經理、副總經理的呢，他們還特地給我們想個稱呼，叫『夯』！」

杜月笙眉頭一皺的問：

「為啥要叫你們『糟』呢？」

「不是那個糟糕的『糟』，」杜維藩搖搖頭道：「而是他們共產黨新造的一個字，讀音是『糟』罷了，喏，那個『𰂧』字是這樣寫的……」

說時，他取過紙筆，寫下了一個「𰂧」字，先遞給他父親看。

杜月笙一看那個怪字，不但不認得，而且從來不曾見過，於是他猛搔頭問：

「這是啥個字呀？」

「讀就讀『糟』嘛！」杜維藩應聲而答，又解釋說：「這個『𰂧』字是『資』跟『勞』二字拼起來的，意思是我們算資方，但是已經沒有錢了，算勞方呢，連個頭都不見。因此變了資不資、勞不勞的『𰂧』，豈不是糟糕透頂了嗎？」

在場的諸人聽了，唯有搖頭苦笑，說不出話不出的啼笑皆非。

把「資方」地位的尷尬交代明白，杜維藩方再說起「舊曆年紅利事件」的經過。當時，全中匯銀行的職工，聯合起來要求發放三個月薪水的紅利，「𰂧方」杜維藩的答覆是：

「行裡沒有賺到錢，又那來的三個月紅利好發？」

然而職工們卻振振有詞的說：

「行裡的存款直線上升，你怎麼反而說是行裡不曾賺到錢呢？」

照理說，吃銀行飯的人，就不該說出這種外行話來，不過，杜維藩「處在矮簷下，不得不低頭」，他不敢得罪有紅派司的職工，祇好委婉的說明：

「行裡存款逐漸增加，放款放不出去，這等於是增加負債。負擔一天天的加重，收入全無，再拿存款來發放紅利，那豈不是債上加債？」

職工們不理杜維藩的這一套，於是熱烈的展開了鬪爭「夯方」運動，他們每日開會，請杜維藩到場，向他反覆要求，辯論，鬧得杜維藩頭暈腦脹，提心吊膽，後來想想單槍匹馬，怎麼鬪得過這許多有紅派司的人呢？因此衹好照數發給三個月紅利了事。

杜維藩又說，他在上海一住半年，照共產黨的意思，頂好他能有三頭六臂，而將杜月笙在上海所有的相關事業，統統接收過去，「主持」、「經營」。這所謂的相關事業衹包括工商方面，譬如華豐麵粉廠、民豐造紙廠、華商電氣公司等等，說得好聽些是杜維藩以長子身份接管他父親的財產，實際上呢，那正是他們做好了圈套，叫他去充「夯」，假使他一不小心被他們套牢，其後果之嚴重簡直難以想像。共產黨在事實上等於已經籍沒了所有的公私事業機構，但是他們不願墊付資金，打算以「民族資本家」為餌，用收回所業當陷阱，把逃開了，躲起來的大老闆們套住，然後再想盡方法壓搾，攫奪，直到他們連活命之資都搾光了為止。

由身歷其境，在陷區上海住過了半年的杜維藩，備述中共的陰險毒辣，直聽得杜月笙等人滿腔悲憤，毛骨悚然，顧嘉棠又破口大罵共產黨，金廷蓀頻頻跌足嘆息，杜月笙一語不發，因為他正椎心刺骨的難受。這中匯銀行最後一次的股東會不會作任何結論，大家心中都有所默契，杜月笙經營了大半輩子的這一爿銀行，唯有讓它不了自了，讓共產黨霸佔去拉倒。

果然，便在民國三十九年的九、十月間，共產黨開始伸出攫奪工商業的魔掌，公司行號以至銀行，一概改為「聯營」，「聯營」者，充公沒收的另一名詞也，中匯銀行自此不再是杜月笙的了。

71

麒麟童佔了杜公館

杜月笙在上海華格臬路的那幢老宅，二十五年來閱盡黃浦灘上的人事滄桑，世態炎涼，三十八年杜月笙全家避難赴港，偌大一座宅弟，就此空了下來。老娘舅朱揚聲搬回高橋鄉下去了，華格臬路祇留幾名老傭人看守，樓台黯黯，庭院寂寂。然而當杜維藩僥倖逃出虎口，他在離滬以後，為時不久，這幢老宅竟然易了手，門口掛上偽「中國平劇會華東分會」的招牌，成為中共「御用機構」的會所，而所謂中國平劇會華東分會的偽會長，即係著名的海派鬚生「始作俑者」周信芳，藝名麒麟童，也曾常在杜公館奔走出入，不料竟由他來佔了杜月笙的宅子。

杜維藩逐項報告上海方面的情形，這一報告便接連談了好些天，或者是親自拜訪，或者是耳聞目覩，上海親友的近況，杜維藩多半都打聽出來了，許多人聚在杜月笙的房間裡聽，忽而欷歔，忽而嘆息，忽而咬牙切齒，忽而頓足大罵。從杜維藩的敍述裡，共產黨的猙獰面目，毒辣手段暴露無遺，聽到上海陷後實況的人口耳相傳，越傳越廣，對於旅港滬籍人士，自然會發生相當的影響。

杜維藩無恙返來原是一件大喜事，因此杜月笙力疾而起，一連和他談了幾天，然而所聽到的都是上海百姓如何受罪，恆社子弟怎樣危險，留在上海的老朋友們各種不同的悲慘下場，這許多消息使杜月笙刺激頗深，於是，杜月笙猶未痊可的一場「喘大發」，又變本加厲，病況極其嚴重。他每天一陣接一陣的急喘，喘得他汗出如漿，神志不清，半人高的氧氣筒用完一支又接一支，情況最緊急的時候，所有的醫生不約而同搖頭嘆氣，他們向杜公館的人強烈暗示：應該有所準備。

因此堅尼地臺杜公館上上下下亂成一團，幾個成家立業的兒子，和三樓孫氏太太都住在外邊，為恐臨時生變趕不及到堅尼地臺來送終，孫氏太太，杜維藩、杜維屏，杜維新，再加上住在堅尼地臺的杜美如、杜維善、杜維嵩，嫁到金家的杜美霞，所有杜月笙在港的太太、兒女、孫兒孫女，每天都到堅尼地臺守夜，以防萬一。

杜月笙這一次病情惡化連續一個多月，自三十九年五月中發到同年六月下旬，他躺在床上用氧氣，往往仍舊喘個不休，身上的小褂褲一轉眼就被淋漓大汗濡成透濕，侍候他的人忙不及脫下揩乾身體再換穿。——他居然能逃過了這一關，猶能苟延殘喘，就所有的醫生說來，都是不可思議的奇蹟。

好不容易在盛夏時分喘勢漸漸的戢止，杜月笙等於在鬼門關口打過了一轉，大病初癒的杜月笙形銷骨立，面容憔悴得令人不忍平視，「男兒由來輕七尺，好漢最怕病來磨」，隨著十里洋場黃浦灘的夕陽西下，遍地血光，杜月笙被接二連三的大病磨得壯志銷沉，徬徨畏怯。他極力的想活下去，卻是他已失去對於自己生命力的信心，這一位畢生艱辛奮鬪，用赤手空拳打出一片花花世界的一代豪強，當他九死一生，活過來時，竟會長期熱中於求巫問卜，參詳命理，藉命相專家的話語敷衍，求得自己心理上的安定與慰藉。

72 江湖相士出入杜門

從此，堅尼地臺杜公館常川出入的，又多了一批或則道貌岸然，或則仙風道骨的星命專家，江湖術士，有的是親友介紹，有的是自家慕名求教，一時旅港名相士紫虛上人、袁樹珊、李栩菴，還有什麼趙神仙、一成仙等等，竟日被延請為杜公館座上客，為杜月笙細推流年，觀察氣色。當然了，杜月笙要算命看相，應邀者必定是命理泰斗，神仙鐵口，每位都有其特殊靈驗的事例，膾炙人口的傳奇。譬如最為杜月笙信服的袁樹珊，以君平之術享譽海內外，歷數十年而不衰，他和另一位測字靈驗，百發百中的李翊菴，俱曾異口同聲，推算杜月笙至少還有十年大運，要活到七十三歲，然後「福壽全歸」，凡此安慰安慰病人的門面話，杜月笙起先居然也深信不疑。

在當時，杜月笙的妻子兒女，至親好友，一概以為杜月笙熱中算命看相，遍請名家，無非是他求個心理上的安慰，使自己在痼疾纏身之餘，得一份新的希望而已。殊不知，杜月笙「算命看相」積久成迷，迷到後來居然會影響到他的生命力，這一點，確是連杜月笙自己也都是始料所未及的。

袁樹珊和李翊菴推算杜月笙還有十年大運，是否慰藉病人的違心之言，不得而知，卻是來得最勤，走動得最多的一位趙神仙，卻有事實證明，他已算定了杜月笙的死期，而在杜月笙的面前，故意諱其實。

趙神仙算命看相另有一功，他是旅美華僑，因此對於國文不甚了了，一口生硬的國語，也是回到香港、重慶以後才學的。據說他是因為偶遇一位喇嘛僧，遂而皈依佛家的密宗，專以持呪結印為修行要法，善覘候，可以望雲氣而知徵兆，有一對千里眼（Second Sight），看得到「千里以外的事物」，杜月笙和他相識已久，曾經親眼目覩他的種種奇術。抗戰時期杜月笙避難香江，便有一些杜月笙的朋友請教過趙神仙，告訴他上海家中所在的街道名稱和門牌號碼，看趙神仙望空凝視有頃，移時便說出這位朋友的家中情景，種種現況，使求教者無不脫口驚呼，欽服他千里眼術的靈異。

杜月笙的一位好朋友，民國十六年清共之役曾經並肩作戰的祝紹周，抗戰中期任職川陝鄂邊區警備副總司令，坐鎮漢中，杜月笙西北行中曾接受過他的隆重軍禮歡迎，後來祝紹周赴重慶述職，杜月笙邀他在交通銀行下榻，趙神仙偶然到訪，一眼瞥見祝紹周的頭頂上官星正旺，當時便恭賀他不日陞遷，祝紹周旋即膺任陝西省主席，這一幕也曾是杜月笙親眼目覩的。

趙神仙在香港為杜月笙望氣，也說是杜月笙的痼疾短時期內並無大礙，可是旋不久趙神仙便去了澳門，他從澳門寫一封信給杜月笙也很熟的朋友，信中說是他實際上業已見到杜月笙的魂魄逸出體外，在距地尺許的半空中飄飄蕩蕩，這便是三魂悠悠，七魄無依的險象，因此他斷定杜月笙命已不久。趙神仙並且說明杜月笙除非渡過辛卯年（民國四十年）的七月十三、十五、和十八日那三道險關，否則必死無疑。其結果是杜月笙祇過了陰曆七月十三那一道關口，他死在辛卯年七月十四。

還有一位不幸而言中杜月笙死期的，是善觀天文星象的「星家」吳師青，杜月笙不曾直接求教過他，到是杜月笙素所崇仰的唐天如，慕吳師青之名把他請到堅尼地臺杜公館，請吳師青為杜月笙推算，當時吳師青唯唯否否，支吾以應，辭出以後卻悄聲的告訴唐天如說：

「中元節（陰曆七月十五日）的這個關口，杜先生很雖逃得過。」

73

六月息主人的命單

總而言之，常川出入杜門的命相專家，神仙鐵口，當著杜月笙的面，要末便語多恭維，「欣然算出」他還有大運可走，或則病勢無礙，要末就吞吞吐吐，囁囁嚅嚅，從不曾有任何一人「瞭然」杜月笙，「君子問禍不問福」的「雅量」，對他坦然無隱，直言相告的。在杜月笙的家人親友方始以為他實已得了安慰，「算命看相」的俱已發揮了心理治療，精神鼓舞的作用，他們的功勞，似乎要比「起死回生」的中西名醫更高。然而，偏有一日，杜月笙當著眾人，語音蒼涼的說出了一段三十年前的往事，使聽到的家人親友過後一想，情不自禁的為之悚然，心情又開始沉重起來。

杜月笙強顏歡笑的跟家人親友說故事，他說大概是在民國十年左右，他不曾出道，還是黃金榮黃老闆左右的一位小兄弟，有一天，他陪老闆逛城隍廟，走到九曲橋畔，遇見一個和尚，一把拖牢了黃老闆，硬要給他算一個命。黃金榮無可奈何，報了自己的生辰八字，和尚便給他細推流年，說以往之事，道目今境遇，居然談言微中，泰半不爽，然後和尚又說黃老闆來日如何前途遠大，如何名利雙收，如何成為名噪天下的風雲人物，又如何在花甲之年急流勇退，安富尊榮，壽登期頤而善終，一番恭維把黃老闆喜得搔耳撓腮，樂不可支，掏一塊銀洋，塞在和尚手裡便就離去。

殊不知那位和尚志不在此，收好了銀洋偏又一把拉住杜月笙，他眉開眼笑，阿諛討好的說：

「慢慢交，慢慢交，你這位小阿哥，我看你顧盼自如，神完氣足，眼看著就有大運來到，一步登天，這位老闆，」他伸手一指黃金榮，又道：「運道固然好，但是你將來的好處還要勝過這位老闆不知多少倍。來來來，快把你的八字報給我聽，讓我來為你細推流年，說得不準，我不要你一文錢。」

當時，杜月笙聽他把這一段話講完，歡喜固然歡喜，但是他福至心靈，起了警覺，心想自己是小夥計，老闆終歸是老闆，命再好，也不能好過老闆幾倍去。靠牢黃老闆吃飯時期的杜月笙，早已將老闆的性格為人如何，肚量深淺幾許，摸了個一明二白，清清楚楚，因此，他不待老闆面現不豫，佛然變色，立刻便故作怒容，虛聲恫嚇，伸手一指算命和尚的鼻子，開口便罵：

「觸那！（上海話，略同我國國罵。）儂阿是瞎脫了眼烏珠，儂曉得我老闆是啥人？敢拿我來跟老闆比？」

黃金榮於是面有喜色，頗表滿意，邁著八字步挺胸疊肚而去，杜月笙則亦步亦趨，貌至恭馴。卻是隔了一夜，他心癢難搔，獨自一人上一趟城隍廟，找到那位算命和尚滿臉陪笑，向他解釋昨日不得不出於一罵的道理，果然獲得算命和尚的瞭解，於是定下心來為杜月笙細細參詳。杜月笙在三十年後猶仍感歎不置的說：

「可惜我往後再也尋不著這位法師了，憑良心講，他算命算得真準，推斷我往後的事，竟是沒有一樁不靈驗的。」

杜月笙為什麼要突如其來的提起這件往事，而且言下不勝其感慨欷歔？莫非是他聽到命相專家的「美言」太多，驟然憬悟「君子報喜不報憂」的道理，果真如此，對於他的心理健康，極可能的便會一變鼓舞而為打擊。所以家人親友聽他說了這個故事以後，撫今追昔，反倒是憂心忡忡，疑懼不已。

答案一直到杜月笙死後方始揭曉，果不其然，杜月笙對於諸多命相專家的當面奉承，飾詞寬慰，漸漸的起了懷疑。杜月笙辭離人間，家人為他清理遺物時，找到了一紙命書，攤開一看，那紙命書上板板六十四般的寫了那麼兩句：

「六十四歲歲在辛卯，天尅地冲絕難渡過。」

再一細看，命書上印好有「六月息館主」字樣，館址則在臺灣臺北館前街。當時杜月笙的諸親好友業已有所憬悟，杜月笙算命看相著了迷，同時他畢竟也算是夙有慧根的人，迷到了相當的程度，但曉得當面求教一定問不出真話，於是他遠及臺灣，開好時辰八字請那位「六月息主人」覆函批命，「六月息主人」乃將杜月笙的最後命運據實批來，杜月笙還唯恐親友家人傷心難受，他把命書藏在貼肉的衣袋。

杜月笙的長子杜維藩追憶這一段經過，他眼圈已紅不勝嗟嘆，而和杜維藩持同樣論調的杜門中人大有人在，大家都認為杜月笙在邁向他人生最後的旅程時，由於經年累月求神問卜，可能走火入魔，因而使他全盤喪失自信，喪失了掙扎求生的力量。據杜維藩沉痛的說，他父親在三十九年底，以及四十年初生命意志極其堅強，對於人生猶仍樂觀，六月息館主那一紙命書來後，杜月笙便彷彿一心祇往死路上走。

餘波尾聲，這位判決杜月笙命運的「六月息館主」究竟是誰呢？直到民國四十一年五月，杜維藩自香港返抵臺灣，曾經向王新衡問過六月息館主究係何人？王新衡說他也不知道，後來有一天跟程滄波談起這件往事，程滄波卻曉得「六月息館主」姓季，而且是一位國大代表，他在館前路效君平之隱，杜維藩去拜訪過他，談起杜月笙的那一紙命書，季「館主」回答八字確由香港寄來，不過八字上沒有寫姓名，他怎想到算的就是杜月笙的命？杜維藩和許多杜門中人驚異六月息館主推算流年的靈驗，也曾相繼求教，據說有的確實算得很準，有的也不怎麼靈光，由而可知求卜問卦也並非是十拿九穩的。

74 添項消遣歡喜聊天

大病方癒的杜月笙，在日常生活方面，頭一項改變是用氧氣用成了習慣，家裡面半人高的氧氣筒排列成行，蔚為奇觀。曾有一次，一位香港大學的醫科教授，應邀前來堅尼地臺十八號為杜月笙看病，他一眼瞥見杜月笙房門外走廊上，擺了一長串的氧氣筒，當時便問陪他進去的萬墨林：

「這麼許多氧氣？夠我們醫院裡備用有的了，真不愧為眾人羨稱的杜公館。連杜先生用點氧氣，居然就準備了如此之多。」

萬墨林聽了，一聲苦笑，他告訴那位在香港很有名氣的醫師說：

「你看看倒是不少，不過呢，杜先生一個號頭就要用兩倍這麼多的氧氣。」

「什麼？」香港醫師大喫一驚，忙問：「一個月要用兩倍這麼多？」

萬墨林點點頭，那位醫師反是連連搖頭自言自語的說道：

「從來沒有聽說過，氧氣拿來這麼樣子用的。」

病癒後第二項改變，則為生活起居全部失卻常軌，眠食靡定之外，又添了個容易失眠的毛病，稍微有點不如意的事，夜裡就翻來覆去的睏不著。因此，每逢杜月笙失眠，家中各人便得想盡方法為他打發時間，遇到他體力可支，精神好些，杜月笙總是在下午或者傍晚，便主動的關照萬墨林：

「墨林，撥幾隻電話，看那些朋友有空？請他們到這裡白相相。」

他所謂的「白相相」，是為他嗜好終生的「賭」，民國三十九年夏季以後，經常到堅尼地臺來陪杜月笙賭銅鈿的，除了原有的老搭子盛泮澄、朱如山等，又添了盛宮保盛宣懷的五小姐，大家尊之為「五娘娘」的，還有嚴欣淇、吳家元、和杜月笙的一位得意門生，恆社中人，上海鮑利造紙廠華籍總經理徐大統。徐大統在上海做紙生意，發了大財，逃難到香港，運用攜出的資金，穩紮穩打，步步為營，他投資香港大新銀行，擔任常務董事，在逃難旅港的上海朋友之中，算是比較「混得落」的一個。徐大統在香港業務雖忙，但是他對待夫子大人杜月笙，極為尊敬，走動得相當慇懃，祇要老夫子有興趣，他必定趕來奉陪，輒上一腳，尤其在賭桌上說說笑笑，讓老夫子開心開心，歡喜歡喜。

吳家元當時是在香港、臺北，兩頭的跑，他到香港，堅尼地臺杜公館是每日必到的，杜月笙要賭錢，他當然落得奉陪。同時他也還是跟從前一樣，通常都是輸的少，贏得多。

不打牌的時候，杜月笙新添了一門興趣，聊天。平時，杜月笙向來不愛多說話，尤其是在家中，他既無談話的對象，也沒有時間，現在閑聊的情形大不相同了，「一飯三吐脯，一沐三握髮」的大忙人杜月笙，反而閑得在為打發時光的問題發愁，因此他又喜歡找人閑聊，當年的往事，一生的交遊，以至於國際局勢的演變，國家未來的遠景，話匣子一開，便滔滔不絕，談得興高采烈。他的忠實聽眾，除了日常走動的顧嘉棠、秦聯奎、朱鶴皋，……還有住在隔壁的朱文德、萬墨林，從早到晚隨侍在側的徐道生、太太、子女，後來還由他自己主動找來一位聽眾——呂光。

75

吳家元「老千」之秘

自己的事，談起來百無禁忌，和盤托出，朋友間的種種，則依然守口如瓶，確保秘密。「人前休說人短，人後莫道人非」，這一點，杜月笙確實是做到了的。唯一的例外，是幾乎一生都在靠賭喫飯的吳家元，當有人好奇的問他，吳家元賭錢究竟做不做手腳的時候，他便直淌直的這麼說：

「怎麼不做？衹是他做手腳要看場合而已，在熟朋友面前，他會留一手，最低限度，有我在場，他絕對不敢不乾不淨。」

杜月笙說：吳家元不敢在他面前「下手」，倒並不是他有捉「老千」的眼力和本領，而是吳家元唯恐當眾出醜，有損杜月笙的面皮，還有一層關係，則是吳家元的作弊手法伎倆，一本「老千」賬，統統都在杜月笙的肚皮裡。

吳家元的伎倆，說穿了很簡單，他要「變戲法」，其實是順手牽羊撈籌碼，並不在牌上動腦筋。杜月笙帶笑的說，這便是吳家元「老千手法」高人一等的地方，因為賭錢的人防「老千」，多半注意他手上的牌，留心他正在參與戰局的分際，絕少有人料想得到，吳家元專在自己丟牌的時候，以桌面上的籌碼為目標，偷籌碼比偷牌不易被人發覺，此其一，而偷籌碼又遠比偷牌實惠，此其二。

杜月笙問那些從不與吳家元對賭的聽眾說：

「你們試想看看，譬如說打唆哈，是不是人人都把自己面前的籌碼，依數額大小，一疊疊的堆得很整齊，好使下注的時候便利？」

大家毫不遲疑的回答：

「是的呀。」

「那麼，你們再想想看，」杜月笙笑了笑：「吳家元打唆哈，他面前的籌碼，是不是總歸大小混雜，堆得亂七八糟？」

眾人一想，都說果然不錯。

「毛病就在這裡了，」杜月笙繼續說道：「他故意把籌碼亂堆，正是為了他偷進籌碼的時候，往裡面一塞，很難被人捉住。」

還有一層，杜月笙再次點醒他的聽眾，吳家元在自己丟牌的時候，總喜歡伸手到枱子中央，故作熱心服務之狀，幫人家把大大小小的籌碼理理齊，這也是因為當他縮回手時，或者在指縫裡，或者在掌心中，絕對有一兩個大籌碼給他帶回去了。贏家贏錢，雙手一擄，誰還會去細數籌數目哩？

至此，眾人方始明白，吳家元的「手腳」，原來竟是如此簡單，不過，當時有人細細回想，於是忍不住的提出這麼一問：

「照杜先生的說法，人家贏錢，吳家元便『抽頭』，打唆哈他就該場場贏的呀，他每場必贏，怎麼還會有人肯跟他打牌呢？」

「當然了，」杜月笙頷首答道：「每場必贏，那怎麼成？吳家元也有輸錢的時候，甚至於他輸的次數跟數目，背後替他算算賬，可以說十中有九，要比他贏到袋裡的多得多。」

聽得眾人如墜五里霧中，實在弄不懂，便向杜月笙追問：

「吳家元怎麼會輸，怎麼肯輸，又怎麼反而輸多贏少的呢？」

停了歇，杜月笙終於說出了吳家元當「老千」時的最高秘密，這也是前後四五十年，他走遍大江南北，香港重慶，週旋於遠官要人，富商巨賈之間，「老千」伎倆從不失風，而且，這麼許多見得多，識得廣的豪賭客，仍然肯和他交手的緣故。原來，吳家元有一個天大的噱頭，他可以化輸為贏，甚至於他能夠輸得越多，反而使他的「進賬」更好。

這話怎麼說呢？——吳家元每到一處地方，搭上了一批呼盧喝雉，一擲萬金的賭朋友，開始排日豪賭，竟無虛夕，一開頭，他下點本錢，小輸輸，吸引與賭朋友的興趣，減少他們對自己的懷疑。甜頭給人家嘗過，他便要開始下手，施展出指縫一夾，掌心一吸的偷籌碼本領，場場贏，天天有大筆進賬。贏得多了，賭友的疑心遂起，但是因為想不到他在籌碼上用功夫，因此有很長的一段時期，讓他一票又一票的大撈，他個人「賭的財務」，遂而有了相當的基礎。

不過天長日久，眾目睽睽，他的「伎倆」終歸會有被人發現的一天，察覺他做「手腳」，偷籌碼的人，或則同桌賭友，或則係作壁上觀的外人。他們曉得了吳家元的秘密，明知有一條蠻粗的財路，當然不會傻到當眾戳穿，鬧個不歡而散，使吳家元永遠抬不起頭，露不了面。當天夜裡，也許是明日一早，這位朋友一定會去跟吳家元「講斤頭」，點他那麼一點，叫吳家元明白他的秘密已在對方掌握。這時候，吳家元為了情面攸關，生存問題，當然要向對方苦苦哀求，務必遮蓋。在這種情形之下，換了普通一點，道行不高的「老千」，多半拼著出一大筆錢，賄賂對方，作為保守秘密的代價。但是吳家元棋高一著，法力不小，他竟不此之圖，反而和對方開談判，講條件，他主動要求跟對方分贓、「劈壩」。

76

專贏賭桌外的銅鈿

吳家元開出的條件是，務請保守秘密，從今以後雙方合作，他每次下場，不論輸贏，雙方分賬。成數則祇要在五五對分以下，都好商量，四分之一，三分之一，或者對半均分，吳家元無不首肯。

對方一想這無異是十拿九穩的發財之道，既不需本錢，又沒有風險，真是何樂而不為？何況吳家元在條件之中說明，萬一他一時不慎，當場失風，即使被人殺了頭，他也決不會，——其實也是毫無必要扳出對方來，作為他的陪葬者。

接受這個無比「優厚」的條件了，吳家元便與對方當天發誓，無論是那一方違背「合約」，不得好死，而且每夜賭局一散，立刻結賬，該拿該賠，當場了結，絕對不得推三阻四。

分脏劈囑的事談好，吳家元開始有了一位夥友，每日登場打唆哈，他還是照偷籌碼不誤，因此仍然是每日必贏，他的夥友天天有大鈔票可進，吳家元雖然白白的分三分之一或一半「斬獲」給對方，卻是他爽爽快快，從不賴賬，他自己的「收入」少了三分之一或一半，總歸還有錢進，何況，他又在賭桌之外開闢了一處賭場。

接連多日，夥友收穫頗豐，正在沾沾自喜，對吳家元的「恪守信用」、「誠實不欺」深為感激。然而，吳家元偷籌碼的秘密又被一位第三者看出來了，於是第三者來尋吳家元「大開條斧」，吳家元則依樣畫葫蘆，請他代為保密，賄賂則為分贓劈壩，也定一個不論輸贏，分攤三分之一或一半的條件，當第三者欣然應允，吳家元還「夠義氣」的不使頭一位夥友獲知，每天必定要繳的這一筆「稅」，由他獨力負擔。

假使兩位夥友定的條件，都是各自分攤二分之一，那麼，吳家元冒險做「老千」，偷籌碼，辛苦贏來的錢，不是一文也到不了手嗎？此所以，吳家元在祇有兩位對分夥友的時候，日子最難過，因為這時候他還必須保持常勝將軍的手氣，祇許贏，不能輸，——他要等待第三、第四條魚兒上鈎。祇要他把握機會，腦筋一動，手上一鬆，吳家元要再找第三、第四、第五乃至於第十七、八位輸贏對分的夥友，實在是太容易了．因此可以這麼說，到某一段時期，別的「老千」最怕的「被人看出馬腳」，乃至於分贓劈壩黑吃黑，在吳家元卻反而「韓信將兵，多多益善」般，求之不得。

為什麼？——吳家元這種高級「老千」之巧，之妙，之異想天開，之吃遍天下，本領就在這一點。譬如，日日有贏餘可分的夥友，接二連三的拉到了十八個，其中個個都是講好條件不論輸贏對半分賬，到這時候，吳家元便開始得其所哉，放心大膽的輸錢了，他場場輸，日日輸，而且越輸越多，越輸越大。自此他財源大開，洋鈿銀子滾滾而來，比認真能夠偷到手的，更要多些。

這筆賬是這樣算的：首先，當初對天發過了誓，有言在先，夥友們不論每場輸贏，一家一半，因此，吳家元贏一萬，夥友白拿五千，反過來說，吳家元輸了一萬，夥友不能說是祇共安樂，而不共患難，當然也得負擔一半亦即五千元。

當吳家元擁有彼此之間毫不知情的夥友達十八名之多，那麼，就算他每天祇輸一萬塊錢，他付出的是一萬，卻能夠立刻從十八位夥友那邊，到手十八個五千元的「補貼」，如此這般，他花一萬的代價，而得到九萬元的補償，一場穩賺八萬。

跟吳家元每日同賭的朋友，做夢也想不到吳家元會枱子上窮送，而房間裡猛收，賭桌不過是張戲台，每天打個過場，骨子好戲是在房間裡面私底下演出的。普通老千遇上這種豪賭場合，即令每天照單全收把枱面上的錢統統掃走，也許不過祇是個四萬、五萬，那比吳家元明輸暗贏，日進八萬鉅款。

常年累月的賭下去，跟吳家元同賭的朋友算得出這一筆賬，吳家元先小負，繼而大勝，接下來便「一蹶不振」，屢戰屢敗，手風始終不轉，牌運毫無起色，於是人人都曉得，吳家元輸的錢遠比贏來的多，而且多過若干倍，數目大得嚇壞人。

吳家元天天輸錢，相反的便是同賭的朋友日日贏進，當吳家元連戰獲捷的那一段時期，多多少少還有些人懾於他「靠賭吃飯」之名，駭怕他是「老千」，但是臨到後來，想想也覺吳家元「老千」之說決不可靠，最「簡單」的一層道理是：天下會有「少贏多輸」的老千嗎，豈不是笑話奇談？

77

好賭之徒引為烱戒

他的那些個夥友呢？發現吳家元偷籌碼的秘密之先，自以為得了一條財路，通常一般祇有吃「老千」，不會有揭穿「老千」的，他們的做法自以為相當正確，而吳家元不吐一筆錢出來開消，反倒甘願讓他們坐享其成，分潤一半，於是開頭得了吳家元不少的造孽錢，緊跟著便一筆筆的往外吐，吐到了相當程度，不但「不義之財」悖進悖出，甚至於還要自掏腰包，倒貼老本。腰包越掏越空，老本越貼越多，縱使明知吳家元訂的這個合約不是路道，其中必有蹊蹺，然而自己早已伸長頸子給他套牢，一時又怎麼逃得掉？

置之不理，乾脆不出，吳家元豈是弱者？小辮子捏牢在他的手裡，就唯有乖乖的讓他擺佈，那怕你傾家蕩產賣脫家主婆，那「輸」了的一半怎能不付？對天發誓且莫去管它，俗話說：「喫人的口軟，拿人的手軟」，自己情虛，先矮了一截。要說是「訴之於法」吧，吳家元詐欺，自己又何嘗不曾欺詐，狠一狠心揭穿內幕呢，吳家元是「老千」，自己還曾和「老千」分贓劈壩，朋友之間說起來，吃「老千」的跟吃軟飯的又有什麼分別？吳家元秘密戳穿，不能做人，自己又有何顏面去見家人妻小，親戚朋友？因此之故，想來想去便祇有「打落牙齒和血吞」，悉索敝賦，竭力報効吳家元。

好戲連台鬧到最後，坐在枱子上的賭朋友個個贏，靠賭吃飯，一生享受的吳家元日日輸，吳家元是「老千」乎，非「老千」歟？幾十年來成為傳誦紛紜，莫衷一是的不解之謎，欲哭無淚，傾家蕩產的，反是牌都不曾摸過的那般黑吃黑者。

杜月笙感慨系之的說：「見利忘義」，「貪小便宜吃大虧」，這兩句俗諺正是吳家元那幫夥友的寫照，他認為這班人很可憐，但卻咎由自取，接受一次「與虎謀皮」的教訓。吳家元有這麼一批可憐蟲給他播弄，他自可應心得手，予取予求，吳家元的夥友往往被他壓榨得油盡燈枯為止，他壓榨這種自投羅網的可憐蟲，其方式是竭澤而漁，不留餘地，等到可憐蟲們榨無可榨，他方始逐一放棄，放棄到全部夥友統統化為烏有，於是，吳家元又將他的連台好戲重新開始，先小勝，後大贏，然後再一條條的大釣其場外之魚。

當時眾人聽杜月笙說到這裡，真是恍然大悟，如夢方醒，吳家元可稱之為聰明絕頂，想入非非，他利用人性貪婪的弱點，使人自投羅網，吃虧上當，就佛家的因果報應之說而言，以法律觀點而論，甚至於輿論道德觀念，還真不知道該定他那一條呢？

杜月笙娓娓道來這一段「老千」機密，末後他曾面容嚴肅，鄭重其事的聲明，他和吳家元結識於民國十四年，二十五年的交情，被此相處的時間夠得上長久，吳家元誠然狡獪過人，但是他畢竟也有可取的地方，譬如說他聰明絕頂，手腕玲瓏，肆應各方的功夫尤稱上上之選，國家多難的時候能夠深明大義，杜月笙但有一事囑託他也肯為之出生入死。抗戰初起他啣杜月笙之命走華北陷區，搶救滯留平津行不得也的名流耆彥，使他們免於淪為漢奸，助長日本軍閥「以華制華」的毒辣陰謀，便是吳家元生命史上值得大書特書的一章，否則他也不會被北平日軍派員專程南下，到方始淪陷的香港來指名逮捕，打算解往北平治罪了。

他又解釋為什麼自己明知吳家元是「老千」，而猶仍和他不時同局賭博，杜月笙說吳家元在他跟前頗能守信，民國十四年他和吳家元在泰昌公司同賭時，吳家元的「老千」伎倆，被杜月笙的好朋友嚴老九捉牢，吳家元聲稱保險把杜月笙輸掉的錢贏回來，杜月笙卻在頭一場便反而為之輸去，當年他曾對吳家元施以教訓，而吳家元在杜月笙面前賭神發咒，答應杜月笙的條件，從此不再跟杜月笙和他的朋友「掉槍花」，杜月笙證實吳家元確能恪遵諾言，二十五年來不曾在他跟前玩過一次花樣。

正告他的後生晚輩，家人親友，杜月笙十分感慨，語重心長的說：

「我告訴你們這些，祇是在說賭不是一件好事情，你們倘使歡喜賭，將來還不曉得要碰到多少怪事哩！」

58 復興航業公司遷台

早在抗戰初期，武漢會戰之役，國軍為阻遏日軍艦艇溯江而下，水陸並進，因而在長江中流，江西彭澤縣境內的馬當，佈下一道鋼鐵的防線，那便是鼓勵愛國的航業鉅子，請他們犧牲若干艘輪船，鑿沉於馬當山下，把那條寬闊不及半公里的江面，全部加以封鎖，使日軍的艦艇，無法通過。這在當年，是轟轟烈烈的一項壯舉，杜月笙的大達輪船公司，即曾率先創導，獻出幾條船來，自沉於馬當江心。

抗戰勝利，政府認為當年航業商人的自我犧牲，應該予以補償，當時杜月笙正任全國船聯會理事長，乃由他和錢新之出面，請由官方擔保，向美國貸款美金三千萬元，用這筆資本，在民國三十七年，組成了規模宏大的復興航業公司，而公司的股份，則由當年沉船損失的各家航商，按照比例攤分，復興航業的董事長，係以杜月笙擔任，是為我國最大的一家民營航業機構。

但是復興航業公司所擁有的輪隻，係由政府擔保，向美國貸款購來，杜月笙、錢新之為設立復興航業公司，艱難締造，費了不少的心血與精力，然而公司成立未幾，大陸情勢日非，戰火迅速蔓延上海，當時杜月笙曾以全國輪船業公會理事長的地位，竭力鼓勵航業界人士，使他們的輪隻參與疏運，機構轉移到香港去，往後他到香港，更一力敦促遷港的各航業公司，遷往臺灣。杜月笙常說：

臺灣是一座海島，來日經濟發展，必將以對外貿易為重心，因此他認為航業界在臺灣當可大有作為，航業公司遷臺，一方面可以增加國家的力量，另一方面則為航業界本身，獲得一處前途光明，大有可為的良好基地。

民國三十九年三月一日，總統復職，八日立法院投票同意陳誠出任行政院長，三月十二日，新閣名單發表，社會部政務次長賀衷寒出長交通部。賀衷寒就任伊始，對於鼓勵海外航業機構遷臺一事，極為重視，他曾致函杜月笙和錢新之，希望他們能將復興航業公司，迅即遷臺辦公，有以發生一點倡導作用。杜月笙、錢新之和楊管北，因而頻頻集議，磋商多次，最後乃由杜月笙毅然決然的作了決定，復興航業公司的船隻，既係政府擔保借貸美國債款購買，那麼，要復興起一點倡導作用便何妨做個透徹；於是杜月笙、錢新之雙雙出面，以自身年高體弱多病的理由，表示無意繼續主持復興航業公司的業務，他們二位要求成立一個復興航業公司監理委員會，而將復興航業公司改由官方營運。

於是，復興航業公司率先遷臺，監理委員會成立後，政府為昭鄭重，特由交通部長賀衷寒，擔任監理委員會的主任委員，但是賀衷寒希望杜月笙和錢新之方面，也能推薦兩個人，擔任常務監理委員。而在這兩位常務監理委員中，楊管北是當然人選，無需加以考慮，至於提名另一位時，杜月笙和錢新之，便得煞費一番商量了。

浙江諸暨人，畢業於黃埔軍校二期，北伐時期在上海當過兵站總站長的周兆棠，他跟杜月笙結識甚早，周兆棠後來任過中央軍黨務處長、考試法規委員、交通部司長、國民黨六屆中央執行委員、立法委員等職，同時他又是招商局的董事之一，和杜月笙也算是同事。三十八年春，周兆棠從南京舉家遷往香港，住在堡壘街，和堅尼地臺十八號杜公館，相隔不遠。因此他閑來無事之際，常去杜公館走動，陪杜月笙聊聊天，吃吃飯，往往杯酒言歡，在亂離中極盡友朋之樂。杜月笙對周兆棠的才幹頗為賞識，認為他確能辦一番事業。雖然雙方淵源不深，但是當他考慮推薦復興航業公司的另一位監理委員時，基於「選賢與能」、「用人唯才是視」的道理，他便很自然的想起了周兆棠這位朋友。

湊巧監理委員會主任委員賀衷寒的建議，提的另一名監理委員人選，也是周兆棠，臺北香港，不謀而合，使杜月笙頗為欣慰，他再跟錢三爺錢新之一商量，三方同意，於是周兆棠便回到臺灣。復興航業公司的業務，由於賀衷寒高高在上，楊管北本身的事業繁忙不堪，因此多一半係由周兆棠負責，杜月笙尤曾一再的表示，他希望復興航業公司，能在周兆棠的大力推動下，達成他設立當初時的構想和願望。

一直到杜月笙逝世之後四年，民國四十四年復興航業公司恢復民營，重開董事會，周兆棠被推選為董事長，這和杜月笙當初的意旨，可謂完全符合。復興航業公司往後仍為臺灣航業巨擘之一，周兆棠亦早成航業巨子，他對於十餘年前杜月笙的一番培植、支持的熱忱，始終是掛在嘴上的。

79

馬連良到添份熱鬧

平劇名鬚生馬連良，多年來一直受到杜月笙的關照，對杜月笙敬之如父執，平時相處，和家人父子一般的親密。杜月笙的恆社子弟中，大概就數馬連良的平劇造詣成就為第一，因此一生嗜愛皮黃的杜月笙，對他這位高足極是愛護得很。抗戰時期，馬連良在淪陷區裡唱過戲，勝利後有人指他靦顏事敵，使他不獲繼續登台演唱，便由杜月笙為之大力緩頰，馬連良乃能在勝利以後獨步京滬，紅極一時。所以民國三十六年杜月笙做六十大壽，南北名伶名票演唱十天，馬連良和梅蘭芳兩位伶王，確實是賣盡了氣力，十天義務戲裡除了孟小冬登台的兩場，馬連良曾將他的拿手好戲如「龍鳳呈祥」、「打漁殺家」接連的各唱雙齣，同時還把他在中國大戲院演出的班底，盡出精英，報効師門。

馬連良在大陸淪陷以後，曾經翩然抵港，唱過一陣子，在這段時期他不論怎樣忙碌緊張，三日兩頭必定會跑一趟堅尼地臺，給老夫子請安。杜公館每星期五的平劇清唱小集，他祇要有空，必來參加，馬連良一到杜公館，由於他有說有笑，講講唱唱，使得門庭冷落車馬稀的杜公館立時熱鬧起來，杜月笙的八個兒子、要好朋友、左右從人個個會哼幾句，家中還有姚玉蘭與孟冬皇，這許多人都和馬連良要好，他們常在一道說笑、吊嗓、拍照，杜月笙是素來清淨不了最喜熱鬧的，因此馬連良一來往往使他精神煥發，心情開朗，小毛病一時全忘卻了，那真比打針喫藥尤其有效。

三十九年夏季以後的堅尼地臺杜公館，人來客往較先前略微增多。這有兩重因素，其一是杜月笙大病已癒，精神較好，他無法出門拜客，好朋友即使不來他也會命萬墨林打電話去叫。其二是「登門求告」要求幫忙的朋友漸漸的多了。

一日，有一位早年在重慶結交的朋友託人來講，他已經辦好了入境證，即日將赴臺灣，但是他客居香江，資斧已盡，連船票錢都湊不齊了，無可奈何，他向杜月笙借三百元港幣。

杜月笙一聽，驚了一驚，當時便極感困惑的問那位代言者：

「怎麼他老兄會落到這步田地的呢？」

原來此公是重慶富翁之一，生意、房產、田地，多得不可勝計，杜月笙旅渝時期常去他家裡，一間富麗堂皇的客廳，面積和佈置可與大跳舞廳媲美。在香港誠然是逃難，但是杜月笙對於他連三百元港幣也要開口告貸，委實有點出乎意外。

於是來人告訴他說：

「客居在外，叫天天不應，叫地地不靈，一錢逼死英雄漢，這有什麼辦法？如今像他這樣窮途潦倒的百萬富翁，香港市面上正多著呢。」

杜月笙聞言不勝感慨，同時也起了警覺：香港居，大不易。外地人在香港落了魄，根本無處求援，就只好自生自滅。

杜月笙說三百塊錢拿不出手，他數了一千港紙，接濟那位重慶朋友，讓他買好船票到臺灣以後，手頭還有一點餘錢。

80

「香港居，大不易」

從此他十分關心上海朋友、各地難民住在香港的情況，時常主動探聽朋友們的消息，有困難的便命人送幾個錢去，錢不多，但是雪中送炭，份外令人心感，杜月笙漸漸的對旅港上海人的近況有所瞭解。上海人逃難抵港約可分為三種類型，上焉者有眼光，有魄力，也有資本，他們一到香港立定腳跟便辦事業，譬如杜月笙的老朋友吳昆生和陸菊蓀合辦規模龐大的「緯綸紗廠」，五啟宇辦一爿「香港紗廠」，都辦得相當的成功，不但使自己立於不敗之地，而且紗廠職工還容納了不少上海來人。

中焉者忽視了反共抗俄是一場長期戰爭，他們挾著大批金鈔而來，抵達香港這個歡樂世界，於是聲色犬馬，酒食徵逐，心中比方到香港是來白相相的，過不多久國軍反攻就可以重返黃浦灘。殊不知住在香港的時間一久，酖於遊樂沉緬越來越深，終於「床頭黃金盡，壯士無顏色」，為了一日三餐每天逡巡於酒樓茶座跑馬地，幸而遇見一位熟朋友，那怕是一元港紙借到手都很滿足，因為又可以混過一天半日了。

下焉者錯把香港當作了黃浦灘，低估了香港土著的深厚經濟潛力，他們將投機取巧之風帶到香港來，大家一道「炒金」，於是成天到晚賣出買進，做得十分之起勁，數量越做越大，危機越來越深，初期賺到兩文的莫不忻然色喜，自以為得意，滾雪球般的炒得來「熱大頭昏」，最後是本地幫的商人覷準機會，狠狠交一摜，於是上海幫炒金客立陷慘敗，有人傾家蕩產，有人被迫自殺，損失大多以巨萬計，這一次炒金潮，終使上海朋友吃足了香港人的苦頭。

有此幾層緣故，當上海人逃難抵港之初，香港人冷眼旁觀上海客花花綠綠的鈔票滿天飛，成千上百，儘情揮霍，當年的遊樂場合，豪華餐館，幾乎盡是上海人的天下，然而曾幾何時，香港人便「眼看他摜鈔票，眼看他錢光了」，從青山酒店、觀光旅館搬進了亭子間、租舖位、瞓地板、扶梯的比比皆是，當他們阮囊羞澀，衣食無著，立可發現香港絕非上海，同鄉人自顧不暇，本地廣佬言語不通，素無交情，想借幾角港紙到攤頭上吃一碗飯，也是大難。

因此，三十九年以後，上海人在香港便開始銷聲匿跡，光景黯淡，囊無分文的在滿街奔走，告貸求乞，手頭還有幾文的也無不縮小範圍，樽節支出，守著最後的活命本錢，拖一天是一天。即連二十餘年來在黃浦灘上不作第二人想，聲勢顯赫的杜月笙，也都在坐吃山空之際，漸漸意味到經濟問題的嚴重，不時的愁眉不展，長吁短嘆，共產黨張牙舞爪，黃浦灘水山已倒，杜月笙開始步入他一生中由絢爛而歸於平淡的艱難困苦時期，他在太息「香港居，大不易」。

不過，在香港的名流耆彥，太平紳士，如國民革命軍前粵軍總司令許崇智，和德高望重的周埈年等，仰慕杜月笙的為人，傾心結交，還都曾堅到尼地台杜公館來登門拜訪，杜月笙礙以抱病之軀，始終得不著機會回拜，但是這些香港的巨紳名流都能瞭解身不由己的苦衷，絲毫不以為忤。不僅如此杜月笙在香港倘有任何困難，他們每每挺身而出，為杜月笙奔走排解，解決問題，凡此情誼，俱使杜月笙份外感激。

杜月笙在香港曾經打破一項紀錄，那便是他竟能使香港的大法官，屈駕到他堅尼地臺家中來，而且還一直走到他的床面前，就把他的房間作為「法庭」，完成一次香港史上前所未有的「庭訊」。

81 香港法官杜家開庭

臥病香江的杜月笙，怎麼會與人「對簿公庭」的呢？說起來這又是他幫朋友忙纏上的一場麻煩。有一位很有地位的朋友，由於箍室請求認領子女的糾紛，被對方告到香港法庭去。這一場官司於公於私都還很不容易了結，但是杜月笙受人之託，忠人之事，拿當時的情勢來說，他是非得替那位朋友徹底解決不可，於是私底下他動用了不少人馬，花費了很大的氣力，好不容易勉強把事體擺平，而且居然做到刀切豆腐兩面光，是為杜月笙在香港排難解紛，調停斡旋的傑作之一。

不過私底下雖則已經講好，香港法庭的案子猶待審結，本來上法庭過一過堂不算是什麼了不得的事情，問題在於杜月笙的朋友深心不願公開露面，因為他一露面事體揭開，杜月笙費盡心血的釜底抽薪一著等於白廢，這一點其理甚明，無須詳加解釋。

香港法律其硬如鐵，當中決無變通的餘地，狀子遞到法院非開庭不可，尷尬的場面絕對難以避免。這一個問題著實使杜月笙大傷腦筋，他的要好朋友、智囊師爺挖空心思，想盡了辦法，鑽香港法律的空隙，卻是想來想去簡直就無法鑽得過。

終於有一位朋友由杜月笙的病，聯想到他不容須臾分離的氧氣罩，再由氧氣罩聯想到如果杜月笙必須以證人身份到庭作證的話，——最後他一聲歡呼：

「有了！」

他的辦法很簡單，設法使杜月笙成為本案的重要證人，他必須和原告、被告兩造同時到庭。但在事實上杜月笙是無法到庭的，任何醫生都可以為他開具證明書，使用氧氣中的證人絕不可以移動。辦法是想得妙到毫顛，卻是還有一個問題，證人無法出庭，充其量祇能拖延時間，並不能使那位朋友到庭一事就此勾銷。

是杜月笙靈機一動，打開了這個不解之結，他想起了太平紳士周埈年，周埈年是香港官署普遍尊敬的人物，尤為英皇敕封的爵士。因此他說：

「我想請周爵士設個法看。」

派人去跟周埈年一商量，周埈年非常爽快，他一口答應代向香港法院請求。以周埈年的情面，加上杜月笙的名望，再有他所恃的有力理由，香港法院果然破格應允，請大法官移駕堅尼地臺杜公館開這一次庭。天大的難題迎刃而解，堅尼地臺那幢房子也留下了一段佳話。

上海旅港的金融巨子，工商大亨，在共黨統戰份子的不斷威迫利誘下，意志薄弱者早已開始動搖，如王曉籟、劉鴻生、吳蘊初諸人，他們起先輪番遊說杜月笙，私心盼望杜月笙帶著他們向左轉，收拾行裝作北歸之計，戴上中共拋出的「民族資本家」那頂孫悟空的「緊箍」，但是杜月笙屹然不為所動，反過來勸促他們不要受人蠱惑，自投羅網。這一個「勸來勸去」局面，曾經持續了相當長遠的時間。

其中王曉籟頭一個撐不下去熬不過，此公雅的號「得天」，真正是名符其實的「得天獨厚」，他起先跟赤腳財神虞洽卿當紹興師爺，後來被杜月笙套牢擒服，全靠杜門的力量，當到了上海商會會長。王曉籟開過錢莊，但是往後倒光，他在上海混世界註定只能照別人家的牌頭，於是先虞洽卿而後杜月笙，他一貼牢杜月笙便有「焦不離孟，孟不離焦」之勢，三十八年逃難到香港，杜月笙始終病倒在床上，王曉籟的日子便相當難過。他姬妾多子女更多，乃有「多子王」之譽，外傳他有子女一百，其實不過三十多個，然而有這三十餘名子女，王家飯廳開起飯來就像學堂裡的膳堂，食指浩繁，負擔綦重，王曉籟在香港著實難以維持，香港蹲不下去他只好回上海，勸不動月笙哥同行「以壯聲勢」，他就自己一個向左轉，開步走。王曉籟回上海的消息傳到香港杜公館，杜月笙深心惋惜，早先不曉得跟王曉籟說過了多少遍，投共產黨決不會有好結果。

事實證明，果不其然，共產黨統戰份子在香港熱烈勸促「民族資本家」王曉籟回上海，但當王曉籟一回黃浦灘，坦白、清算，交逼而來，就差不曾鬪爭。王曉籟被共產黨打得頭昏腦脹，暈頭轉向，末後由共產黨自家出來打圓場，王曉籟算是由他「投共立功」的學生子保證，留在上海戴罪立功吧。

和王曉籟情形截然相反，是另兩位由港投共的「民族資本家」劉鴻生與吳蘊初。劉、吳兩人有身家財產，有龐大事業，他們是因為捨不得留在大陸的巨額資產冒險一試，想從虎口裡保全自己命脈，杜月笙不肯和他們一道投身虎胳，他們唯有黯然各奔「前程」。劉鴻生之重返大陸，多一半還是試探性質，他參加中共籌組的「工業觀光團」，「工業觀光團」是中共的誘餌之一，因而該團保證進入大陸以後隨時可以再出來，不過往後劉鴻生還是出不來了，因為中共認定他是一條大魚。

82

勸促朋友投奔祖國

便在這許多朋友相繼進入大陸的時候，杜月笙憂心忡忡，非常著急，他唯恐更多的金融巨子、工商大亨，會被共產黨的笑臉攻勢，釣餌政策，陸陸續續的釣回大陸去，朋友飛蛾撲火，自投網罟固不足惜，但是常此以往，必將減弱反共陣營的力量。杜月笙每每在談話之間，流露出他內心的憂悒。

便在中共威脅利誘，無所不用其極，竭力爭取旅港金融工商人士返回大陸的時期，杜月笙的兩位好朋友，國民黨中央執行委員洪蘭友與吳開先，聯名會銜請中央黨部秘書長轉呈最高當局一紙報告，報告中指陳共黨統戰份子多時以來竭力爭取旅港滬上金融工商巨子，而這班人之中也曾有部份人士回過大陸，探看他們遺留下來的事業，有人一去不回，也有人鎩羽而歸，究其用心，回大陸絕非投共，甚理甚明。因此，洪蘭友和吳開先建議當局似可允許這一批棄暗投明的金融工商界人士到臺灣，以使他們的資金、實力、經驗與抱負，納入反共抗俄的陣營。

吳開先為這一樁大事還曾請謁最高當局，他面陳種切，獲得了最高當局的指示：

「你們的建議是對的。」

最高當局尤且強調的說：

「祇要能夠確定他們不是共產黨，全都可以讓他們來臺灣。」

不久，吳開先回到香港，告訴杜月笙這個好消息，使杜月笙頗為振奮，自此見到朋友，便情詞懇切的勸促他們赴臺投奔祖國，有所効力。前後經杜月笙勸回臺灣的工商人士，可謂絡繹於途，為數極夥。

杜月笙長孫杜順安的寄爹，呂光字曉光，外國留學生，法學博士，對於杜月笙的嗜好之一，聽書也有興趣，由於客居香港，閑來無事，便不時上堅尼地臺杜公館走走，成為杜月笙聽說書的「座上客」。

呂光認識杜月笙很早，時在民國十七八年，杜月笙如日中天的黃金時代，因為「道不同不相與謀」，故所以始終祇是泛泛之交，他年紀比杜月笙小二十歲，又跟杜維維藩是乾親家，照說他比杜月笙小一輩，他尊稱杜月笙為「月老」，杜月笙則禮重呂光的學問好，是一位外國博士，他喊呂光的號，稱「曉光兄」。

曾任東吳大學法學院長、行政院政務顧問、國家計劃委員，兼世界法學中心執行委員，望重一時的法學權威呂光，追憶他和杜月笙在民國三十九、四十年之交，交往密切、無話不談的前塵往事，神情間猶仍不勝嚮往，他曾追憶的說：

「我和杜先生認識了一二十年，始終是一杯清水，不曾建立過任何關係，或者有進一步的交往，為什麼杜先生要在病逝以前，前後約有一年光景，那麼喜歡拉著我聽他自己的『上下古今談』，而且儘量告訴我他的往事，可以說赤裸裸的傾吐暴露，毫無保留？如今回想，祇能說這是一種緣份，不過呢，另有一層原因，那就是當時陸京士兄因公在臺灣，假使京士兄是在香港的話，杜先生傾吐的對象，就一定是京士兄而不是我了。」

杜月笙既已選定呂光當他傾吐往事的對象，說書先生張建亭、蔣月仙的「拿手傑作」，往往就會被杜月笙打斷，而改由他自己「開篇」，對呂光這獨一無二的聽眾，娓娓道來。說書先生被請出去時，杜月笙還怕呂光「半途而廢，打斷了興緻」，他會安慰呂光說：

「這種說書，嘸啥聽頭，說書先生是永遠說不完的，說完了他們就沒有飯喫。」

83 現在方始懂得了愛

杜月笙跟呂光談他初出茅廬時的掙扎求生，奮鬪經歷，以及他如何從找飯喫，熬到闖天下，打江山，然後更進一步在為國家社會儘量多做點事情。他從個人瑣事，談到家庭生活，長江大河，一瀉千里，天南地北，無所不至，對於自身的任何秘密，概不保留，譬如。曾有一次，杜月笙突如其來的說了一句：

「有一樁事體，跟你們留學生來講，實在是笑話。」

呂光照例暫不置答。靜候杜月笙的下文，果然，頓一頓，他便自己接下去說了：

「我活了六十多年，對於男女之間的事體，向來祇曉得一個「歡喜」，根本不懂什麼叫做愛。現在我說出來你不要笑我，直到抗戰勝利的這幾年裡，我才懂得『愛』跟『歡喜』之間，距離是很大的哩。」

呂光當然不會笑他，祇不過，他頗有驚奇之感。

談到杜月笙自己的婚姻生活，他坦然的說：

「我前後討了五個老婆，我討進來的，當然都是我歡喜的人，我待她們，一律平等，個個我都跟她們結了婚，所以我絕對不准有什麼大老婆、小老婆之分，五個老婆大家統統一樣！」

談得興起，杜月笙會主動提出問題，他曾笑吟吟的問呂光：

「你曉得我為啥一逕著長衫？」

問題原是一段敍述的引子，所以，呂光通常都是笑而不答。

「長衫袖子長啊！」一擄可以覆蓋指尖的長袖，杜月笙把袖子捲起來，秘密出現，原來，他身上的「刺青」不止傳說中的一隻船錨，事實上，各色各樣的花紋多得很。杜月笙一輩子從不穿短裝見人，除了禮貌關係，他還在利用覆手的袖子，遮蓋他少年時代「豪情勝概」留下來的「烙痕」。

「上下古今談」，常年持續不斷，原則上，杜月笙祇講給呂光一個人聽，但是漸漸的，杜公館上下人等，都知道呂先生一來，房門一關，杜月笙的房間裡便有這樣一個精采的節目在進行。為好奇心吸引，當然也會有人「聽壁角」，於是杜月笙「傾吐」的內容，就不止呂光一個人曉得。

談得久了，談得多了，杜月笙為了省氣力，表示「心照」，往往談一件事，不作結論，不說結局，他會向呂光一笑，問一句：

「你明白了吧？」

「你曉得了吧？」

或者是——

「你是聰明人，就用不著我再說了。」

每逢這個時候，「聽壁角」者方始不知其所云然。

偶或，也涉及題外之談，向呂光請教請教法律問題、西洋禮俗，呂光發現，杜月笙極其好學，非常留意一切瑣事，他從不放過「打破砂鍋問到底」的機會，但是，他對於新知也並不一定毫不保留的全盤接受，譬如，曾有一次他問：

「外國規矩，女太太跑進來，男人家阿是統統都要立起來？」

「在外國，不但是女太太進門在座的男子都要立起來，」呂光據實而答：「即使進來的是小輩，一樣也要立起來的。」

詎料，杜月笙聽後，立刻便搖搖頭說：

「我看這小輩麼就省省了吧。」

他的意思是，做長輩的對自己小輩起立迎候，未免有悖中國禮制，像這種「外國規矩」，不學也罷。

由「相交甚淺」，而「相知甚深」，杜月笙便不把呂光當作外人看待，他懷著「自家人」的心情，出之以「親近」的態度，也曾委託呂光替他傳話、辦事，而且很有幾件事情辦得頭頭是道，順利解決，使杜月笙大為開心。與此同時，則呂光替杜月笙辦的事情越多，越發增進他內心中對杜月笙的欽敬。

照呂光的看法，杜月笙自民國三十八年五月離開上海，他個人的事業、財富、健康，齊同一致的在由燦爛歸於平淡，但是呂光認為，一個人在日趨平淡的時候，益能看出他這個人的「味道」，因為燦爛時期祇見「錦上添花」，平淡時方可覺其「雪中送炭」，呂光深切感覺杜月笙在平淡時的偉大。三十九、四十年間，杜月笙在經濟上已不能如其往年時的運用自如，甚至於連他自己都始終想不出如何開源的辦法，杜月笙的久病不癒，終至不起，「坐吃山空」所加諸於他的壓迫感，可能有很大的影響。杜月笙死後，遺有四妻、八子、三女、十三個孫兒，倘若不是預存於宋子良處十萬美金，真不知如何應付遺屬的生活問題。

84

呂光成為聊天對象

然而，即令在這種自顧不暇的情況下，杜月笙的慷慨尚義，一如往昔，他照舊好客，堅尼地臺杜公館，雖然不再能有「春申門下三千客、小杜城南尺五天」的猗歟盛況，但是，至親好友，誰都忘不了隔幾日到杜公館走一遭，縱使主人家臥病在床，不克親迓，客人們一樣來去自如，了無拘束。杜月笙好客兼好熱鬧，他睡在病床上，聽到外面客廳「座上客常滿，杯中酒不空」，歡聲陣陣，笑語殷殷，他便引為歡欣安慰。

陸續從大陸逃出來的，在香港久住生活發生困難的，乃至於遠行者缺乏資斧，留港者偶有急需，祇要杜月笙曉得消息，他無不主動的伸出援手，送款濟助，——還是那麼暗暗的塞一筆錢過去，但有「天知」「地知」「你知」「我知」而已。不相識者尋上門來要求幫忙，他也儘可能的使其滿足，成千上萬的港紙往外送，在杜月笙來說反而是一件賞心悅事。

非關款項，不是銀錢，朋友有事相託，杜月笙即使鼻子上罩著氧氣，也照樣的季布一諾，言話一句。他所答應過的事體，不論花費多大的氣力，躭擱多少的時間，賠上若干的港紙，務必辦得四平八穩，妥妥貼貼而後止。同時還絕不使任何一方吃虧、上當，受冤枉。

杜月笙相當守舊，在他的家庭中頗慎於男女之防，他把呂光當做自家人看，因此託他所辦的事也「無微不至」。民國三十九年聖誕節，杜月笙自己起不了床，出不了門，他便關照呂光說：

「你帶她們出去喫頓聖誕大菜阿好？」

他所指的「她們」是姚玉蘭、孟小冬、杜美如、杜美霞、杜美娟等人，兩位中年太太，三位少艾小姐，儘管是公元一九五〇年的香港，他仍認為要託一個可靠的人，陪這些太太小姐出門始能放心。

由於呂光替杜月笙辦過幾件事，杜月笙怕呂光掏腰包貼了錢，有那麼一天，長談過後，他便就枕頭底下摸出一包早已預備好的港紙，遞交給呂光說：

「這一點錢，你拿去用。」

呂光推卻了，他很誠懇的說：

「月老，我現在不需要錢。」

杜月笙把手中錢掂一掂，問道：

「那能（怎樣）？你阿是嫌少？」

「不是嫌少，」呂光笑道：「等要錢用的時候，那怕是一塊錢，我也會問月老要的。」

杜月笙沒有聽懂，他追問一句：

「你說一塊錢，是啥個意思？」

「我的意思是說，」呂光再加解釋：「我不需要錢的時候，月老再給我多點還是沒有用。等我差一塊錢的時候再來問月老要，那一塊錢的用處就大了。」

弄明白了，杜月笙收回了錢，微微頷首的道：

「嗯，你說得是有道理。」

歇半晌，杜月笙彷彿是終於提出了擱置心中已久的一個問題——

「曉光兄，到我這裡來跑跑的朋友，也可以說多半都有目的，比方說：有人要託我辦事，有人想問我要錢。祇有老兄你，你是外國博士，有學問的人，你既不要銅鈿，也沒有什麼事情託我，照說你應該跟讀書人在一起，你怎麼會得喜歡到我這裡的哩？」

呂光笑了，他侃侃然答道：

「月老，你要曉得，讀書人跟讀書人，倒並不一定會得常在一起，說句笑話：『他有的我都有』，常在一起反而沒有味道。而月老你呢？翻開歷史來看，自古到今像月老這樣的人物有幾個？所以我那句話要這樣說了：『你有的我統統沒得』，這就是我常常到月老這邊來的緣故了。」

從日常談話之中，可以很明顯的看出來，臨死以前的杜月笙，對個人進退出處的態度是積極而非消極，於己見身健康的看法是失望而非絕望。因此當民國三十九年中共瘋狂叫囂要「進攻香港」「收復中國領土」的那一段時期，杜公館有一部份人怯於香港市上風聲鶴唳，一夕數驚，於是慫恿杜月笙「舉家搬到法國去」、「為長期安全作打算」，杜月笙表面上全無異議，心裡面卻深知事實上絕不許可。因為「踴躍參加」赴法者達二十七人之多，杜月笙僅存的錢怎應付得了天長日久的生活所需，再說二十七人中能有幾個講得了法文，過得慣外國生活？凡此種種都是無法解決的。

杜月笙在那個危疑震憾，人心惶惶的時候，同意家人赴法定居的建議，跟他們一起策劃著護照、行程、目的地種種細節問題，其實是出自他穩定家人情緒，勿使庸人自擾的一時權宜之計，實則他對於這件事，差一點就要罵出了他的口頭禪：

「熱啥個大頭昏！」

上海人說「熱昏」，略同於普通話的「胡鬧」。

杜月笙對自己的久病不癒，難免焦躁，他的煩惱是：「請了這許多醫生，花了這許多錢，這斷命的毛病偏生不見好！」但是他對國家大局，世事前途依舊樂觀，在他生前的構想之中，他一直認為共產黨鬧不長久，頂多「有個三兩年」就可以回大陸的，因此他最渴望的便是獲得民族復興基地——臺灣的征召，讓他能在有生之年，參加反攻大陸的行列，他懷著的是「青山歷歷鄉國夢，芳草也知人念歸」的濃冽鄉愁，從不曾起過「王師北定中原日，家祭毋忘告乃翁」的頹廢消沉。於是他經常存有美麗的想像，幻想著民國十六年清黨、二十六年抗戰，波瀾壯闊，鐵馬金戈的往事重演。杜月笙認為他在大陸還存有一支巨大的力量，這股力量將比清共時期的共進會，抗戰期間的人民行動委員會尤為闊大壯觀。事實上這支力量確實是存在著的，而他內心熱烈嚮往的反攻大陸，回老家去，也是很快就有實現的一天，唯一的遺憾是他本人未能躬與其盛，享有他追隨國民黨的第三次輝煌勝利。——早在中共播亂，內戰嚴重的三十八年間，曾於抗戰期中有過卓越表現的全國幫會大組合：「人民行動委員會」，經過杜月笙、徐為彬、曾堅、程克祥等諸人的策劃奔走，業已擴充而為一個更大規模的力量機構。新的全國幫會組合名為「中國新社會事業建設協會」，擁有省級分會二十八個、縣級分會四百六十八個，會員人數多達五十六萬之眾，「中國新社會事業建設協會」的總幹事是王鐵民，他曾啣杜月笙之命，分赴全國各地奔走聯絡。杜月笙這位「天下幫會總龍頭」，始終抱著堅定的信心，認為他必能得到反共司令台——臺灣的號令，率領這五十六萬各幫會弟兄從事驅共之戰，這是他在人世間最後的嚮往。

85
香港政府求他幫忙

所以，當中共把「收回香港」的口號喊得震天價響，杜月笙不但沒有上法國逃難的內心意願，相反的，他還準備在必要的時候力疾而起，為香港數以百萬計的中國同胞盡一份心力。籍隸浙江寧波的名法學家呂光，即曾忽然改用鄉音，貌極神往的敍述了這一段杜月笙在港秘辛。同時也透露了杜月笙和香港華民領袖、太平紳士，經英皇勅封的周埈年爵士結識之由來。

當中共不斷揚言「隨時收回香港」，中共在香港邊界佈署了相當龐大的軍事力量，窮兵黷武者厲兵秣馬，躍躍欲試，使當時的香港政府頗生恐慌，英國準備在必要的時候撤退，但是他們仍以港九兩地的社會秩序，和兩百餘萬香港居民的生命財產安全為「慮」。於是，有那麼一天，周埈年爵士約晤呂光，他說他希望見一見臥病香江的杜月笙，請呂光為之先容。

呂光答應了，便去堅尼地臺杜公館，很容易的見到了杜月笙，他簡潔的說是：

「周埈年爵士想來拜望月老。」

「我實在是因為生病爬不起來，照道理應該是『行客拜坐客』，早就該去拜望周先生了，」杜月笙言下若有憾焉，接下來他便做了個決定說：「請你回覆周先生，還是讓我先去拜望。」

呂光把杜月笙謙冲自抑，恪盡禮數的心意向周埈年表明，周埈年的答覆是付之以行動，他央呂光陪同，輕車簡從，從迅即來到杜公館。

杜月笙聞訊，倒屐出迎，杜周會晤，互訴仰慕之忱，談得相當投機，於是，當周埈年表明來意之先，他便預為聲明：

「今天我所要請求杜先生的事，可說是在一種假定狀態之下。」

周埈年所指的「假定狀態」是什麼呢？原來，香港當局未雨綢繆，鰓鰓過慮，他們假定中共會「拿」香港，假定英軍撤退，假定中共在進入香港之先，還有那麼一段社會秩序乏人維持的真空時期，然後假定在這段真空時期之內會有奸徒莠民，趁火打劫，擾亂治安並為害閭閻，那麼，襲太平洋戰爭爆發，香港陷日當年的故技，香港政府非正式的委託杜月笙，「假定」杜月笙在香港也能號召得了群眾，建立得了武力，發揮得了安定力量，那麼，香港政府將請杜月笙幫個大忙，替他們維持「過渡時期」的地方安寧。

周埈年說話的時候，杜月笙凝神諦聽，聽後，他沉吟片刻，然後字斟句酌，十分審慎的回答：

「周先生，非常抱歉，這件事情我不能做。我不能做的理由，第一是香港的情形我實在不熟，第二是我個人的健康也不許可，這兩點我相信香港政府和周先生一定可以諒解。不過，假定共產黨一定要打香港，假定英國人不加抵抗，假定英軍撤退香港淪陷，我想我會跟大多數的香港居民一樣，既沒有地方可走也一時走不脫，到那時候我杜某人一定是在香港的，而祇要我在香港的話，為香港老百姓，我敢於說，我會有一點力盡一點力，有一份心盡一分心！兵荒馬亂之中，這個維持治安，保護百姓的重任，我杜某人祇要能有作為，我絕對萬死不辭！」

一席話，聽得周埈年慷慨動容，心悅誠服，他旋即告辭離去，即是自此以後，不僅他對杜月笙十分傾倒，即連香港政府也是刮目以看。

86

王新衡猝然遇刺記

杜維藩和王新衡，在香港北角渣華街上望衡接宇，聲息可聞，三十九年十月一日，光華體育會會長王志聖送過來幾張票子，邀王新衡、杜維藩夫婦看球，當晚的賽程是「巴士」對「光華」，兩個甲組球隊從事決賽，緊張刺激當然不在話下。

當年在上海，王新衡組織過蜚聲體壇的青白足球隊，而香港光華便是上海青白的班底，所以，王新衡去看這一場球，多少有替他的老青白球員捧場的意味。因為這是光華成軍以後，第一次與勁敵香港會交手。

看完球賽，王新衡和杜維藩同車回家，那天晚上王新衡在家中宴客，約好要來的有汪祖華、李之和李嘯白三位，王新衡下了車，便聽見他太太在四樓陽台上喊：

「客人已經在等你了。」

於是王新衡便快步登樓，每一步跨兩級，直往上衝，這時，一眼瞥見有兩名陌生者，正從三樓下來，王新衡很清楚的聽到陌生者之一在說：

「這個是的。」

他情知不妙，連忙跨一大步，往樓上跑，與此同時陌生者之一拔出了手槍，王新衡急中生智，一面急於攀登，一面怒目奮睛，盯住拿槍的人，——因為他懂得這個訣竅，祇要用眼睛瞪住動手槍的，多一半會使對方槍打不準。

槍聲響時，王新衡業已越過凶手一級，而與另一名手持切西瓜刀的凶手並肩，他當時唯一的念頭，是儘可能往樓上衝，趕緊脫離這個斷無生路的暗殺陷阱，卻是當時他已身中一彈，子彈由臀部射入腎臟。

持槍凶手看見王新衡中彈後猶在奮力登樓，於是撥轉頭來再往回追，他原已跑到了二三樓之交的轉角，衝上來時揚手便又是一槍，這一槍打斷了王新衡的左臂，尚且深深射入他的肺部。

當時王新衡和兩名凶手的位置，是王新衡拼命衝到了三樓，持刀者落在他的身後，而拿槍的又在持刀者的後頭，持刀凶手擋住了持槍凶手，急切間他無法再開第三槍，因而持刀凶手便轉身拔步猛追，他追上了王新衡，惡狠狠的一刀劈向王新衡後腦，王新衡聽到腦後風聲，立刻把頭一低，這一刀便砍進他的後背，顫巍巍□在他的背上。

情況危殆，間不容髮之際，兩名凶手猶在緊追滿身血跡，已中兩槍一刀的王新衡，王新衡用左手托起自己已斷的右臂，負痛再往上跑，他聽見凶手的腳步已近，頭也不回，狠命的一腳向後蹬去。這一腳恰好蹬在持刀凶手的前胸，他「哎呀」一聲呼叫，滾下了樓梯，撞到了緊跟上來的持槍凶手，兩人一齊滾落了七八級。

王太太這時已經聽到了槍聲，忙不迭打開家門探視，正好闖著滿身血跡的王新衡，背上插了把長刀回來，他一進門即已體力衰竭，仆倒在地板上，他喘息咻咻的告訴王太太：

「快打電話給九九九號報警！」

王太太和在王家坐候的三位客人手忙腳亂，王新衡傷勢極重，失血極多，所幸神志猶仍清醒，他一心只怕自己的右臂被打斷了，伸了伸右手，看看還能動否，其結果是能動。

有人在打電話報警，王太太很機警，她跑到四樓陽台，向街上高聲大叫：

「殺人哪！救命！」

王新衡的司機王森永，剛好停妥了車子回家，一聲聽到太太在喊「殺人！救命！」又一眼瞥見有兩名壯漢從大門裡匆匆的逃了出來，於是他拔步便追，一直追上了大街，兩名凶手開始「分道揚鑣」，拿槍的凶手急往後山跑，王森永分身乏術，他只好緊追持刀凶手不捨。

他一面追一面大喊：「殺人！」於是驚動了街口巡邏的警察，警察趕過來一把捽住了那名凶手，王森永立刻便告訴警察說：

「他在我們家裡殺了人！」

凶手之一就逮，他的名字叫吳杏寶，其實不過是化名而已。

警察把吳杏寶帶到王新衡家。

槍聲連響，救命！殺人之聲凄厲尖亢，再加上一場王森永奮勇追逐凶手，渣華街上已是一片大亂，望衡對宇的杜維藩一聽便知大事不好，兩夫妻急忙忙的下樓過街，到王家探看，卻是兩人到時，王家所住的那幢公寓門口，早已人群集麕議論紛紜，聞訊趕來的警察攔住了眾人，不許任何人進入大門。

但是杜維藩太太不顧一切，她排開人叢，衝到了樓上王家，一眼望見王新衡俯臥於血泊之中。然而直到警察把凶手吳杏寶帶到了王家，王新衡仍然心智澄徹，清楚明白，警察拉吳杏寶請王新衡辨認，殺了人的凶手吳杏寶居然還理直氣壯，振振有詞，他反過來問王新衡說：

「你們喊警察把我捉來做啥？你認得我嗎？」

王新衡凝神定睛，望了望他，因為被刺當時，一心只在提防那個拿槍的，對砍他一刀的這個吳杏寶，確實不曾留意，因此，王新衡坦然的答道：

「我記不清楚。」

當下，吳杏寶好不得意，他說了聲：

「好啦，我沒有事了。」

說時翻身便往外走。

便在這捉牢又放的一轉眼間，王新衡驀地想起：他方才從足球場看球回來，走過場地，鞋底有泥，那吳杏寶穿的是一件白香港衫，自己曾經往後一腳蹬到一名凶手，那一腳照上海話來說，是為「拼命一腳」，蹬的氣力如此其猛，白香港衫上一定會有腳印，於是他便向那位香港警察說是：

「凶手曾經被我踢過一腳的，請查看一下，他衣服上有否腳印。」

警察仔細看一眼吳杏寶，這一下他逃不掉了。——他白港衫上不但有腳印，而且，手臂上還有王新衡濺上去的血跡。

於是，警察又抓住了吳杏寶，告訴他：

「這下，你賴嘸脫啦！」

事後，據香港警署政治部人員向王新衡透露，審問刺王案凶手吳杏寶的結果，證實他原是香港南華鐵工廠的工人，因為糾眾罷工，被廠方開除，跑到上海去參加了共產黨，時值共黨當局蓄謀暗殺王新衡，由於吳杏寶久居香港，熟習地理，所以派他來為刺王主凶帶路。這吳杏寶被捕之日，當晚便在香港警署直供不諱，他甚且供出了主凶的住址，然而正因為英國人媚共，原本應該由政治部或刑事部負責偵破的行刺案，竟似有意若無意的交給普通案件組承辦，普通案件組在鞫獲主凶住址後居然就「留中不發」，躭擱一夜，翌日再派人去抓刺王主凶時，那人早已越過邊界，鴻飛冥冥。

王新衡在港被刺的新聞，經過報紙騰載，電台廣播，不旋踵便轟動臺港，騰傳一時，而所有的港臺報章，幾乎一致公認這不是一件尋常的凶殺案。王新衡遇刺，是一樁政治性的謀殺事件。當時中華民國立法院，正在臺北舉行第六會期大會，王新衡是立法委員，他已領到了出入境證，正打算離港履臺參加。民國三十九年，十月一日復係中共首度偽國慶日，事後王案經證實係中共統戰份子所主持，殘暴成性，嗜殺若狂的共產黨，用一次舉世矚目的暗殺案來慶祝其國慶，這件事的本身，便暴露了共產黨猙獰醜惡的面目。

身受三傷的王新衡，旋即由香港警方嚴密護衛，送到瑪琍醫院急救，香港警署為了保護他的安全，出動了大批警察，在瑪琍醫院四週執行警衛。

杜維藩太太衝進王家，看到了王新衡。杜維藩則在曉得了王新衡重傷未死以後，匆匆驅車堅尼地臺，把這個消息，報告給杜月笙。當時，杜月笙喘得正厲害，他在使用氧氣，幫助呼吸。

姚玉蘭在一旁靜聆杜維藩的報告，她察言觀色，悄悄的離開了房間，命人去喊司機鍾錫良。

「阿三！」她喊鍾錫良的小名：「你快把車子開出來，座墊揩揩乾淨。」

鍾錫良便問：

「那位要出去？」

「老爺。」

「老爺？」鍾錫良大喫一驚，他曉得杜月笙這兩天喘得正凶，一刻不能離開氧氣罩。必須使用氧氣的人要坐汽車上街，這未免太不可思議。於是他又納悶的問：「老爺怎麼出去得了呢？」

「出去不了也要出去的，」姚玉蘭斷然的說：「難道你不曉得老爺的脾氣？」

87 帶氧氣筒嚇壞港警

鍾錫良應喏而退，姚玉蘭安排車輛以後，回到房間，果然便聽見杜月笙語音堅決的在說：

「預備車子！共產黨打了新衡，我偏要出趟門，看他們有沒有膽量，再來打我杜月笙！」

杜月笙一聲令下，沒有人敢加以勸阻，時刻不能離開氧氣的病人，怎樣出門？在當時真是煞費躊躇，大傷腦筋，許多人七嘴八舌一商量，無可奈何，祇好連炸彈、火箭般的氧氣筒，一道搬到了車上去。

姚玉蘭和杜維藩夫婦很不放心，便決定開兩部車子，再請來一位張醫師，同赴瑪琍醫院，探望王新衡。第一部杜月笙的座車上，坐的是杜月笙、姚玉蘭、張醫師，車上放得有氧氣筒，第二部車子上則坐的是杜維藩夫婦，和徐道生。

鍾錫良曉得主人家病勢沉重，這一趟是拼老命出個門，他想節省時間，早早平安回家，因而一路之上，便將車子開得飛快，向瑪琍醫院疾馳。他雖然不曾超速，但是兩部汽車首尾相啣，風馳雷掣而過，目的地又是戒備森嚴，如臨大敵的瑪琍醫院。當王新衡被刺案發生過後，香港警署風聲鶴唳，草木皆兵，猜不透這是單一事件，還是中共大舉騷擾動亂的先聲，因此全體出動，偵騎密佈，正在最緊張嚴重的時際，有這麼兩部車子，「形跡可疑」，發覺的警察一眼望去，午夜飛車，車子裡恍恍惚惚還有一隻大炸彈！這一驚真是非同小可，瞥見兩部轎車的警車，發動馬達便急起直追，一路警車呼嘯，聲聲淒厲，一路追到了瑪琍醫院門口，杜月笙的座車戛然而止。姚玉蘭一望，追上來的警車竟有三部之多。這是香港十一之夜，又一場不大不小的虛驚。

警察趨前，問明緣故，看清楚了大炸彈是氧氣筒，問明白了車上坐的是杜月笙，既然是一場誤會，也就舉手敬禮而退。這時，車上的杜月笙，也曉得自己絕對無法拖著氧氣筒下車，他便命姚玉蘭和杜維藩，代表他進瑪琍醫院去看王新衡。

姚玉蘭、杜維藩帶著張醫生，全都進了王新衡的病房，他們問過主治醫師，曉得王新衡的傷勢沉重，情況十分危險，凶手射入的兩顆子彈，一在腎臟，一在肺部，腎臟裡的那顆槍彈還有望取出，肺部一彈則穿破了無數血管，因此，王新衡內出血的情形極為嚴重。醫生只差沒有明說：王新衡距死不遠。

自病房回返汽車，姚玉蘭跟杜維藩商量，王新衡向為杜月笙愛重之人，他的危急情況最好還是加以隱瞞，免得杜月笙憂急攻心，使他自己的病反形惡化。因此當姚玉蘭、杜維藩匆匆還報時，就說新衡兄雖然身上三處受傷，喜在神志始終清醒，看情形不至於有生命危險，又說醫生正在為他取出腰子裡的一顆子彈；肺裡的一顆，要等一陣才能動手術。

杜月笙信以為真，寬慰的點點頭，姚玉蘭心知這下可以結束這次「危機四伏」的旅程了，她立命鍾錫良小心開車，兩部車同回堅尼地臺。

回到堅尼地臺家中已是午夜一點多鐘，杜月笙多時臥床深夜出了一趟門，卻是還不想睏，他在惦記著躺在瑪琍醫院正施急救的王新衡，他躭心他肺裡的那顆子彈，又怕他流血過多身體吃不消，臨睡前，還關照姚玉蘭，明天命「小鴨子」燒幾隻好小菜，送到瑪琍醫院去，給王新衡喫。

幸虧第二天上午，瑪琍醫院又有消息來，王新衡腰子裡的一顆子彈業經取出，一切平安，杜月笙方始略微寬心。又過了幾天，說是王新衡傷勢大半復原，已經可以起來走動了，杜月笙很高興，他自病榻上欠身而起，叫人給他穿衣裳。姚玉蘭聽說了便忙趕過來問：

「你要到那裡去呀？」

杜月笙滿臉流露著興奮之色說；

「我要到瑪琍醫院去看新衡。」

「那怎麼行咧？」姚玉蘭著急的說：「新衡兄住在瑪琍醫院四樓，何況他又被禁止接見客人。」

杜月笙一笑，輕輕的說：

「我自有辦法。」

將信將疑的，跟杜月笙再赴瑪琍醫院，「看」王新衡。照樣是身繫氧氣筒，醫生隨從滿車，抵達瑪琍醫院門前，姚玉蘭真從心眼裡佩服杜月笙有辦法，他自己無法下車，更不要說是爬上三樓，但是他卻想出一條妙策，叫人去通知四樓病房裡的王新衡說：

「到外面洋台上來立一立，好讓杜先生在汽車裡面看你一眼。」

王新衡深心感動，急忙步上洋台，朝下面俯瞰，一眼便看見杜月笙的座車，正好停在瑪琍醫院的對面。移時，車上的杜月笙，接到王新衡已立出來了的通知，他喫力的探首窗外，向樓頭眺望，果然被他看見王新衡，他臉上露出欣慰的笑容，伸手向他連連的揮動，杜月笙終於達成了他的心願。

其實，王新衡入院之初，自份必死，連瑪琍醫院的主治醫師也在「死馬當做活馬醫」，他腎臟裡的一顆子彈經過手術順利取出，性命攸關在於肺部裡的那一彈，由於它穿過肺葉擊破了無數血管，因此王新衡肺腔溢血越積越多，旋不久便壓住了氣管漫漶到咽喉，呼吸都幾將斷絕，主治醫生迫不得已，祇好從他的背脊抽血，一次抽八百CC，然而一週之後，又有八百CC的血待抽。

醫生在盡人事而聽天命，王新衡卻在死亡邊緣，福至心靈，想起了雲南白藥。這跌打損傷的草藥偏方確有起死回生之效，他請住在杜月笙樓上的陸根泉設法討了兩瓶，一日二次，每次三分，服食一週以後，居然就起死回生，肺部的子彈猶未取出，而他竟已能夠站得起來了。當時使瑪琍醫院的中外名醫師，一概為之訝異不置，認係不可思議的奇蹟。

88

抱病餞別最後一面

十月底，王新衡傷癒出院，香港警署派了兩名警察，貼身保護，寸步不離，當時王新衡已決定離港返臺，杜月笙為了表現他自己內心的歡欣快慰，同時並向王新衡表示他慰問、惜別的心意，十一月七日，他揀定王新衡啟程離港前夕，請王新衡吃飯，杜月笙為這一餐祖餞，真是煞費安排。

當年香港首屈一指的名廚，厥為唐生明的大司務阿喜，阿喜在香港專做大公館包辦上等酒席的生意，身價之高，一時無兩。杜月笙便派人喊阿喜來，叫他七號晚上到王新衡家中做一桌菜。

堅尼地臺杜公館裡的人，都以為杜月笙祇是送一桌菜過去，聊表寸心就罷了，殊不料，屆時杜月笙要親自過去敍話。

少不得又要緊張忙亂一番，一部小轎車裡，帶了種種醫療藥品和氧氣筒，還有醫生、看護與隨從，大隊人馬浩浩蕩蕩的開到建華街王宅，杜月笙被人半攙半提的勉力上了三樓，滿座佳肴之旁，放一隻顯示杜月笙生命陰影的氧氣筒，杜月笙趁著不喘，方始能與王新衡略表心意，交談數語，那是一席別開生面，令人啼笑皆非的惜別宴，杜月笙既不能喝酒，又無法多吃點菜，勉強的歡笑中隱藏著不盡的悲愴與凄涼，因為杜月笙和王新衡都知道，儘管十餘年來交往親密，形跡不離，然而，這夜是他們的最後一晤。

在姚玉蘭的記憶之中，王新衡是杜月笙最愛重的人物之一。她猶能憶起在抗戰勝利以後，杜月笙常住十八層樓，王新衡是常客，戴笠每到上海，也必定來此會晤杜月笙，因此之故，住在十八層樓的杜美如、杜美霞，杜維善與杜維嵩，他們都是經常和戴、王二位見面的。杜月笙為了要在戴笠面前，特別表示他對王新衡的禮重，他叫杜美如和她的一妹兩弟，一律喊王新衡為「王家伯伯」，以與戴笠的「戴家伯伯」相捋。其實王新衡整比杜月笙小二十歲，他跟杜維藩、杜維屏……幾個杜月笙時已成人的兒子，也是常來常往的好朋友，一直是以兄弟相稱。就因為這一層緣故，杜月笙的子女對王新衡有兩種不同的稱呼，而且還相差了一輩。

回首往事，王新衡本人也曾透露過一段當年秘辛，就在他香港遇刺的四個多月以前，民國三十九年的端午節。王新衡到堅尼地臺去看杜月笙，杜月笙又是臥病在床，當時是姚玉蘭在房中侍疾，三個人閑閑的聊了陣天，杜月笙忽然推說臨時想起一件事情，叫姚玉蘭去辦，就此把姚玉蘭支開。

等到房中衹剩下杜月笙和王新衡兩人，杜月笙便伸手抄向枕下，探摸一陣，摸出了一萬港紙，他眼睛盯望王新衡，十分懇摯的說：

「新衡，你在上海多年，衹有我心中明白，你是兩手空空，一無積蓄。逃難到香港，至今一晃眼便是一年多了，你的日子怎麼過？我一直懸在心上。」

王新衡心知他將如何，為便推卻，他先搶在前面把話表明：

「杜先生，你自己現在也是困難得很。」

杜月笙付之一笑，他很輕鬆的答道：

「我是大難，問題與你不同，這一萬港紙你拿去，多少對你有點用處，你讓我留下這一萬港紙，那是杯水車薪，無濟於事。」錢遞過去，再喘息咻咻的說：「新衡，千萬不要和我客氣，好嗎？」

「杜先生，你真的不必為我操心，」王新衡推心置腹的說道：「我在香港，日子過得平平穩穩。一來我是立法委員，政府按月有一份薪水，即使不夠，我還有許多好朋友，過去不論在重慶、香港和上海，我多多少少幫過他們的忙。如今他們或者歸還，或者回報，我不收下他們反而不能心安，所以說目前我安份渡日，可說毫無問題。」

杜月笙把那一萬港幣，廢然的塞回枕下，他搖頭苦笑的道：

「這麼說，你定規是不肯收了。」

於是王新衡趕緊聲明：

「不是我不肯收，而是我目前無此需要。尤其我在這種時候用杜先生的錢，也覺於心不忍。不過杜先生自己如此困難，還能顧念到我的生活，我確實有說不出的感激。」

89 五萬港紙航聯保險

中國航聯保險公司係由徐學禹擔任總經理，總公司設於上海，業務做得很不壞。徐學禹逃難到了香港，很有意思把這個機構在香港恢復，他計劃成立航聯香港分公司，於是便去和杜月笙商量。徐學禹打聽好了，航聯在香港設立分公司，照香港政府的規定，需要繳納五萬美金的保證金。杜月笙聽了就說錢沒有問題，上海朋友能在香港成立一個事業機構也是好的，即使生意缺缺，形同虛設，最低限度可以設立若干名義，讓若干自家人有個頭銜和職業，免得香港政府指為無業遊民，不准居留。

他說這話實在是「前事不忘，後事之師」，十年前中日戰爭他避難香江，和上海敵偽大鬪其法，汪精衛手底下的人，即曾向香港差館（警署）密告杜月笙是無業遊民，要香港政府押解他出境，後來雖經查明確屬挾嫌誣告，但是畢竟多了一重麻煩和氣惱，也還費了王新衡他們不少的手腳。

杜月笙說五萬美金保證金不妨由他籌措墊付，徐學禹便興冲冲的設立起中國航聯香港分公司來。公司成立，推杜月笙為董事長，杜月笙、徐學禹、楊管北、宋漢章、錢新之為常務董事。杜月笙的愛徒，前中華實業信託公司副總經理、華孚保險公司總經理沈楚寶擔任「航聯」總經理一職，杜維藩也當了「航聯」的財務經理。

中國航聯公司董事長，於是成為臥病香江杜月笙的最後一項「職業」。

常年累月，深感精神體力難以支撐，使杜月笙雄心全隳，壯志消沉，除了當一名航聯公司掛名的董事長，「臥治」那個業務情形始終未見起色的保險公司，他簡直提不起創辦事業的勁道和興趣。一個月六萬塊港幣的開銷繼續不斷，有增無減的花下去，坐吃山空終有床頭金盡的一日，想想心急，杜月笙也禁不住唉聲嘆氣，憂心忡忡，卻是依然一籌莫展。

一到香港，顧嘉棠做那十拿九穩，獲利倍蓰的四川豬鬃，居然會一票蝕了美金十萬，這一蝕是為杜月笙的前車之鑑，從此很有一段時期，杜月笙絕口不提做生意賺銅鈿的事。曾有一次朋友說起逃難來香港的人一天天增多，市面祇有越來越熱鬧，——杜先生何不投資開一爿影戲館，將來一定可以賺大錢。殊不料杜月笙一聽就雙手直搖，說是：

「算了算了，在上海幾十年我都不曾做過戲館，豈有到香港來開戲館的道理？」

又有一次是劉鴻生的提議，在他尚未回返大陸之前，他計劃在九龍開一家織布廠，大規模的生產。他有意請杜月笙投資合營，計劃書和預算表都擬好了，但是當他去堅尼地臺見杜月笙，兩人切實研究的時候，杜月笙沉吟許久，結果依然是搖頭推托，他告訴劉鴻生說：

「我還記得當年日本人攻香港，由深圳打九龍，簡直是邁一步就跨過來了。如今的情形和當年差不多，九龍離深圳太近，在那裡設廠，一旦九龍有事，可能全部泡湯。」

其實呢，大陸淪陷以後，逃難到香港的上海朋友，「炒金」炒得傾家蕩產的比比皆是，拿出遠大眼光建立事業，或者從事貿易的確不多見。一般人都在徘徊觀望看風色，抱定了一個「共產黨鬧不長」、「過歇時還是回上海」的打算。經常到堅尼地臺杜公館來請安的恆社子弟，倒是袁國樑還不曾和生意往來斷了關係，他得著機會便小做做，多少賺點錢來貼補家用。有一次袁國樑又去探望老夫子，師生二人談起了「苦經」，杜月笙一聲浩嘆的說道：

「堅尼地臺這邊隨便怎樣緊縮，至少也要五萬多塊港幣才夠，我一生一世不曾算過家中用度，唯有格一段辰光越算就越心急。」

袁國樑便請老夫子寬懷放心，免得焦躁灼急影響了毛病，不管將來的情形怎麼樣，他想最低限度的生活問題總歸容易解決。

詎料杜月笙突如其來的問袁國樑：

「國樑，你最近都在做點啥個生意？」

「有時候做做股票，有時候做做棉布。」

緊接著又問一句：

「賺銅鈿嗎？」

「說不一定，」袁國樑一聲苦笑：「香港不比上海，眼光不大容易軋得準。」

90

閑來無事做做生意

於是杜月笙便關照說：

「你跟榮爾仁兩個，給我留心留心看，有機會就幫我做兩票。」

袁國樑忙應聲是。杜月笙又帶笑的添上一句：

「頂好眼光軋準點啊。」

隔不多久，袁國樑急於為老夫子效力，軋準了買進一筆股票，可以賺個幾千美金，他決心幫杜月笙做五十張，但是到堅尼地臺去稟告師門時，忽又心生猶移，老夫子交代過他：「眼光要軋準」，萬一軋不準做蝕了時又將如何？因此他決定把話說得含含混混，祇是告訴杜月笙他已代做了某某股票五十張，買進的價錢是多少，時間在某月某日幾點鐘。杜月笙聽袁國樑說了，立刻便命人開支票，歸還押金。

於是袁國樑便連稱不必，他說他齊巧有一筆多餘的頭寸，這筆押金就由他墊著好了。他的用意是倘使自己眼光不準做蝕，他便自己賠出差額，算是他自家做的，杜月笙那邊就說當初老夫子也不曾拿出押金來，那能可以說一定歸杜月笙的哩。

幫老夫子做生意，比自己投機、賭博更加緊張，好不容易等到買的股票漲價，漲到了相當的程度，袁國樑戰戰兢兢，小心謹慎的立向老夫子請示，馬上拋出。事後一算，便在這一進一出之間，袁國樑果然軋準了，他替杜月笙賺了幾千美金。

旗開得勝，賺了銅鈿，袁國樑再替老夫子做生意時，膽量就比較壯些，過不多久他又滿臉喜色的到了堅尼地臺，通知老夫子說：

「細布的價鈿，大有竄高之勢，很可以趁此機會，做它一筆。」

杜月笙的答覆很簡單，他笑了笑說：

「只要你認為可以做，儘管放手去做好了，要多少本錢？早日通知我一聲。」

袁國樑再出去把四面八方的情形再摸一摸，前途依舊樂觀，他做了個預算，再去知會老夫子，計需資本若干。但是他到堅尼地臺那天杜月笙正喘，醫生說他無法會客，袁國樑便留下了話，又說本錢的事請老夫子千萬不要擺在心上，仍還是由他墊付，隨便什麼時候歸還都無所謂。

然而，即令杜月笙病情加劇，他輾轉床笫依然忘不了這件事，他認為頭一次做生意由袁國樑墊本錢，賺了幾千美金送來，在他來說等於白拿，因此頗不心安。這一回他決計不肯再做「無本生意」，於是老早便叫人開好了支票，湊巧吳開先在他喘勢稍減的時候，經醫師許可直到病榻之前探問，杜月笙便託吳開先，把這張支票帶去轉交給袁國樑。

袁國樑收到了支票，買進若干細布的事已成定局，但是大事不好，在他原以為軋得極準，毫無問題的一樁生意，竟由於臨時發生意外的變化，引起了細布的跌風。幸虧袁國樑機警小心，當機立斷，火速的將已購細布脫手，然而臨交割的時候一算賬，他代杜月笙做的這一票還是蝕了將近三萬港幣。

三萬港幣，在杜月笙和袁國樑來說，並不算是什麼大數目，不過袁國樑回家想想，心中還是十分懊惱，他怎麼就會幫老夫子做生意做蝕了本，何以自己的眼光不曾看準？他回憶頭一票股票生意賺了幾千美金，他在堅尼地臺吃中飯的時候當面交給杜月笙，當時老夫人是何等的開心。如今這第二票蝕了三萬，他明曉得杜月笙聽後必定一笑置之，但是他總覺得難以啟齒。

他作了最後決定，賠了的三萬港幣算在他自己名下，另外再貼五千港紙，就說是賺來的，圖個老夫子病中多歡喜一次。

然而當袁國樑向杜月笙報賬，雙手奉上「贏利」五千，杜月笙那時喘勢較鬆，精神略好。他聽完袁國樑的報告，頓即哈哈一笑，笑後望著怔愣驚詫的袁國樑，字字著力的說道：

「國樑，這五千港紙你收回去，然後你告訴我，這一票究竟蝕了多少？」

袁國樑驚出了一身的冷汗，他心想莫非老夫子有未卜先知之明，他躺在床上，怎知道這票細布是蝕了本的呢？但他當瞠目結舌，格格不吐，杜月笙又在向他講解了：

「我只有大約末子一個想法，這票生意要是賺銅鈿，絕對不止賺三千五千，賠了的話呢，數目必定可觀。你為了使我開心，多一半祇會說賺得多，絕不會講稍許賠了一點點，賺九千你會給我添成一萬，賠一萬你會反說賺了幾千，然後將賠了的和給我的一概算在你自己賬上。國樑，你說我講得對嗎？」

師門尊嚴，何況杜月笙又是剖析得如此清晰透徹，袁國樑不敢再「欺師誑上」，他祇好坦白承認，賠得不多，祇不過二萬八九千。

把這一次的賬交割清楚，杜月笙莞爾一笑的說道：

「國樑，做生意的事你不能再攬了，否則的話，你一家一當，豈不都要賠光？」

自民國初年杜月笙「立業成家」起，他的原配沈月英進了上海八仙橋鈞復里杜家的門，杜月笙家便有專司會計、出納的賬房先生。莫要說是杜月笙，即連沈月英，以及往後相繼進門的孫氏、陳氏、姚玉蘭和孟小冬，杜公館老爺、太太、少爺、小姐，將近四十年裡，從來不曾有誰管過家用賬。

然而三十八年五月以後，香港堅尼地臺杜公館，不但賬房先生一席虛懸，而且會計、出納，一概乏人負責。杜公館要以有限存款，應付龐大開銷，正是杜公館管錢管賬者，任務最艱巨，職責最重大之際，賬房先生出缺，實在是一個相當嚴重的問題，當時在堅尼地臺，竟沒有一個人敢於挑起這副重擔。

迫不得已，只好由一生一世揮金如土的杜月笙，親自負起「賬房」重任，全家所有的一筆賬，統統藏在自己的肚皮裡，他把支票簿交給愛女杜美如，一張張的支票，都由杜美如秉承自己的意旨，花蝴蝶般飛出去。

91 紅顏知己冬皇之愛

痛苦磨難，呻吟床第的病中生涯，唯一的安慰，是孟小冬的盡心侍疾，柔情萬種。孟小冬身懷絕藝，孤苦伶仃，一輩子傲岸於榮瘁之際，數不清受過多少打擊，用「歷盡滄桑」四字，差堪作為她的寫照。她自杜月笙六十歲那年進門，長日與茗鑪藥罐為伴，何曾有一日分享過杜月笙的富貴榮華，何曾有一刻得過杜月笙的輕憐密愛，因此，乃使杜月笙的病越重，便越覺得自己著實辜負了孟小冬的一片深情。像孟小冬這種卓犖不群的奇女子，讓她踏進杜公館這麼一個紊亂複雜的環境，長伴一位風中之燭般的久病老人，對她而言，實在是一件很殘酷的事情。

所以，陪侍杜月笙到香港後的孟小冬，雖然在杜月笙的跟前，強顏歡笑，神色自若，然而即使是朝夕相見，杜月笙都可以看得出來，她花容憔悴，日漸消瘦，眉宇間常有憂悒之色，轉一個身背對著自己，她的心情苦悶，鬱結難解，也就可想而知。孟小冬在香港堅尼台杜公館是孤寂的，悶悒的，她不能隨波逐流，更不會敷衍應酬，對內對外，一應交際酬酢，家務事項，那是屬是姚玉蘭的職責範圍，孟小冬輪不到也不想挨，看護隨時可有生命危險的丈夫，卻成為落在她肩頭的一副重擔，而這一副擔子，一日二十四小時，常年累月，沒有一時一刻可以卸得下來。大家庭，兩房太太合住一座屋頂下，姚玉蘭和孟小冬即令情同姊妹，牙齒也有咬著舌頭的時候，堅尼地臺杜公館因為男主人病重，彷彿一年四季不露一絲陽光，不聞一陣笑聲，這淒涼黯淡的日子，真虧孟小冬過的。

經常出入杜公館的親戚朋友，大致都可以看得到，堅尼地臺十八號紊亂無章，一片散漫，家裡面往往只有三五個人，一日三餐，也得開上好幾處，除了中午外面廳上開一桌或兩桌招待客人，輒常是姚玉蘭在房自己吃餃子，孟小冬冲牛奶下洋點心，也是關起門來喫。病人杜月笙，他那一碗煨麵當然要端到床上，其餘少爺小姐，各有各的臥室，同時也各有各的喫處。杜月笙的那個大房間，由於他病中怕煩，兒子女兒，平時就沒有和他親近的習慣，於是連那一個房間，也不能成為全家聚晤歡談的集合地，中心點。在這種情形下，把堅尼地臺十八號的大門一關，杜公館便成為了由許多各自為政的小單位，湊在一起的大雜院。

當然孟小冬會更寂寞，更孤單，她祇有機械般的每日從事「看護」的工作，而她所悉心調理的病人，又是彰明昭著，幾乎已經註定了是不可能痊癒的。

杜月笙體會得出孟小冬的心境，瞭然她的苦悶，因此，使他對孟小冬一向具有的「敬愛之忱」，一變而為「深心憐惜」，他很小心的不把這種「憐惜之心」形諸顏色，他深知孟小冬「荷盡已無擎雨蓋，菊殘猶有傲霜枝」，無論在任何艱難困苦的情況之下，她斷乎不會皺一下眉，叫一聲苦，然而，倘若有人貿然的向她表示同情、憐憫，她反而會怒氣填膺的絕裾而去。

愧怍於孟小冬給予他的太多，而杜月笙能為孟小冬盡心盡力的地方太少，杜月笙亟於爭取補償的機會，形諸於日常的神情表現，杜月笙對孟小冬總是那樣禮敬愛慕，忍耐著自己的痛苦，跟她輕聲輕嗓的說話，聚精會神的交談，平時稱呼，也跟著自己的兒女，親親熱熱的喊她：「媽咪」。「媽咪」想買什麼，要喫什麼？祇要孟小冬略一透露，他便忙不迭的命人快辦，於是在外人看來，有時候幾乎就是杜月笙反轉過來在多方照顧孟小冬。

92 見禮喜筵歸於杜門

孟小冬自入杜門，兩年多裡對於一切看不慣，聽不得，受不了的事情，向來都以不屑與問的坦蕩襟懷，付之漠然。她從不曾發一句牢騷，出一聲怨言，然而她卻在她五十三歲生辰前夕，在迫不得已的情形之下，輕輕的說了一句話。這一句話在事後回想，其關係之大，份量之重，著實不可思議。

民國三十九年，杜月笙有意全家遷法的時候，有一天杜月笙在房裡屈指細算，連同顧嘉棠和萬墨林兩家，一共需要多少張護照？當他算好了一共要二十七張，當著房中各人，孟小冬便淡淡的說了一句：

「我跟著去，算丫頭呢還是算女朋友呀？」

一語方出，環室肅然，——一個相當重大的問題，總算被孟小冬如時提了出來，自此杜月笙下定決心，他不顧一切的阻撓與困擾，當眾宣稱：他要踐履諾言，儘快與孟小冬成婚。

營營擾擾的杜公館，彷彿投下了一枚炸彈，杜月笙與孟小冬已成夫妻，結為一體，早成不可否認的事實。如今杜月笙纏綿病榻，天天在靠氧氣過活，而且正值避難香江，日處愁城，又何必大事破費，多此一舉？成婚與否對任何人俱無裨益，反而可能節外生枝，徒滋無窮的糾紛。——反對者持此理由再三陳詞，苦口勸阻，但是杜月笙置之不理，他決意在自己死前完成這一大心願，為孟小冬，也為他自己。

杜月笙吩咐萬墨林立刻籌備，趕緊辦事，因為在孟小冬之前杜月笙還有一位已逝的原配，和三位夫人，所以原則上決定不舉行儀式，再加上杜月笙自己抱病在身，出不了門，於是見禮喜宴只好在堅尼地臺杜公館舉行，為地點所限，請的唯有杜月笙的至親好友。

但是杜月笙堅持要叫最好的酒席，萬墨林便渡海到九龍，在九龍飯店點了九百元港紙一席的菜，把九龍飯店的大司務統統拉到堅尼地臺來，出外燴。

喜期已近，堅尼地臺樓下的大廳不夠擺，因為喜筵有十桌之多，臨時又借了樓上陸根泉的那間大廳，邀請的親友全部到齊，無一缺席。在那一晚杜月笙力疾陪客，當六十三歲的老新郎，孟小冬的臉上也出現了笑容，杜月笙在港的兒子媳婦，女兒女婿一一前來重新見禮，一律跪拜磕頭如儀。「媽咪」送了他們每人一份禮物，女兒、媳婦是手錶一隻，兒子、女婿則一人一套西裝料。

93 最末一次暢談國事

民國四十年七月，吳開先又自臺北飛抵香港，杜月笙很高興，講定了七月二十七日中午為他接風，那一天早上，覺得自己頭髮長了，便命人喊個剃頭師傅，就在家中理髮。俄而隔壁頭的朱文德一腳踏進來，當時是上午十點鐘，杜月笙的頭髮剛理過，顯得春風滿面，容光煥發，朱文德見他氣色這樣好，心中也是歡喜，他和先他一步而來的萬墨林，陪杜月笙聊天。

平時很少有這種情形，杜月笙在那天上午，談的都是國際情勢，國家前途，他對於韓境美軍使用新武器，五日之內打死了共軍六萬餘人，終於迫使共軍全線後撤，大局全面扭轉，感到非常的興奮；但是談著談著，他又被新武器如此厲害，殺傷動輒以萬千計，不免起了感慨，他說：

「照這樣下去，新武器一天天的發明，殺人越來越多，打仗就未免太可怕了。說不定將來會一隻炸彈摜下來，世界上的人全死光呢？」

他又在說：五天裡面死了六萬多人，還不都是中國人命，共黨砲灰，於是悲天憫人的道：

「在這個年頭，中國人真是太可憐了。」

提起美國國務院公佈「對日和約草案」全文，竟然未將我國列為簽字國，杜月笙頗表憤慨，他認為此一輕率的決定，不僅不合情理，而且太不公平。由於中國的八年抗戰，犧牲三千萬軍民生命，方始換來太平洋戰爭的全面勝利，終使日本宣告無條件投降，而今大戰結束，不過六年，對日和約之簽訂，我國居然連簽字國的資格，都被剝削。杜月笙說：

「這簡直是欺人太甚！」

由八年抗戰，談到「一二八」、「八一三」，上海市民抗戰情緒之高漲，捐輸支援之熱烈，談到杜月笙一手組織的「抗敵後援會」、「地方協會」，談到他遷居重慶，談到他直抵淳安。上下古今，天南地北，杜月笙的話匣子一打開，滔滔不絕，一談就談了兩個多鐘頭。朱文德和萬墨林，看他精神甚佳，固然私心竊喜，但是又察覺他這種情形，似乎是有點反常，當下，兩人心裡便繫上了一個疙瘩。

中午一點鐘，吳開先如約而至，杜月笙親自迎到客廳，握手寒暄，十分欣愉，旋即開上洗塵之宴，擺了一個圓枱面。臨時充任陪客的，都是家人親友，常來常往如袁國樑、朱文德、萬墨林和杜維藩，席間，吳開先說些臺灣方面近來的情形，旅臺友好的近況，杜月笙凝神傾聽，不時還插嘴問問。

自己因為唯恐氣喘復發，又不會喝酒，但是杜月笙深知吳開先量宏，好酒好菜，知己友好談笑風生，遂使吳開先的酒興更豪。這時候，杜月笙便命杜維藩連連的代他敬酒，又逐一勸飲，要在座的諸人，陪吳開先多喝幾杯。

一席歡宴，從一點鐘吃到了下午兩點多鐘，一桌人正在開懷暢飲，興高采烈；多年老友，每天都要到杜公館喫中飯的秦大律師秦聯奎，這一天遲到，卻趕上了眾人並未散席，在座諸人含笑相迎，傭人安排好座位杯箸，秦聯奎便參與盛宴，秦大律師之來，使接風席上，又起高潮。

喝了杯酒，吃幾筷子菜，秦聯奎偶然向杜月笙望望，脫口而出的說：

「月笙哥，你這幾天胖啊！」

「胖？」杜月笙聽了便是一怔，他伸手摸摸自己的面頰，皺起了眉頭說：「恐怕這不是胖啊，是我臉上浮腫了呢。」

於是眾人異口同聲，一致的說杜月笙近兩日確實胖了。萬墨林尤其一再強調，杜月笙今早談國家大事，一談便是兩個多鐘頭，此刻坐席，又有一個多小時之久，精神飽滿，絲毫不露疲色，因此他說這是最近以來，極其罕見的情形。

儘管眾人都在善為譬解，多方安慰，然而，杜月笙臉上的欣快之色盡去，換上了愁容滿面，疑惑不定，他喊聲杜維藩：

「去給我拿面鏡子來！」

杜維藩應聲離座，到內室去找了面鏡子，遞到杜月笙手上。杜月笙攬鏡自照，細細端詳，等他放下鏡子招呼客人用菜，在座的人都看得出來，他已笑容牽強，無精打彩，和幾分鐘前判若二人。

又勉力的坐了片刻，杜月笙便推說困倦，他要進去午睡。在他來說，這又是極不尋常之舉，因此，他回房間，便留下滿座佳賓，相顧愕然。

這一天是陰曆六月二十一日，距離杜月笙六十四歲生辰，祇差二十三天。

就從一句「月笙哥你胖啊」開始，杜月笙悶悶懨懨，了無生趣，家人親友，想盡方法使他開心歡喜，卻是一概不生效力。

94

突然之間自知病危

二十八日上午，十一點鐘，朱文德又到，杜月笙把他喊進房間，交代把門關上，他十分機密的告訴朱文德說：他有一筆美金，交給刻在美國宋子良，請宋子良代為投資，宋子良說是把這筆錢買了美國股票，倒還賺了些錢。他叫朱文德代筆，寫一封信給宋子良手下的席德懋，請他把股票生意的經營情形，開一份清單，儘快寄到香港來。

朱文德代杜月笙把信寫好，發出去了，喫過中飯以後，他先回家打個轉。

晚間，袁國樑又來探望老夫子，杜月笙命袁國樑留下，陪他在小房間裡吃煨麵，突然之間他眉頭一皺，向袁國樑搖頭苦笑，說是：

「吃不下了。」

袁國樑趕緊起立，雙手攙起杜月笙，嘴裡在說：

「老夫子，我扶你回房間休息。」

不曾想到，杜月笙用力挺了挺腰，身子卻仍不能起立，於是他喃喃自語：

「怪呀！怎麼我這兩隻腳，一下子變得一點氣力也沒有了哩。」

袁國樑便多用點力，將杜月笙半抬半攙，送回了房間，自有人來服侍他睡下，杜月笙睡到了床上，像似自己也覺得詫異，他連連搖頭，自言自語：

「不對了，不對了！這次不對了！」

堅尼地臺杜公館，迅即陷於一片紊亂，姚玉蘭和孟小冬，聞訊匆匆趕來，趨前急問，惶恐之色，溢於言表，於是杜月笙吩咐家人說：

「去喊丁濟萬來！」

有人忙不迭跑去打電話，房間裡，不知是誰輕輕的提醒一聲：

「阿要把陸醫師也請來？」

說這話的用意，因為丁濟萬是中醫，杜月笙果若情況危殆，必須西醫才能救得了急。躺在床上的杜月笙聽到了，點點頭說：

「對的，再去請陸醫師。」

丁中醫師和陸西醫師，一前一後的趕到杜公館，把過了脈，聽過了心音，彷彿並沒有甚麼毛病。再問杜月笙，可覺得什麼不適意？這一次，連杜月笙自己也答不上來，他祇是說：

「我祇是覺得不對了，再末就是兩條腿發軟。」

沒有顯明的症狀，兩位醫師都苦於無從處方，於是，由丁濟開了一帖常服的藥，培元固本，增強體力。杜公館兩位夫人唯恐深更半夜，意外生變，請陸醫師留下來，通宵守候。

孫氏夫人，隔壁頭的朱文德與萬墨林，杜月笙的幾位公子，全都得到了消息，十萬火急的趕了來，一大群人，陪著那位陸醫生，在客廳裡枯坐，守夜。當時大家自我寬慰，都說杜月笙近來健康情形很有進步，不至於有什麼特殊變化，今夜無非老毛病復發，多半是一場虛驚。

然而，時鐘敲了一下，午夜一時正，杜月笙的房門開了，徐道生快步走到客廳，直趨朱文德的面前，輕悄的說一聲：

「杜先生請你。」

朱文德進房間以後，守夜的人，焦急的在客廳裡等候，卻是，過不了多久，朱文德氣急敗壞的跑出來了，他告訴大家：

「杜先生關照我，打電報到臺北，請京士兄火速來香港。」

守夜的那許多人，心臟齊齊的往下一沉。陸京士時在臺北，公務極為繁忙，杜月笙說是請他火速來港，準定是杜月笙自知不起。

心情沉重，大家商量起草電稿，朱文德就怕躭誤時間，他顧不及聽取七嘴八舌的意見，當機立斷的說：

「京士兄已經接到杜先生的信，曉得病情惡化，這個電報，簡單明瞭，就用『儘速飛港』四個字，要勝過千言萬語。」

二十八日，平安無事。

二十九日，杜月笙乍看起來一如尋常，可是，他卻命人再拍急電到臺北，電文由他自己口述，也是乾脆了當的四個字：

「病危速來！」

七月三十一日接獲陸京士的覆電，訂於八月一日自臺飛港。

95 一句話我不想活了

八月一日，亦即陰曆六月二十五日的中午，杜月笙精神振作了些，楊志雄來探疾，兩位老友一道在客廳裡午餐，吃過了飯，杜月笙先向楊志雄拋個眼色，然後便輕聲說道：

「我們到裡面去談談。」

杜月笙所謂的「裡面，亦即他自己的房間。楊志雄跟在杜月笙的後頭，走進房間之後，杜月笙先把房門關上，他請楊志雄落坐，然後自己躺了下來，他神情肅穆的正告楊志雄說：

「我今朝要跟你談一件正經事情。」

於是楊志友正襟危坐，雙手加膝，他俯身向前問道：

「老兄，有什麼指教？」

萬萬料想不到，杜月笙竟石破天驚，晴天霹靂般的說是：

「我告訴你，我不想活了。」

當下，楊志雄大吃一驚，心跳突突，由於他深知杜月笙平生無戲言，益更瞭然問題之嚴重。但是，在另一方面，他又衷心希望這時候杜月笙是在跟他開頑笑，於是他特地打個哈哈，漫不在意的答道：

「月笙哥，阿是儂今朝心裡弗開心，儂阿是要跟我發發牢騷？」

「我今朝已經做過禱告了，」杜月笙答非所問，慨乎言之的道：「京士今天能夠來，我還可能有希望，否則的話，我這次的病，一定凶多吉少。」

當日，正值颱風襲港，山搖海嘯，天昏地黯，楊志雄聽杜月笙這麼說時，心中即已升起不祥之兆。但是他為了安慰杜月笙，不使他儘鑽牛角尖，因此他再用頑笑口胳說是：

「月笙哥，你這叫什麼禱告？你簡直是在跟天老爺打賭嘛！」

詎料，杜月笙不予置理，他一聲苦笑，娓娓的告訴楊志雄說：

「志雄兄，我跟你相交已久，素有淵源，而且特別的有緣份，因此之故，我才把我在別人面前從來不說的話，說給你聽。我老老實實告訴你，我實在是不想活了，我為什麼不想活？其中原因，我想你至少可以曉得一半。」

楊志雄這才明白，——當杜月笙觸及現實問題時，以雙方交往之久，相知之深，楊志雄已斷乎不容迴避，因此他唯有尷尬的笑，一面搜索枯腸，想找些能使杜月笙「看得開些」的勸慰說詞，然而直到最後，他祇是無可奈何的在說：

「月笙哥，自從共產黨佔據大陸，我們逃出黃浦灘。所有的朋友，那一個沒有困難？月笙哥你祇要想想，困難是人人免不了的，你就可以心安理得，撐過這一段日子，將來總有重回上海的一天。」

「你說得不錯，志雄兄，你們都可以重回黃浦灘，就祇是沒有我杜月笙了，」慘然一笑，杜月笙繼續說道：「我老實不客氣告訴你，如今我存在香港的錢，幾乎全部用光。我早就曉得，我這筆錢用光了的時候，我就唯有死路一條。」

「笑話？」楊志雄提出抗議，他提高聲音說道：「莫說你杜先生一生一世仗義輸財，功在國家，就憑你幾十年裡放出去的交情，你救了多少條性命，濟了多少人的急難，造成多少升官發財的機會？祇要受你恩的人天良不泯，略略的盡一盡心，報一報恩，月笙哥你還會為銅鈿的事情發愁？」

當下，杜月笙笑容之蒼涼、慘淡，楊志雄往後追憶的說，竟然令他無比悲酸、無限淒楚，楊志雄覆述杜月笙回答他的話說：

「志雄兄，人人都有床頭金盡，錢用光了的時候，人人都可以說朋友有通財之義，緩急相濟的話。唯有我杜月笙不可以，因為我無論借多少錢，其結果終究還是用光。」

「月笙哥！」

「一個人與其沿門託鉢的求生，多活一日只不過多拖累一些朋友，」杜月笙不勝欷歔的說道：「何不如早點走路，落個清清白白的死，乾乾淨淨的去？」

楊志雄不勝悲愴，他不敢正視杜月笙，於是默默的低下頭去。

「我杜月笙還是個老脾氣。」驀地，杜月笙又眉毛一掀的說：「說一句是一句，我說我不想活下去，老兄，我祇是希望你不要跟他們一道亂搞，你們想救我一命，其實是反而增添我的苦惱。」

這是杜月笙和楊志雄推心置腹，坦誠相見的最後一次傾談。

96 假的假的騙我而已

八月一日香港風狂雨驟，徹夜不休，那一天杜月笙視為一線生機的陸京士自臺抵港，他的希望終告受阻於惡劣氣候，因而歸於破滅。其實，當陸京士在凌晨五時，拂曉之際即已到松山機場，由於香港颳颱風，松山機場宣佈停航，陸京士憂心如焚，卻是行不得也無可奈何，他在松山機場急電香港，改在八月二日啟程。

是晚，杜月笙面容灰敗，神情沮喪，至親好友圍繞在他病榻之旁。杜月笙環顧四週，一張張面孔俱是焦灼萬狀，於是杜月笙又皺了皺眉頭，漾一抹苦笑於唇角，他宣佈說：

「我今天許了個心願，我心中所想的這一個人如能飛到香港，那麼，我的病或許能夠得救，但是方才我偏偏接到這個人的電報，說他今天不能來了，所以我現在已經曉得，我這個病絕不會好。」

杜月笙的家人親友，挖空心思的予他寬慰勸解，勸他不必迷信。但是杜月笙的臉上，卻竟出現一種極不耐煩的神情，他向爭先恐後，發話安慰他的人，著力的一揮手，說是：

「好啦，好啦！」

當眾人鉗口不語，他自己更是從此閉緊了嘴巴，躺在床上，睜大眼睛，仰望天花板，似在休息，又像是在深思長考。一室寂然，逼人而來的低氣壓，使房裡的人，一臉的愁苦鬱悒。

狂飆來襲的這夜，總算平安渡過，八月二日的早晨，滿天陰霾，空際偶或飄過一陣急風勁雨，打電話問飛機場，颱風雖已離境，可是滯留臺北未能成行的旅客很多，當日上午是有一架飛機從臺北來香港，飛機上有沒有陸京士，啟德機場猶未接獲飛報，因而也就無可奉告。麕集在客廳裡的杜門親友一商量，決定暫且先不告訴杜月笙，陸京士究竟來是不來。還是等到獲得了確訊，再講給他聽，免得他激起希望再失望，以他當時的心理狀況，可能受不了這樣的打擊。

但是杜月笙卻深信陸京士這一天一定會到，因此精神顯得特別的好，他堅持要起床到客廳裡去，家人親友明知他是極力振作等候陸京士，沒有人敢加以勸阻。吃中飯的時候他也要在客廳裡和大家一同進食，眼睛不時的在向門口探望。

剛開飯，還不曾動筷子，電話鈴響，杜月笙特別留神，接電話的人一聽對方講話的聲音，立刻喜孜孜的向杜月笙報告：

「是朱文德從飛機場打來的。」

杜月笙點點頭，筷子往桌上一放，等著電話裡傳來的消息，祇見萬墨林放下電話筒，一面跑過來，一面在哇裡哇啦的喊：

「京士兄到了！朱文德說，他今天一早五點鐘就跑到了松山飛機場，所以趕上了飛機，此刻正在辦手續，馬上就可以坐車來！」

杜月笙臉上卻將信將疑，似笑非笑，他緩慢的搖頭，冷冷的說：

「假的，假的！騙騙我高興罷了。」

雖話如此說，但是眾人注意得到，他已輕輕的擱下了飯碗，那意思顯然是想等一等，等陸京士到了再一道同喫，於是，在座諸人也就不約而同的將碗筷放下。

從堅尼地臺門外，一直到客廳裡，一路都有人在駐足盼望，因此當陸京士一行抵達，便自外而內的爆出聲聲歡呼：

「來了！來了！」

飯桌上的杜月笙迫不及待，他顫魏魏的站起來，於是，客廳門口一下子湧進來好些個人，簇擁著風塵僕僕的陸京士。緊跟在陸京士身後的，則是到啟德機場去接他的吳開先、沈楚寶、朱文德和杜維藩。

杜月笙一見陸京士，情不自禁，喜極而泣，他眼眶中滾動著淚水，右手一抖袍袖，急切的伸出那隻乾癟枯瘦的手，和陸京士緊緊交握，一抓住了便牢牢不放，與此同時，還用左手在陸京士的手背上，一遍又一遍的，輕輕撫拍。

陸京士和杜月笙睽違多時，乍一見面，看見老夫子病體支離，形銷骨立，竟然憔悴衰弱到如此程度，心中一陣酸楚，兩股熱淚即將奪眶而出，然而他深知此刻一哭大不相宜，於是他竭力的忍住。聚集在週圍的杜門中人看見他眼睛紅了，人人都在心中默唸：

「京士兄，你萬萬不可哭啊。」

陸京士忍住不哭，卻是苦於一肚皮的話，格格不吐，他一句話都講不出來，耳朵裡聽到杜月笙在用感慨萬千的聲調，聲聲嘆息的說道：

「就是我的兒子，聽到了我病重的消息，也未必能夠立刻趕了來。京士，你在臺北有這樣重要的工作，居然就不顧一切的跑一趟香港，真使我不勝感激。」

陸京士淒酸難忍，他唯有訥訥的說：

「先生，這是我應該的嘛。」

於是杜月笙重又亢奮起來，他流露著一臉的喜色，關懷的問：

「京士，你還沒有喫飯啥？」

陸京士點點頭。其實，那日他唯恐遲到一步，搭不上飛機，大風雨中，天還沒亮便匆匆的趕到松山機場，莫說午飯，他這大半天裡，竟然是水米不曾沾牙。

「來來來！」杜月笙拉起陸京士的胳臂：「我方才就是在等你，此刻我們一道來喫。」

97

噹啷一聲飯碗敲破

拉陸京士和自己並肩坐下，又殷殷的招呼吳開先、朱文德和沈楚寶，叫大兒子杜維藩也落了座，傭人立刻便送上飯來，杜月笙眼睛直在望著陸京士，他伸出右手去接，那隻右手由於過度的興奮和激動，直在簌簌的發抖。傭人確實已將飯碗遞到了他的手上，他也接住了，然而，卻不知道怎麼一來，飯碗晃了一晃，「噹啷」一聲，摔到了地上。

一隻飯碗齊巧摔成兩爿，杜月笙身旁的地板上，飯粒狼藉。彷彿驟然之間響起了巨雷，一客廳的人臉色陡變，偌大客廳，寂靜如死。然後又有此起彼落的寬慰、支吾、和敷衍之聲：

「快點再添一碗來！」

「趕緊掃掃開！」

「弗要緊，碎碎（歲歲）平安！」

傭人迅速的再添上飯，掃掉地面的碎碗和飯粒。——在堅尼地臺杜公館吃中飯，原是眾口交譽的一份無上享受，杜公館的廚師小鴨子，燒得一手上佳的家鄉口味，名肴美酒，源源而來。主人好客，天下聞名，在座又都是知己好友，上天下地，插諢打科，健談客的聊天題材，無所不包，無奇不有，到杜公館吃這一頓，每每使人樂而忘返，遍體舒泰。然而，八月二日杜公館的這一頓午餐，卻是人人心情沉重，食不甘味，連最能「打棚」的朋友，也想不出一句話來排解。

祇有杜月笙一面捧著滿滿的一碗飯，一面在跟陸京士慨乎而談：

「今年上半年毛病發作得少，我還以為病況好轉了哩。那裡想到這個月初以來，兩隻腳忽然麻痺，簡直下不了地，更苦的是不分白天夜裡都睏不著覺，氣喘末又是越來越厲害，病到這個地步，我就曉得自己一定是不行了。因為我有不少的事體要囑托你，所以又是寫信又是電報的催你來。並不是我無緣無故害你著急，實在是怕遲了兩天就見不到面，京士，你今天來了我好開心，原以為我這個病還有得救呢。」

心亂如麻，陸京士還得挖空心思想出幾句話，聊以安慰杜月笙：

「先生氣喘的毛病由來已久了，祇要靜養幾天，自然會好。」

「不，」杜月笙淒然的搖著頭說：「這一次我是爬不起來嘍，京士，我說了你不要笑我，打電報催你之前，我心裡就許了個願，倘使你八月一日能到，我大概還不會死。八月一日你不來呢，那就是我壽數已盡，無法挽救。那裡想到八月一日那天突然之間起了颱風，飛機不能開，把你硬留在臺北，這件事對我來說就是一項凶兆，再加上剛才我打碎了飯碗，豈不是凶上加凶了嗎？我認為這不是迷信，而是天老爺在告訴我，我再也爬不起來了。」

陸京士祇好強顏作笑的答道：

「先生還說不是迷信呢，八月本來就是颱風季節，打破飯碗那更是稀鬆平常的事情。」

杜月笙付之一笑，不說了。從這一天開始，陸京士晝夜侍疾，衣不解帶，這倒不是杜月笙非要陸京士親侍湯藥不可，而且陸京士心知師生相處的時間已很短暫，他由於二十多年的知遇之恩，須臾不忍輕離。尤其還有一層，杜月笙隨時都有機密大事和他相商，往往一覺睡醒，睜開眼睛便喊：

「京士！」

假使陸京士不在，杜月笙便會覺得恍然若有所失，必欲陸京士聞訊趕來，他的神色方始怡然。近代中國，論個人交遊，杜月笙上自名公巨卿，下至販夫走卒，他的一本交遊錄，即使祇開名單，恐怕也得寫上厚厚的一本，論其廣闊及為數之多，當代似乎不作第二人想，然而當他病人膏肓，朝不保夕之際，他竟彷佛只有一個陸京士。陸京士口口聲聲強調這是緣份，其實在杜月笙的心中，還是可能有著「相交遍天下，知己能幾人」之感的。

自八月二日到八月十六日，杜月笙一直不曾離開過病榻，二日中午喫過了那餐打碎飯碗，大不吉利的午餐，杜月笙被人攙回他的輪椅，徐徐的推向他的房間，再把他扶到床上，寬衣睡好。從這個時候始，杜月笙給他的家人親友一個印象，彷佛前兩日他焦急的在等陸京士來，一旦陸京士來到，他便心滿意足，了無憾恨，他祇有睡在床上等死的這一件事了。

焚膏繼晷，隨侍在側，對杜月笙盡最後一份心意，這個差使是很難當的，因為在步向人生最後旅程的杜月笙，他不但喘疾時發，而且體力衰竭，神志渙散，於是他的飲食睡眠一概逸出常軌。他一天祇能睡很少的覺，尤其那短暫到顯然不夠充份的睡眠，還要分作幾次去睡，最令人傷腦筋的，是誰也無法測知他睡著了抑或僅在瞑目養神，往往眼看著他已睡得很熟，方欲躡手躡足的走出去，辦一點私事或透一口空氣，杜月笙偏又適時的睜開眼睛，有氣無力的喊：

「京士！」

「媽咪！」

或者是：「娘娘！」

於是，不論是陸京士、孟小冬或者姚玉蘭，全部停止腳步，走回他的跟前探問：

「有什麼事嗎？」

然而杜月笙的回答，又多一半是緩緩的搖頭。

其實這僅祇是他對人世間最後的一點依戀，他對於他所心愛的人，能多談一句便多談一句，能多看一眼就多看一眼。

98

冬皇憔悴人見人憐

像這種霍然而醒，脫口而呼，杜月笙喊的次數最多者厥為孟小冬與陸京士，所以孟小冬、陸京士像被一根無形，但卻有力的繩索，拴牢在杜月笙病榻之前，陸京士是擺脫一切公私事務專程侍疾而來，孟小冬則對杜月笙一往情深，此時此境，她恨不能以身相殉。這兩位月笙一刻也不能離的人，誰不願意分分秒秒的始終守候在杜月笙身畔，然而孟小冬與陸京士都有苦衷，孟小冬的身體本來不好，她一入杜門便祇有「親侍湯藥」的份，弱質紅顏於是人比黃花瘦，再加上明知杜月笙油盡燈枯，終將不起，巨大的悲哀把她壓得椎心刺骨，眠食俱廢，若不是杜月笙需要她，她早已不支病倒，她那副勉力振作，強打精神的模樣，神情憔悴，人見人憐，因此也不知道有多少人勸她也要保重自己的身體，倘若她再一病，那更將給杜月笙帶來多大的打擊？執菊壇牛耳，為萬眾激賞的冬皇，卻總是搖頭苦笑，輕柔的說道：

「我不要緊。」

孟小冬自入杜門，一直沉默寡言，與世無爭，她本來就是人間奇女子，杜門中的一支奇葩，論才情、眼界、心胸、智慧，使她與大多數人都合不來。她歸於杜月笙時，杜月笙已是年逾花甲，衰然一病翁。如日中天，予取予求的黃金年代早成過去，囊中金盡，活下不去的大限正在步步進逼，所以孟小冬之入杜門正是感恩知己，以身相許。杜月笙一生一世「非以役人，乃役於人」，他對國家民族社會的貢獻和他個人的報償簡直不成比例，像他這樣的人該可以自傲的說一聲：「平生無負於人」了。但是在他人生的最後階段，他獲得了孟小冬的柔情萬丈，衷心關愛，這使杜月笙深感自己的俠義，猶然有愧孟小冬的恩情，所以他才會說出「直到抗戰勝利以後，方始曉得愛情」的話，孟小冬是他在人間最後的溫暖，最後的安慰，所以他一刻兒都離不開。

陸京士自抵香港之日起，每天也是儘可能的留在杜月笙身邊，但是他有雙重的困難，其一是杜月笙還有許多事情要他辦，有時候便不得不到外面去奔走，其二則是堅尼地臺屋址不寬，隻隻房間都住得有人，陸京士不能把每日所需的睡眠，祇靠在沙發上歪歪，因此他在熬了幾夜之後，便跟杜月笙先說明白了，每天下午兩點鐘，他暫且離開一下老夫子，出門辦事，或者到朋友家中小睡片刻，然後再趕回來。

在杜月笙病勢垂危的那一段時期，經常為杜月笙診療的幾位大醫師，諸如吳子深、梁寶鑑、丁濟萬、吳必彰和朱鶴皋，和陸京士都有深厚的友誼。所以陸京士趁他們先後前來看病之便，一一向他們請教，杜月笙這一次發病，究竟危險到什麼程度？

他所獲得的答覆，是「群醫搖頭」，就中尤以同門弟兄朱鶴皋說得最透徹，他是杜月笙上海撤退來港時，一路跟了來的，為杜月笙診病已歷兩年半之久，朱鶴皋直淌直的說：

「老夫子這一次病得嚴重，恐怕不是藥石所可以奏效。因為老夫子『精、氣、神』三者無一不缺，隨便怎樣都難以拖。」

陸京士聽了這話心中非常的難過，對杜月笙的康復業已絕望，而且聽列位大醫師的語氣，彷彿還在暗示他應該及早預備後事，遲則唯恐不及。這時候也極其為難，煞費躊躇，後事如何辦理？必須杜月笙自己先有所交代，否則的話又叫他怎樣開得出口。尤有甚者，替杜月笙辦後事一定十分困窘，據陸京士當時的瞭解，杜月笙的經濟情況，不但不如外間所傳那麼富有，相反的，他可以說是已形拮拘，但是杜月笙還有四房妻室，八個兒子和他的三位愛女呢。

99

唯有棺材要睏好格

八月四日的早上，杜月笙睡了一覺，醒來時已是紅日滿窗，天色大亮，他沒有喘，連氧氣罩都不曾使用。在房間裡守了一夜的除陸京士外，還有姚玉蘭、孟小冬、杜維藩、杜美如等好幾個人，大家看見杜月笙面容平靜，神清氣爽，當下還不由一喜，以為這又是好轉的徵兆，卻不料他嘴唇嗡動了一陣，張口便叫聲：

「京士！」

陸京士連忙答應，急趨床前，於是杜月笙兩眼直望著他，淡然一笑的說：

「趁此刻我精神還好，我要和你談談，怎麼樣辦我的後事了。」

屋裡的人，聽了齊齊的一震，孟小冬頭一個痛哭失聲，但是她立刻便掏出手絹，掩住了自己的嘴；和姚玉蘭、杜維藩等人一樣，祇是在吞聲飲泣。

陸京士則悲哀重壓，他說不出話，於是點了點頭，表示他在凝神傾聽。

杜月笙望望陸京士，又閃了啜泣聲中的妻子兒女一瞥，他神情肅然，語調十分平靜，低沉，——很像是他在談著別人的事情。

「此地是香港，不是上海，我們在這裡總算做客，所以喪事切忌鋪張，」頓一頓，杜月笙又說：

「從移靈到大殮，前後絕不可以超過三天。我去的時候就著長袍馬褂，這是我著了大半輩子的衣裳。」

陸京士依然還是只有點頭。

「不過有一樁要多用兩鈿的事，我那一口棺材。」杜月笙頓了一頓，然後加以解釋的說：「這並不是我死出鋒頭，一定要買口好棺材睏，而是我不要葬在香港，『樹落千丈，葉落歸根』，活的時候我因為這個斷命氣喘毛病，到不了臺灣，死了我還是要葬到臺灣去的。將來反攻大陸，上海光復，再把我的棺材起出來，我請你們帶我的屍骨重回上海，落葬在高橋，我出世的地方。」

話說多了，有點累乏，杜月笙歇了一陣，方始繼續交代陸京士，他先自嘲的說：

「我一生一世，過手洋鈿何止億萬，一旦我兩隻腳一伸，我只要你們在這件事上，完成我的心願，讓我多用兩鈿，其餘各事，一概從簡。頂要緊的是要記得我們正在落難，凡事切忌招搖，免得給別人批評。所以不論開弔、出殯，絕對不許再擺什麼場面，你們要是不聽我這個話，那就不是愛我，反倒是在害我了。」

接下來，他又再三叮嚀，遺體大殮以後，移靈東華三院的義莊，因為東華三院主席，是杜月笙的老朋友，老搭擋，早年相幫他連絡法國佬，擔任翻譯的李應生。李應生是廣東人，離開上海後業已僑港多年，他在香港有勢力，足以保護杜月笙靈柩的安全。

關於遺囑的擬訂，財產的分配，杜月笙反倒僅祇約略的指示了幾項點則，然後他說：

「後天晚上，京士你邀錢三爺、金先生、顧先生、開先兄和釆丞兄，到這邊來便飯，就煩你們六位，先來商量一下。」

從這一天開始，杜月笙集中心智，一一安排他的後事，對於妻子兒女，至親好友，乃至於服侍他的傭人，每一個人他都分別的有所交代，但是由於人太多，要說的話一時說不完，杜月笙祇好利用他有限的精力，說一陣，又瞑目休息，養半天神，等到精神體力，稍微恢復，他又掙扎起來再說一兩句，因此，有人一次便聽完了他的諄切屬咐，有人則一等再等，將分為許多次所說的話，總加起來，方始瞭然一件事情，一些叮嚀。家人親友眼睛紅腫的，穿梭般來往於杜月笙的病榻之前，看他說幾句話都如此喫力，卻又一心急著要多講些，回想他揚威滬上、望重首都、縱橫香江、顯赫重慶而轟動西北、風雲淳安，一幕幕的撼人心弦往事，念及人猶是也，而洛鐘將崩，於是，一離開他的房間，竟無不淚流滿面，放聲一慟。

100 遺產幾何美金十萬

八月六日下午七時，錢新之、顧嘉棠、金廷蓀、吳開先、徐采丞和陸京士，在客廳裡屏卻諸人，密商杜月笙的遺囑。六個人一邊用飯一邊長談，當時杜月笙還在房間裡醒著，他頻頻關照，不許任何人闖進去，打擾他們六位的談話。

陸京士首先發言，他報告杜月笙這幾天裡所關照他的各項原則，他並且透露，當他在臺北接到香港方面「病危速來」的電報，即已知道杜月笙的後事必須及早安排，他曾在一日之內訪晤了洪蘭友、陶百川、劉航琛、王新衡和呂光，向他們請教如何辦理杜月笙身後事宜，當時，他把這五位杜月笙知己友好所提供的意見，也逐一的加以敘述。

於是，由在座的六位，參酌杜月笙本人所提出的原則，再加上臺北友好的建議，接連起草了三份遺囑稿，一份是對於國家、社會的公開表白，一份訓勉子孫，一份則為遺產分析。

其中最為家人戚友關心的，當然是杜月笙的遺產如何分配？由於當時沒有人曉得杜月笙究竟還有多少錢，因此，祇能作原則性的分配比例，而比例則定為杜月笙的四位太太，和八兒三女，各獲遺產的一半為原則。四位太太平分杜月笙遺產的一半，八兒三女之中，則硬性規定未成家的比已成家的多拿二分之一。

九點鐘，三份遺囑草稿均已擬妥，問過了杜月笙猶仍醒著，於是，六位友好和門人，會同拿著三份遺囑稿，相率進入杜月笙的房間。當時，孫氏、姚玉蘭、孟小冬和杜月笙的在港子女，都在他的病榻之旁，或坐或立。

於是，由陸京士宣讀三份遺囑的內容，杜月笙聚精會神，注意傾聽，他偶或打一個岔，修正若干字句，但是從大體上來說，他幾乎是全部同意。

遺囑讀給杜月笙聽過，經他允可，算是定稿。錢新之、金廷蓀、顧嘉棠、吳開先、徐采丞、陸京士又被指定為遺囑執行人，錢新之儘管是多年老友，杜月笙卻向來在人前人後，都尊稱他「錢先生」而不名，金廷蓀、顧嘉棠是結拜兄弟，吳開先也是締交二十年的友好，徐采丞則為抗戰前後，杜月笙的心腹智囊之一，陸京士為恆社的首腦人物，他跟杜月笙之間，一向情逾骨肉。

杜月笙平生排難解紛，一言九鼎，不論什麼稀奇古怪，複雜繁難的事情，一到他的手上，必可迎刃而解，全部擺平。唯獨他自己的公館裡面，大門一關，由於太太有五位，子女又多，相處幾十年，難免也有牙齒碰了嘴唇皮的時候，要想絕對太平無事，當然是相當困難。八月六日之夜，堅尼地臺杜公館無人不知，無人不曉，這是決定遺囑，分配遺產的重要時刻，侍疾家屬，事關個人前途，以及未來生活，其心情之緊張，注意力之集中，自是不言可喻，因此不免有人躭心，是夜會有什麼議論爭執，意外風波。然而當陸京士朗聲宣讀遺囑稿，杜月笙略修改就算ＯＫ，杜月笙時在香港的三位夫人，四子三女，居然悶聲不響，毫無異議，一件大事就此風平浪靜的解決。這固然是遺囑上分配遺產，公平合理，無懈可擊，另一方面，也是六位遺囑起草人不但深知杜月笙的心情，同時，他們在杜公館眾位太太、少爺、小姐面前，尤其有足夠的份量。由這一點，也可以看出杜月笙對於自己的遺囑之訂立，確實煞費苦心，作此安排，而且他早已深思熟慮，胸有成竹了。

等到僅列分配方式的遺囑當眾確定，杜月笙方始從容不迫的，說出他的遺產數額。他在交代了幾件家事以後，開口說道：

「我只有一筆銅鈿，留給家屬作生活費用，這筆錢我是託宋子良先生保管的，數目是十萬美金。因為宋先生代我用這筆錢買了股票，多少賺著一點，大概有十一萬美金左右。」

當時，在場的人無不為之驚怔錯愕，誰也沒有想到，一輩子在金山銀海裡面揮之如土的杜月笙，他留給龐大家屬的遺產，居然祇有十一萬美金左右，折合當時港幣，不過六十多萬。

四位太太，四兒三女分這筆錢，一個人能夠到手得了幾文呢？

101 贈金十萬私下還脫

但是杜月笙對於任何人的反應，一概置之不理，他說完了話，長長的吁一口氣，然後，他像似老僧入定，輕輕的闔上了眼睛。

錢新之、顧嘉棠等人辭出，留下一房間的沉重氣氛。那一夜，陸京士又度陪侍在病榻之側，杜月笙的家屬，也不眠不休的，候在杜月笙的週圍。

由於杜月笙的氣喘，越演越烈，從他最後一次扶到床上的時候開始，必須日夜都用氧氣，所以陸京士搬張椅子坐在床邊，目不轉睛注視杜月笙的口鼻，唯恐他的氧氣罩子滑落下來，屆時，他必將呼吸因難，大汗淋漓，極為痛苦的從沉睡之中醒轉。

這一夜，杜月笙時醒時睡，神情十分疲憊，凌晨五點鐘，嘶嘶的喘哮之聲，又自他的喉間發出，一房間人，惶著急，看情形又是一陣劇喘要來，於是便有人跑出去請值夜的梁寶鑑醫師，替杜月笙打針、急救，手忙腳亂了半天，依然還是攔不住又一度的喘大發，直喘得臉色鐵青，大汗濕透了棉被，然後，杜月笙方始渡過了這一關，喘勢稍戢，他便兩眼盯望著得意門生陸京士，斷斷續續的在說著：

「京士，我們分手的時候快到了，我還有兩件事體相託，頭一樁，你的這些弟妹，你要多多的照顧，多多的協助。第二件，頂要緊的還是恆社，希望你多出點力，負責維持。」

陸京士立即應允，他誠懇的說：

「先生，請你放心，這兩件事，我會時時刻刻記在心裡。」

「好，好極了！」杜月笙的臉上，流露出欣慰之色，然後，他望著站在陸京士身後的妻子兒女，提高了聲音說是：「有一件事，妳們切切不可忘記，京士有十萬塊港幣，存在我這裡，這一筆錢，妳們立刻就要歸還。」

杜維藩還在答應：「曉得」，陸京士卻驚駭萬分的站起來，他忙不迭的說：

「先生，先生，你記錯了，我何嘗有十萬港幣，存在先生這裡？」

「我怎麼會記錯？」杜月笙卻一口咬定：「你本來是有十萬港幣，存在我這裡的嘛！」

陸京士和杜月笙過從二十多年了，相知之深，無人可及，他把杜月笙先囑咐他維持恆社，和故以存款為藉口，叫他的家屬先付自己港幣十萬兩件事，聯在一起，頓即恍然大悟，於是不惜點破了說：

「先生，我曉得先生的意思，先生怕維持恆社，沒有經費，所以故意這樣說的。」

「不，」杜月笙猶在否認：「我不過是要歸還你存的十萬港幣而已。」

「先生，」於是，陸京士委婉懇摯的又道：「先生不必再為恆社經費的事體操心了，一則，恆社目前用不著這許多錢，二來，即使將來有所需要，自會由我們大家設法。」

「你不要再多講了好嗎？京士，」杜月笙又有點喘息咻咻：「我明明說的是還你銅鈿，你為啥要把恆社的事拉在一起？」

至此，陸京士當然不便刺刺不休，和杜月笙爭辯，他衹好回轉身來，向杜維藩眉頭一皺，兩手一攤。

從八月七日這一天起始，杜月笙沉睡的時候多，清醒的時候少，不過他沉睡衹是為了培養精力，使他自己能夠妥妥善善的安排後事，而在所有紛雜如麻的事項之中，杜月笙最注意的還是他和知己友好之間，銀錢的往來，賬目的清楚。人欠欠人，十萬百萬，在這班人裡一向是「言話一句」，既不見賬目，又絕無字據，因此就必須由他自己「言話一句」而理楚了清。八月七日上午，杜月笙的多年好友，上海叉袋角富豪朱如山來探疾，便由杜月笙主動的提起：

「如山兄那裡，我還有十萬……」

當時，朱如山稍微緊張了些，他打斷了杜月笙的話，急急聲明：

「杜先生，你交給我的是十萬港紙，不是美金啊！」

杜月笙側過臉來，深深的望了他一眼，然後，方始點點頭說：

「是港紙，當然是港紙了。」

第二天一早，朱如山便開了一張十萬港紙的支票，當眾面交杜月笙。杜月笙卻順手把那張支票遞給陸京士，他說：

「京士，這是還你的十萬。」

陸京士立刻推拒的說：

「先生，這萬萬不可。」

「你收下。」杜月笙一力堅持：「言話不要講這許多了，好嗎？」

陸京士師命難違，又怕杜月笙心急發喘，祇好拿在手中，等杜月笙又度瞑目養神，他方始當著眾人，將十萬港幣那張支票交給姚玉蘭，告訴她說：

「娘娘，我怎麼會有十萬港幣存在先生那裡呢？這件事我昨日已經說明白了，但是先生一定要我收下，當他的面，我不能不收，否則先生不會依我。現在我把這筆錢交給娘娘，請娘娘保管，還是杜公館公中的錢，娘娘也不必告訴先生，現在凡事都要順著他的心，祇要先生覺得心安就好。」

102 杜先生脈搏嘸沒啦

八月七日下午五點四十分，杜月笙突然昏厥，有人跑過去把他的脈，驚天動地的聲喊：

「哎呀，杜先生脈搏嘸沒哉！」

妻兒子女，頓時便爆出號啕大哭，而在這時，又有人發現杜月笙的小便直在流個不停，於是便高聲的勸慰：

「不要緊，不要緊，還有小便哩！」

齊巧守候的都是中醫師，急切間無法下藥救治，忙亂中有人飛奔出外打電話，請距離最近的吳必彰快來，但是一直等到六點二十分，吳必彰方始匆匆的趕到。這一次，吳必彰真是賣盡了氣力，他用人工呼吸法，先使杜月笙喘過這一口氣，「人工呼吸」緊急施救足達半小時之久，當時沒有一個人認為杜月笙還有回生的希望，然而杜月笙卻在七點鐘的時候，悠悠醒轉，一聲長嘆。

由於吳必彰竭力救治，終告妙手回春，八點鐘，接連打了兩次強心針，方始把奄奄一息的杜月笙，從鬼門關口，拉了回來。八時四十五分，死去活來的杜月笙居然能夠勉力坐起，他一面喘著氣，一面吩咐陸京士：

「京士，你把我的三份遺囑拿出來，當著大家，再讀一遍。」

陸京士立即照辦，朗聲的讀那三份遺囑，杜月笙聽時頻頻頷首，等陸京士讀完，他伸出劇烈顫抖的手，從枕頭底下掏出了鋼筆與圖章，因為四肢乏力，又叫萬墨林把住他的手腕，在那三份遺囑上簽名。然而他只簽了一份，那隻右手便無力的垂下，因此，餘下兩份就祇有蓋圖章了。

「阿好？——」杜月笙的眼睛，掠過錢新之、吳開先、顧嘉棠、陸京士和徐采丞五個人的臉，他淒然一笑說：

「就請你們五位做個見證人？」

於是，由錢三爺領頭，五位見證人分別都在三份遺囑上簽署。

然後由萬墨林扶持杜月笙倒向枕頭，他再次睡下休息，房間裡除了他喉頭的嘶嘶之聲，連繡花針落地，都可以清晰聽見。

由於這一次的死去活來，杜月笙的家屬猶如驚弓之鳥又像熱鍋上的螞蟻，求神問佛，人人自出主張，姚玉蘭篤信基督教，她是杜月笙一家之中，頭一個非佛教徒，當年她想皈依基督，曾經向杜月笙請求，杜月笙說：

「妳來我家，事實上並非由妳自主，這麼些年來，妳能夠做主的事情也是絕無僅有。如今這信什麼教的事，我就讓妳自家做主了吧。」

從此以後，姚玉蘭信教信得極其虔誠，杜月笙病篤，她也曾苦勸良人皈依上帝，以使精神——靈魂有所寄託，杜月笙說是：

「妳不是也曾聽過我喊天老爺嗎？我喊的天老爺，也可以說是耶穌基督呀！」

有這麼一句話，姚玉蘭一心想使杜月笙得救，她便去求趙世光牧師，經常的在杜月笙病榻之前，為他祈禱，代他禱告。

孫氏夫人和孟小冬，跟杜月笙同一信仰，信佛，於是兩位夫人以其無比的虔敬，命人洽請香港荃灣弘法精舍的高僧，為杜月笙連做七日七夜的道場，祈求禳災添壽，容他平安渡過這一次「劫」。

還有人想起了沖喜，因為八月十七日，亦即陰曆七月十五，中元節，正是杜月笙六十四歲生辰。於是有人先去印一批燙金請帖，又預為訂下了若干席壽筵，他們用心良苦，意思是造成杜月笙做六秩晉四大壽的既成事實，而使「無常」止步。

八月八日立秋，杜月笙的病了無起色，他時睡時醒，直在說是嘴裡乾渴，頻頻的叫人取西瓜汁。其實杜月笙並不知道，他的家屬聽從中醫師囑咐，在西瓜汁裡拌了些麻醉物品，以暫時性的麻醉作用，使他提神益氣，尤可兼收利小便的功效。

早上一連喝了幾杯特製的西瓜汁，果然，中午時分，杜月笙忽焉清醒，精神陡長，他環顧四週，妻子兒女的面貌歷歷在目，然後他問：

「事體我全部交代過了，你們還有什麼弄不清楚的，快快問我。」

妻兒子女唯有欷歔，並無一個發問，於是，杜月笙又側臉問陸京士：

「宋子良先生阿有覆電來？」

「覆電來了，」陸京士趕緊的說：「十萬美金之外，還有些利潤，都在他那裡。」

「那就好了。」杜月笙像是諸事已畢，說時似有不盡的欣慰。

這時候，家人戚友湧上前來，紛紛提出建議，一致認為當時的主治醫師過於謹慎，因而「不太靈光」，他們希望杜月笙能夠同意，換一位醫師，「有以徹底改進」醫療方式，說不定，能夠立刻解除杜月笙的痛苦，使他很快的「早占勿藥」。

杜月笙以一種帶有憐憫的眼神，望著這一班人，由此，激起了他們更大的勇氣，有人提張三，有人薦李四，眾口交鑠，莫衷一是，居然還引起了爭論。

「算了吧！」杜月笙森冷的一聲回答，宛如一盆冰水，澆熄了無窮的希望，他滿臉苦笑的說：「妳們何苦要我多受些罪？」

杜月笙所謂的「受罪」，那倒不是他故作矯情之言，因為「精、氣、神」三者已竭，頭一步，他的排洩系統全部損壞，大便小便，毫無知覺的在自然排洩，偶然排不出來，還得動用工具，拿銅鉦去「通」，「通」時的痛苦，自非血肉之軀所能忍受。

103

枕下還有美金七千

八月十日，醫生說杜月笙最好是能夠多睡，可是他偏偏神志清醒，闔不上眼，他和陸京士頻頻的交談，忽然杜月笙伸手到枕頭底下掏摸，移時，他摸出一個手巾包來。

「京士，」杜月笙把手巾包遞到陸京士的手上，告訴他說：「這裡是七千美金。」

「先生——」

杜月笙緊接著便作交代：

「你替我分一分。」

「先生。」陸京士忙問：「分給啥人呢？」

杜月笙的回答卻是浩然長嘆，不勝低徊：

「說起來，只有媽咪最苦。再末，三樓也是手裡沒有銅鈿的。」

於是陸京士便順從杜月笙的心意，決定將這七千美金，分給孟小冬三千元，孫氏夫人和杜維藩則各為兩千，如數分訖，再報告杜月笙。但他仍然保留那一條綉有「D」字的手帕，作為紀念。十五年後，他覺得這條手帕頗富紀念價值，因而在民國五十五年特地尋了出來，交給杜維藩夫婦，請他們永久保存，與此同時，陸京士說出了這一段不為第三者所知的故事。

八月十一日，杜月笙一心速死，了無求生的慾望，他唉聲嘆氣的說人生乏味，再也沒有任何人受過像他這樣的罪。那一天又有一件不吉利的事，便是杜月笙的多老友江幹廷，也不知道是從那裡聽到了杜月笙病逝堅尼地臺的謠言，一路哭泣的趕了來，搥胸頓足，聲聲號啕，嘴裡直在嚎著：

「月笙哥呀，你怎麼就去了呢！」

哭聲驚動了整個堅尼地臺十八號，萬墨林快步趕到門口，他看到江幹廷正哭得聲嘶力竭，口口聲聲的在喊：「月笙哥你去了！」當下十分慌亂，便急不擇言的高聲埋怨這位老大哥：

「江幹老，儂阿是喫飽了飯嘸沒事體，專門來戳杜先生的霉頭？」

「我觸杜先生的霉頭？」江幹廷大為詫異，立止悲聲，他急急的問：「墨林，你說這話是什麼意思，難道我江幹廷也會觸杜先生的霉頭麼？」

明曉得這是事出誤會，可是萬墨林因為杜月笙命在旦夕，心情當然不好，於是他借題發揮，把白髮蒼蒼，老邁清健的江幹老，狠狠的埋怨了一頓，而江幹廷也瞭然他的心理，無非是在為杜月笙發了急，想想自己也是不好，怎可以不問青紅皂白，上門就放聲大哭的呢，因此他不言不語，結束了這一場鬧劇。

十號那天，杜月笙清醒一陣，他喊了聲：「京士」，突如其來的說：

「阿好想個辦法，讓我搬到養和醫院去住院治療。」

陸京士不曾追問，杜月笙是為了家中人多，怕煩，還是自以為住院治療，可能有好轉的希望？抑或，——他不願意在堅尼地臺十八號嚥氣，使這裡成為一座喪宅，將來徒使活著的家人親友，觸景傷情。他立刻便去和梁寶鑑、吳必彰等幾位醫生商量，但是他所獲得的回答，都是大搖其頭，醫生們異口同聲的說：

「以杜先生目前的情形來看，他的病已經到了很嚴重的時期，從家裡到醫院，途中難免顛簸，很可能發生意外。」

陸京士回復杜月笙的時候，當然不便照醫生的話直說，他祇是含糊其詞，說是養和醫院那邊尚須事先安排。杜月笙聽了，愀然不語，同時他自此便絕口不提，由而可見，直到八月十日為止，他的神志依然清徹。

104 想盡方法吊住性命

八月十一日病情又有惡化的趨勢，但是一天之內，清醒的時候還是不少，他要末不開口說話，嘴巴一張，必定是說既已醫藥罔效，何不讓我早走一步，也好少受許多折磨。從這一天下午開始，杜月笙便陷於昏迷狀態，偶然翕動一下嘴唇，即令把耳朵貼去，也聽不清楚他在說些什麼。八月十三日凌晨三時半，醫生又發現他脈搏全無，呼吸停止，乃由梁寶鑑和吳必彰打針急救。當時，杜月笙的許多友好，多一半都在堅尼地臺杜公館守候，等著送他的終，一部份人連續熬夜，精神不濟，業已回家休息，但當他們得著消息，又快馬加鞭的趕了來，友好到齊，梁寶鑑、吳必彰的急救針偏又生了效，杜月笙第二度悠悠醒轉，再次還魂。

這時候杜月笙的家人親友，團團的把梁寶鑑和吳必彰圍住，聽取兩位大醫師的意見。梁寶鑑、吳必彰一致斷定，杜月笙病到這個地步，實已回生乏術，用針藥急救，把他這樣不死不活，昏迷不醒的弔住，徒然祇有增加他的苦楚，卻是底下的話，不但醫生，便連至親好友也不便於開口：是否應該順其自然，按照病人的心願，讓他早一些解脫？

家屬方面，意見完全趨於一致，能有辦法可想，就不該棄之於不顧，「好死不如惡活」，他們堅持請求醫生用盡一切方法，保住杜月笙的最後一口氣，那怕是一分一秒，也不可放棄努力。

於是，又決定了，想盡方法把杜月笙的性命「吊住」，不管他輾轉病榻，是何等的痛苦。

在這個大前提之下，八月十四日，凌晨兩點四十分，醫生作最後一次的挽救，決定替杜月笙輸血二百五十CC，這二百五十CC血輸了一個鐘頭又四十分鐘，三點三刻，天還沒有亮，杜月笙第三次死去活來，不過這一回他既睜不開眼睛，也說不出話了，他口呿失聲，兩眼微闔，祇從嘴巴張一個洞，眼睛瞇一道線，偶或在喉嚨口咯咯作響，所有親友，都已明白，杜月笙是距離死亡，只有一步。六時一刻，突然又在昏迷之中暈厥，脈搏呼吸，第四次全部停止。親友們大叫：「不好了！」梁寶鑑立命護士注射強心針，杜月笙的第四次進入死亡狀態，為時八分鐘，結果還是把他硬拖回來。

沒有人認為他渡得過八月十四日這一天，偏有奇蹟出現，當陸京士等人正在分頭打電話，邀集在港恆社兄弟，是日下午三時，齊集堅尼地臺十八號，為老夫子辦後事。忽有一位遠客來到，那是時任行政院顧問，由臺北專程趕來送終的呂光。

呂光行色匆匆，抵步以後，直趨病榻之前，他看了杜月笙的情況，不禁慘然，但是他心中焦急，因而他不管杜月笙聽不聽得到，湊近杜月笙的耳朵，高聲的告訴他說：

「洪蘭公明天到香港來，總統叫他當面向杜先生致眷念慰問之意，本來我們約好今天同機來香港的，但是因為洪蘭公臨時趕不及，他要我轉告杜先生，明天中午一定趕到香港。還有維善，他也搭明天的飛機。」

一聲聲，一遍遍，垂死中的杜月笙竟似聽見了，眾人驚喜交集的看見，他的眼睛睜大些時，嘴唇嗡動，杜月笙正在微微頷首。

所有的醫生都認為這是難以置信的事，自八月十四日下午直至十五日中午，杜月笙不需任何藥物，僅祇是呂光帶來的一句話，「總統命洪蘭友面致眷念慰問之忱」，帶給杜月笙無限的鼓舞與感奮，他又活下去了。期間，祇不過在十四日夜晚和十五日清晨各通過一次大小便，杜月笙還忍住了痛楚，他不曾呻吟，身體也不起顫動，彷彿肉體上的痛癢，和他完全無關。

杜門親友圍著呂光問長問短，呂光說了些臺灣親友對於杜月笙病篤的關懷，還有好些朋友即將分批趕來，和他自己一樣，想跟杜月笙見上最後一面。呂光又說：他是接到錢新之的電報，方始摒擋一切搭機來港，錢新之曾在電報中關照，以杜月笙和呂光的緣份，他應該趕來送杜月笙的終。

八月十六日下午二點一刻，在臺灣求學住在陸京士家中的杜維善，得了陸京士的急電，由陸京士夫人陪同，先一步自臺灣飛到香港，他走進大門時即已泣不成聲，於是由陸京士趨前加以撫慰，囑他不要在病人跟前落淚。然後便由陸太太陪著他到杜月笙的床前，由於杜維善喉梗咽塞，祇好由陸京士一聲聲的喊：

「先生！先生！維善來了！」

於是，杜月笙勉力的睜開了眼睛，他眼珠遲滯的望了杜維善和陸太太一眼，便乏力的闔上，這意味著他殘存的精力，恍如一線游絲。

105

易簣之際洪蘭友到

一刻鐘後，下午兩點三十分，時任國民大會秘書長的洪蘭友，抵達堅尼地臺杜公館，當即引起一陣歡呼，洪蘭友面容肅穆，神情哀戚，他快步走進杜月笙的房間，一眼看見了躺在床上呼吸屏止的杜月笙，怔了一怔，以為他已來遲一步。但是，圍繞在杜月笙四週的親友，猶仍急切的在大呼小叫：

「先生！先生！洪蘭公來了！」

洪蘭友看到杜月笙似乎還有點知覺，他為達成使命，連忙高聲的在他耳邊喊：

「杜先生，總統對你的病十分關懷，希望你安心靜養，早日康復。目前臺灣一切有進步，國家前途一片光明，我們還是有希望的！」

當時，洪蘭友祗想杜月笙能在易簣之際，聽得見他這幾句話，在他一生艱辛奮鬪的最後歷程，得一份慰藉，斯願已足。詎料，杜月笙是在凝聚他每一分精力，等候著洪蘭友的來，因此，他不但聽清楚了洪蘭友所說的每一句話，而且，他竟奮目迅張，睜開了一閉三日的眼睛，尤其，他更伸出了自己那隻顫抖不已的手，喫力已極的伸向洪蘭友，和他緊緊的交握，與此同時，他清晰明白的說出了他在世最末的一句話：

「好，好，大家有希望！」

洪蘭友的兩行熱淚，不可遏忍的拋落下來。

最後一個「望」字說完，杜月笙那隻手鬆弛，垂落，眼睛又闔，嘴唇緊閉，但是他仍在竭力掙扎，還想多說一兩句，然而，氣逆舌僵，他已語不成聲了。

洪蘭友忙再趕上前一步，大聲的說：

「杜先生的心事，我都明白，杜先生所沒有說出來的，此間友好可以轉告我，我回臺北以後，一定代為上達。」

這時，口眼緊閉的杜月笙，又艱難萬分的點點頭，兩顆眼淚，逸出眼眶之外。

站在一旁，注視這一幕的錢新之，情不自禁的一聲長嘆，熱淚泉湧，他喃喃的說：

「大家有希望，大家有希望，天啊！就是他沒有希望了啊！」

有人探手伸進被窩去摸摸他的腳，失口驚呼：

「哎呀！腳已經涼了！」

但是他依然多拖了一天，毫無知覺，僅祗呼吸迫促的多拖了一天，杜月笙拖到距離他生辰不及二十四小時的八月十六日，下午四時五十分，終於走完了這段漫長而艱苦的死亡歷程，他撒手塵寰，一瞑不視。幾十位至親好友竭力忍遏了多日的哭聲與淚水，驀然之間，如山洪爆發般奔放出來。當日，環繞在杜月笙病榻左右，等到了送終的至親好友，是洪蘭友、錢新之、金廷蓀、吳開先、楊志雄、楊管北、江幹廷、呂光、劉丕基、史詠賡、張松濤、翁左青、李宗文、宣鐵吾、林嘯谷、沈楚寶、袁國樑、嚴欣淇、侯國華、趙培鑫、趙班斧、徐懋棠、朱文德、胡敍五、顧嘉棠和萬墨林。

便在哭聲方起，上下人等陷於悲哀，堅尼地臺杜公館忽然又到兩衣冠楚楚，歡容滿面的貴賓，總統府資政，當過國務院總理的許世英夫婦。兩夫婦還帶著隆重的壽禮，這兩位杜月笙的多年老友，心腹知己之交，許世英和他的夫人，是前來為杜月笙煖壽的。

許世英夫婦走到客廳，便聽見內室裡一片哭聲，當時真是相顧愕然，驚詫無似，直到一名傭人悲不可抑的告訴他們：

「許先生，許太太，可憐我們老爺剛剛過去了。」

……這才大喫一驚，明白過來，急急忙忙往杜月笙的房間裡跑，暖壽的客人，變成了「望喪」的弔客。許世英夫婦當下便慟哭失聲，對於老友之逝，他們二位可算是最為驚悼的一對了。

幸虧陸京士臨危不亂，他自八月十五日下午起，即已按照預定計劃，飛符召將，把恆社在港弟兄全部集中，因此治喪籌備事宜，可謂自八月十五日下午即已開始，治喪執事均經分別派定，萬國殯儀館的靈堂先已訂妥，靈襯專車不旋踵而到，連刊登各報的報喪新聞稿，也在當天擬好。

許世英寸步不離杜月笙遺體左右，他和杜月笙的妻子兒女，圍在一起搥胸頓足，號啕大哭。恆社弟兄見許靜老老邁年高，看他哭得如此其傷心痛切，唯恐有傷身體，於是派了專人左右扶持，加意照料。

死後的杜月笙面容平靜，眼瞼唇角鬆弛，看起來有一種欣然解脫的神情，家屬為他更衣時，萬國殯儀館的靈車，已經在大門口揿起喇叭。

堅尼地臺杜公館一致舉哀，重門洞開，滿目縞素，大門裡外忙忙亂亂，舁工抬著屍床，杜月笙的屍體平穩的移放到屍床上，屍床的左右前後的盡是家人親友，得到消息晚些的親友還有絡繹不絕的趕來，盈耳都是哭聲，夾雜著執事人員高聲喊叫：

「就要移靈萬國殯儀館了。」

106 左派報紙也登訃告

杜月笙之喪，翌日香港各大報小報，日報晚報，無不廣闢地位，詳予報導，除了由治喪委員會名義刊登的「喪訊」和巨幅訃告，全港報館一概主動派遣記者採訪消息，新聞、特寫、花絮，接連的熱鬧了幾天，即如左派報紙，也不例外。「大公報」新聞登得比較簡短，但是訃告卻「抄登」不誤。左派報紙抄登「訃聞」還有一個小插曲，那便是他們擅將「……痛於民國四十年八月十六日申時壽終港寓正寢」字句，改成了「……痛於公元一九五一年八月十六日……」，「抄登」的訃告費杜月笙治喪處當然不肯認帳，但是其中「文匯報」的廣告員頗想趁此機會撈一票，他拿了廣告收據去收款，治喪處的人跟他們開了個頑笑：

「請貴報照我們的原稿，一字不改再登一次，就算照單加十倍收費，我們也可以照辦。」

「文匯報」當然不敢刊出「民國」二字，於是知難而退。

港地各報擴大報導杜月笙的喪葬新聞，譬如香港成報即曾寫道：「挺有名氣的大人物喪禮，在戰後香港還是首次。」或即為各報重視原因之一。但是殊不知「杜月笙」三個字在報紙上出現得如此之多，如此之大，即在杜月笙本人竟是全部人生旅程中的破題第一遭，他不僅寓港兩年多沒沒無聞，報紙上難得一見，甚或在他炙手可熱的極盛時代，各地報紙也是難於見到他的大名，這是杜月笙幾十年來的一貫作風，他最不喜歡出鋒頭，祇是死後鋒頭之足，則不是他所可預料，抑或防範所能及了。

杜月笙的治喪新聞，登得長篇連牘，花團錦簇，使得香港當地人士頗感突兀，有許多人根本就不知道，香港什麼時候來了這麼一位天下聞名，交口讚譽的「大好佬」？因此莫不懷著好奇的心理，去看看杜月笙的開弔、大殮與出殯，這便使杜月笙之喪，錦上添花般格外鬧猛，盛況堪稱空前。

治喪委員會由錢新之總其成，但是負責總務的則為頗好排場，功架十足的顧嘉棠，他的觀點和杜月笙大不相同，「人生一世，草長一秋」，杜月笙出道四十餘年，盡管用錢如揮土流水，鋪張對天之鴻庥，然而花在他自己身上的，又能有幾文？所以他認為杜月笙一生這最後一件大事，必須辦得體面風光，多花十萬八萬港紙，和杜月笙一輩子裡過手的洋鈿相比，那算得了什麼？

顧嘉棠的這個想法，家人親友，其實並不反對，因此杜月笙交代後事，他那番苦心孤詣，祇要求一口好棺，招待弔客必須豐盛，除此之外，他一切希望從簡的原則，便自然而然的被打破。頭一項，各報登登訃告，廣告費經過特別優待，七折八扣之餘，猶仍開銷了八千多港紙之鉅。

送禮敬使，一概訂為值百賞十，這還沒有什麼浪費之處，卻是各界友好致贈花圈，帳房規定不分大小每隻敬使港紙兩元，依當時物價，兩元港紙就儘夠買個小花圈了。非但如此，由於開弔三日，所收到的花圈多達七百餘隻，萬國殯儀館附近的花攤，平時從來不曾接到過這麼多的生意，於是手忙腳亂，日夜開工，照樣還是供不應求，迫不得已，便與內中工役勾結，來個「前門進，側門出」，經過改頭面，然後再送一次，造成一大漏卮，而且開了香港送花圈的惡例。

弔客開席，遵從杜月笙的囑咐，就應該在六國大飯店的正廳，將流水席開個三天，但因為弔客麕集而至，川流不息，實在來得太多了。無論識與不識，是否有關，送隻花圈得回敬使兩元，再看一場「熱鬧」，喫一頓豐盛的飯菜，香港「閑人」正多，何樂而不為？由於弔者「大悅」，戶限為穿，六國大飯店正廳容納不下，因此而使杜月笙一片待客的誠意，改弦易轍，反而從簡，治喪處宴客組求近就便，包下附近的幾家餐館，午晚兩餐，一桌一湯六菜，席資六十元，啤酒汽水，則無限制供應，任憑取飲。

三日之內，開飯二百餘桌，花費港紙一萬好幾，倘若要到六國大飯店照開盛筵，祇怕開銷還要倍上幾倍。出殯——第三天，方算完成乃杜月笙的心願，祇有在這一天，弔客都上六國大飯店，十人一桌，一波波的在開。

杜月笙為想屍骨到臺灣，回上海，因而要睏一口好棺材，治喪處人員和家人戚友對於這一點也是不惜開銷，極力求好。當時萬國殯儀館正有一口好棺，楠木的，售價港紙一萬五千。萬國殯儀館聽說杜月笙要用，老闆自動減價一半，對折實收七千五，與此同時，儘管杜月笙治喪是萬國殯儀館頭一筆大生意，這位老闆卻除開棺木半價之外，自願報效三日正廳租金九百元。不少人問他何以要這樣做？這位老闆正色答道：

「這是我對杜先生表示敬意。」

當杜月笙遺體運往萬國殯儀館，大禮堂外立刻懸出「杜月笙先生治喪處」的布招，白底黑字，四週鑲以銀邊白花，一對藍紙燈籠，「治喪」兩個小字托住偌大的一對「杜」字，禮堂正中素白孝幃，匝以鮮花牌架，蔣總統頒以「義節聿始」的輓額，兩旁懸掛的第一副輓聯，是為杜月笙老友許世英所輓的：

「班生投筆，卜式輸財，歷濟艱危昭史乘；

范式凭棺，伯牙碎軫，忍教生死隔襟期。」

人，時，地，雙方交情，當時情景，無不貼切之至。香港報紙曾經特別提出，盛讚許靜老的這一副輓聯：

「抒寫杜氏生平和死別哀痛，讀之令人歔欷不已。」

107

開弔之期警衛嚴密

香港政府對於杜月笙開弔，自始至終採取嚴密防範，保持高度警覺，因為他們知道弔客之中多的是達官貴人，名公巨卿，他們除了派交通警、崗警到場維持秩序，以防宵小擾亂，同時還派遣了便衣人員，香港警署的政治部，尤且派有專人記錄到場者的名單。

從八月十六日的傍晚，杜月笙移靈萬國殯儀館之時起，弔祭者車水馬龍，絡繹於途，靈堂中擠得水洩不通，座無虛席。杜月笙心腹之交，拿全國第一號執照的老牌律師秦聯奎，在月落昏黃，靈堂裡人影幢幢中，一聲聲的悲呼：「月笙哥」，哭聲凄厲，引得人人垂淚，倍增愁慘。杜月笙病逝香江，哭得最傷心的老友，前後共有三人，其中江幹廷是哭得過早，反而落了杜門中人的埋怨。許世英則是「喜時悲來」，賀壽變成了送終，因而哭得突然。至於秦聯奎的聲聲號啕，當然是觸景生情，無限傷悼。這三位白髮蒼蒼的老人友誼真摯，使在場的人都曾為之深切感動。

百忙之中，治喪人員不曾忘記派人請教陰陽先生，擇期成殮，陰陽先生根據遺屬生肖與死者的沖剋，細加排算結果是非常湊巧，他也擇定八月十九日上午十時入殮，和杜月笙停靈三日的交代，不謀而合，眾人於是放下了一樁心事。

大殮之前三日，其實祇有兩天，治喪處收到的唁電、輓幛、輓聯，多達七百餘件，來自美國、日本、南洋等各地，其中自臺灣寄來的為最多，共達一百五十三件，黨國元老，軍政首長莫不備致哀悼。最高領袖頒賜的輓額，係由總統府第二局局長黃伯度，從臺北打長途電話來傳述口諭。行政院長陳誠的唁電中說：

「頃悉尊公棄養，深為驚悼，緬懷忠愛，彌念清芬，敬電致唁，尚希節哀。」

司法院長王寵惠和他的夫人王朱學勤，雙雙出面，所拍來的唁電，字數最多，詞曰：

「驚悉月笙先生逝世噩耗，不勝悲悼，推念先生數十年來，領導社會事業，贊助國民革命，功在國家，為世欽仰，臨終遺囑，猶以未覩國家復興為憾。其忠愛國家民族之衷誠，尤為可敬之至，自必名垂不朽矣。尚希節哀珍重，以襄大事，無由面慰，特電奉唁，並請禮安。」

監察院長于右任的一封禮電，則愴念之情，溢於言表：

「愛國憂國，獻勤社會公益唯恐不及，如月笙先生者，未獲目覩祖國之復興，齎恨以逝。緬懷風範，悼痛何如！遺囑諄諄，彌昭高義，惟希繼志揚烈，順候禮祺。謹唁。」

其餘諸黨國首要，在他們的唁電裡推崇頌揚杜月笙之詞，摘要略如嚴家淦略之「邦家遽喪忠賢，海內永恆風義，遺言憂國，繼志在兄。」何應欽之「國失老成，彌深愴悼」。顧祝同之「易簀遺言，不忘邦國，耆哲云徂，人我同悲，撫念平生，尤深愴痛」。谷正綱之「月笙先生抱任俠之氣，存濟世之心，大義凜然，曲謨攸在」。陶希聖的「尊大人忠誠道義，薄海同欽，噩耗傳來，無任驚悼！夙承庇愛，出死入生，以至今日，尤深感激。」祝紹周的「尊翁一生急公好義，功在國家，當與浩浩長江，並存不朽。」陳果夫的「月笙先生惕勵精勸，熱心公益，凜立民族正氣，節操可風。」鈕永建的「社會遽殞賢達，永建亦喪良朋」。桂永清的「月笙先生社會碩彥，功在黨國，比年避亂香江，憂心國事，清操大節，中外同欽，復興在望，遽喪老成，篤念忠藎，彌殷哀悼」。朱家驊的「尊公月笙先生急公好義，出於自然，排難解紛，眾所同佩。愛國反共，始終綢繆，滄海橫流，無所搖奪」。還有俞飛鵬的那幾句：「月笙先生未為官而名垂黨國，死不投匪而節勵古今，瞻望遺徽，倍殷景仰」，可謂對於杜月笙平生，最允當的稱頌。

自國外發來唁電的，計有孔祥熙、宋子文、宋子良、陳立夫、徐堪、潘公展、賴璉、席德懋、趙棣華夫人、董浩雲、任西平、李德燏、吳良弼、歐必成等。尤以宋子文、子良昆仲，惓念之情，最為摯切，宋子文除電唁之外，同時電囑香港廣東銀行代訂祭菜全席，送到靈堂，派他的駐港秘書代表致祭，他還輓之以長聯：

「仁義行事，忠恕持躬，憶從卅載交遊，生死無忘同愛國；
風雨如磐，瘡痍遍地，願覩九州興起，英靈長護復中原。」

宋子良也用航郵寄來輓聯，詞曰：

「數萬里海外書來，墨瀋猶新人已逝；
十餘載天涯相託，交期如昨淚頻揮。」

唁電之中最令人感動的一封，是統率孤軍，羈旅富國島的黃杰，他親率留越將士，如期拍來一通唁電，他在唁電中說：

「閱報驚悉尊翁仙逝，曷勝悲悼，中原待復，老成遽謝，留越將士，同致哀忱，謹電致唁，伏祈節哀。」

108 喊了兩聲耶穌救我

六月十九日大殮之期，誠如當天香港時報社論「悼『義節聿昭』的杜月笙氏」一文中所謂：「今日為吾國工商界巨擘杜月笙出殯之日，凡我國人，無論識與不識斯人者，莫不同聲悼嘆，痛惜這位時代英雄之溘然長逝。」

當日，由於親臨致祭的各界人士，擠滿了萬國殯儀館的裡裡外外，雖然時序已在立秋後十一天，靈堂裡開了冷氣，照樣有人揮汗如雨。十時大殮之前，家屬親友在痛哭聲中，列隊瞻仰遺容，見杜月笙最後的一面，孟小冬傷心淚盡，當場暈厥，經過醫生救治方告甦醒。蓋棺之前，治喪委員會主任委員錢新之，抱著一本新出版的吳經熊譯「聖經」，他要放在棺內，讓杜月笙在走向天國的路上誦讀。因為錢新之和杜月笙都不是基督教徒，所以他向人展示由呂光執筆，寫在扉頁上的一段「敘言」，以釋群疑。那段「敘言」的原文如下：

「月笙老哥靈鑑：

這本聖經是我們的好友吳德生兄譯成中文，是中文聖經中最好的一本書，我與你都非基督教友，可是在你臨終時，趙牧師為你禱告的時候，你說了好幾遍：『耶穌救我』，『耶穌救我』，因此我把這本聖經送給你，在你走入天國的路途上可以誦讀。

耶穌降世一九五一年八月十九日

弟錢永銘敬獻

晚呂光敬書」

家奠過後，從十一時即由各界致祭，當日親赴萬國殯儀館參加弔奠者包括政府首長、達官顯宦、香港華人代表、耆紳名流，以至工商巨子、社團領袖，乃及於各地民眾、販夫走卒，計達二千餘人。年齡最高的是已登九秩的遜清宮保盛寶環夫人，她滿頭銀髮由人攙扶到靈前行禮，見者無不肅然起敬。

十時五十五分，孫科全家到達靈堂，他帶著孫夫人陳淑英，治平、治強兩位公子，引起全場矚目。十一時正親友公祭，主祭者許世英，陪祭者有屈映光、洪蘭友、王正廷、俞鴻鈞、吳開先、金廷蓀、陳光甫、許崇智、趙志堯、毛和源、楊管北、王禹卿、李組才等三十八人，祭文由吳家元宣讀，千字長文，讀得他濕透了一件長衫。當他讀到末後一段：

「……公之名滿天下兮，應奉私謚而無愧，容涓鞠以共籌兮，為庶人所末議，或託交于卅載兮，或葭莩之至誼，或受公之揚譽兮，或知公之素志，今咸集而唏吁兮，哭死生之互異。秋風颯其悲兮，秋風吹而人悸，靈肅然而降臨兮，盍烝嘗乎靈次！」

不但他自己已泣不成語，肅立的親友之中，更是哀聲四起，以至熱淚沾襟。

十二時，蘇浙同鄉會公祭，主祭者徐季良，陪祭者周毓浩、李潤田等，徐季良是蘇浙旅港同鄉會理事長。祭文中有：「……溯公年少，鄉黨蜚英，長安游俠，婦孺知名」之句，和「香江小駐，吾輩之光，載提載挈，施惠多方」之語，這不但是記實，而且因為杜月笙是蘇浙旅港同鄉會名譽理事長的關係。

半小時後，恆社旅港同仁「謹具香楮不腆之儀」，「恭祭於理事長月公夫子靈前」，主祭者沈楚寶，陪祭者趙培鑫、吳紹璘等，這一篇祭文不僅寫盡杜月笙門弟子「天奪吾師」的哀痛，同時也是矢志「遺言永志，誓不違乖」的一篇「恆杜」重要文獻，等於在向杜月笙重作「永遵教誨」的承諾，詞曰：

「維我先師，天挺英豪，平生志事，物與民胞，忠貞報國，道義論交，浩如海闊，巍如嶽高。萬流趨赴，群巒宗朝，同人譾陋，得列門牆。互助互信，師訓弗諼，相期共進，士農工商，夫子曰善，其各勉旃。國難紛乘，師亦勞止，息影海隅，殷憂靡已，北望中原，饑溺猶己。豈意病魔，潛師肌理，藥石無靈，罡風一夜，天奪吾師，忽然晏駕。聞師臨危，不忘恆社，哀我同人，吞聲泣下。嗟乎夫子，永別吾儕，載瞻遺像，悲從中來。遺言永念，誓不違乖！」

這一篇情見乎詞的祭文，係由杜月笙愛徒林嘯谷宣讀的。

香港華人首席代表周埈年爵士，議員顏成坤，廠商代表余達三、岑載華、居港的名流許孝炎、張發奎、宣鐵吾。都是靈堂上引人注目的人物，最妙的是左派人物居然也有「悄然來祭」，「悄然而退」的，如「大公報督印人」費彝民，他是中共在港統戰頭目之一，他便曾驅車萬國殯儀館，在群相側視之下，向杜月笙的靈位，行了三個九十度的鞠躬禮，執事人員有一位存心作弄他一番，請他在來賓簿上簽名，費彝民果然不敢，他連連苦笑搖頭，匆匆溜走。

109 名家輓章琳瑯滿目

僑港的影劇界人士到得相當的多，而且不分左右，人人哀戚，老牌明星徐來，當時還算是「前進」明星的李麗華，俱曾引起靈堂上的騷動，平劇名伶馬連良是杜月笙的門弟子，張君秋、俞振飛等受杜月笙之恩頗深，他們在靈堂上都是眼圈兒紅紅的。

來自臺、美、港各地的輓聯林林總總，將兩壁牆上掛得層層疊疊，其中頗有名家手筆，可圈可點的佳作。許多親友在場瀏覽誦讀，不時的頷首稱許，次日各報亦皆有揭載，咸認係佳稱者有以下數聯：

名不虛立，士不虛附，其歿也可祭於社；
憂人之憂，樂人之樂，微斯人我誰與歸？
錢永銘率子琪輓

亮節皎當今，平生歷濟艱危，共仰英雄真本色；
彌留猶待我，至死無忘家祭，痛哭乾坤一布衣。
洪蘭友輓

湖海耀聲名，勁節猶能立頑儒；

殷憂催歲月，餘生不及見澄清。

張群輓

心期克復，身待昇平，胡天弗愸遺，竟神遊海天一角；
名滿寰區，功毗匡濟，其歿而不朽，豈俯同戰國四賢。

王寵惠輓

能夠表現杜月笙一生事蹟的，厥為前上海市長吳鐵城所輓的一聯；
具忠肝義膽，豪俠心腸，好客媲春申君，不朽口碑載道路；
是名流賢達，鄉邦泰斗，相我闢大上海，那堪劫火悵煙塵。
足記杜月笙生平行誼與功勛者，有黨國元老，前粵軍總司令許崇智的輓聯；
由正氣磅礴所生，言重季諾，行擬陶居，風誼足千秋，黃花痛濺斯人淚；
是當世耆英共仰，北伐宣勞，西遷仗義，艱危甚此日，青史長留大俠名；
堪為杜月笙逝世之前心情寫照的，則為屈映光居士的一聯：
剩有英名為世範，
已無遺憾在人間！
徐寄廎的輓聯最稱詞簡意賅：
遠近交遊同聲一哭；
平生事業自有千秋！

洪門大爺，幫會巨頭向松坡（海澘）的一聯，大有空谷足音之慨：

公居滬上，予籍鄂州，相處近四十年，祇今別橫淚揮，朝野傷心惟我最；
抱種族思，盡匹夫責，離鄉俱數千里，來日大難未已，天涯哭望痛人亡。

因杜月笙之死，而興「前無古人，後無來者」之嘆的，是唐恩溥（天如）的一聯：

徒令百世聞風，孟嘗信陵生平已矣；
太息九原不作，游俠貨殖來者其誰？

親戚之中有兩副輓聯抒寫內心沉痛，頗能傳神的，分列如次：

經卌年患亂相隨，重以誼屬姻親，情逾骨肉；
痛此日沉疴莫挽，祇為心憂家國，病入膏肓。

金廷蓀輓

助我讀書，教我做人，面命耳提，卅年如一日；
隨公抗戰，從公戡亂，指迷解惑，今後更何人？

朱文德輓

——金廷蓀一聯中的「卌」，恐將為杜月笙之死而首創的新字了。

門人中很有不少貼切輓聯，公認最佳者，是陸京士的長聯：

親炙垂廿六年，情深腑肺，誼重骨肉，最難忘另眼相看，風義常超師生外；
侍疾僅十餘日，遺言在念，顧命恭承，長太息清徽永逝，淚痕不為個人沾。

此外的三聯則為：

身居草原，志在廟堂，卻憐易簀遺言，猶呼過河者再；
分屬師生，情同父子，忍憶承歡侍宴，痛教每飯不忘。
沈楚寶輓

廿載追隨，何堪去國懷鄉，痛此日病臥層樓，還是長歌當哭；
一朝訣別，凄絕山頹木壞，想千秋名垂簡冊，固知雖死猶生。
趙培鑫輓

兵戈滿地，滄海橫流，回首故國山河，恨深歇浦；
處世忠純，遇人明恕，每憶信陵豐度，淚洒師門。
林嘯谷輓

「恆社同人」所輓的一聯則為：

道義久相親，風雨晦明，俯仰皆沐太邱德；
音容遽告邈，典型俱在，心喪不盡尼山悲。

靈堂之外，麕集來觀杜月笙大出殯的人群有如潮湧，香港土著指指點點，議論紛紜，尚且有引起爭辯者，有人不勝惋惜的說：

「像杜先生這種頂呱呱的大好人，祇活六十一歲，實在可惜！」

旁邊立即有人提出糾正：

「賓個講尼只活六十一，燈籠上明明寫著享年六十四歲嘛！」

經過「外地人」一解釋，香港佬方始明白，上海人沒有廣東人的那種規矩，死者壽考還要加上「天、地、人」三歲，所以享年六十四，便是實足六十三歲整，無須再減三歲的。

110

出殯盛況戰後第一

大出殯發引的時辰，陰陽先生原訂的是兩點整，惟以行列浩大，安排費時，臨時延誤了一刻鐘。八月十九日下午兩點十五分，杜月笙的出殯行列，自香港分域道萬國殯儀館大禮堂門前發引，「開道神」是兩個高達一丈七尺的紙紮巨人，他們的「任務」是為杜月笙在陰府道上「開山劈石」。由於這兩位「開道神」太高太大了，發引之初祂們被臨時僱來的舁工「仰臉朝天」的躺著行進，後來經由治喪處的人高聲呵斥，方始合力堅直起來，向前扶搖而行。

「開道神」後面又有四個紙紮的「兵丁」，僅如常人大小。

大出殯行列以蔣總統頒賜的「義節聿昭」輓額，滿綴鮮花遙遙先導，輓額後面有三隊儀仗，係由中華廠商聯合會、蘇浙旅港同鄉會和恆社同仁分別僱來，殿之以大型花牌十餘架，裝載花圈的卡車七輛，中西樂隊十隊，沿途誦經作法的和尚、尼姑、道士各十人，滿紮松柏枝的靈車，靈車之後緊跟著仵工二十四名，送殯的私家車共五十三輛，其中有七輛坐的是杜月笙的妻兒子女，為首一輛汽車牌照ＨＫ——一八七三，車頭懸有花環兩枚為記。

送葬親友約有一千人之譜，出殯行列從頭到尾通過一地需時三十分鐘，全部公祭和出殯的盛況，由聯福行攝成十六米影片，這一部記錄影片後曾運來臺灣。

大出殯的時候一天陰沉，風雨淒其，但是沿途駐足以觀的香港市民頗不在少，香港政府對於出殯行列加以嚴密保護，他們出動了交通警察，摩托車隊，雜在人叢中還有政治部所派的便衣人員。一時鼓鈸齊奏，絲竹爭鳴，出殯行列在細雨霏霏中，通過了皇后大道、西營盤，折入薄扶林道而抵大口灣，停靈於東華醫院義莊。雖說多遶了一個圈子，然而歷時不過一小時又十五分鐘。樂音悠揚中，家屬親友分別行過辭靈禮，杜月笙靈柩之前鏻灰飛舞，送殯人士，冒著淒風苦雨，各自乘車歸去。

事後統計，杜月笙的喪儀，全部開銷一共花了港紙十萬元，比起他民國二十年在浦東高橋造祠堂，仍難免小巫之見大巫。

八月十九、二十日兩天之內，香港各報悼念杜月笙的文字，充斥篇幅，對於杜月笙的為人及其平生，揄揚之詞不勝枚舉，輿論一致稱頌，具見公道自在人心。其中對杜月笙「蓋棺論定」，不乏精闢透徹的高論，例如香港時報的社評說：

「杜氏以『出身寒微』、『樸實無文』的平民，崛起海隅，四十年來，適逢國家多亂之秋，既未投身軍旅，持虎符以弋取功名，也不曾涉足政界，佩印綬而熱中富貴。但他決未放棄其國民天職，始終本著忠愛國家民族的熱忱，以「無名英雄」姿態，隨時盡其力之所及，行其心之所安，於創建中華民國、鏟除洪憲帝制，打倒封建軍閥，以及反抗外寇侵略諸役，無役不從，亦無役不建立相當的績業。然一生絕意仕進，功成身退，寂然無聲，而以畢生精力，從事於工商企業之促進與創造，寖成近代中國實業界的重鎮。平日立身行己，待人處世，尚道義，重然諾，處處揭示著『樸實無文』

的本性，即處處表現著令人尊愛的美德。因此，他能以布衣而抗顏當代名公鉅卿，廣交四方智勇辯力之士，無貴賤，無貧富，皆樂於接近。他又能急人之急，憂人之憂，忍人之所不能忍，救人之所不可救。故其事業的發揚大成，固由於他的才智所使然，而社會大眾在無形中給予他的同情鼓勵，也有很大的影響。這些果實的獲致，即是從他一生的義行中產造出來的。」

香港時報尤其強調杜月笙在赤燄梟張，大陸變色的時候，正是精力衰憊，疾病纏身，他很可以在上海安土重遷，閉門休致，如果能效黃金榮之坦白自虐，甘受凌辱，不但可以獲取「開明士紳」的雅號，更可以博得「民族資本家」的榮冠，且將在秧歌王朝佔有一席官位。該報指出：「因為他比黃金榮一流人物，更其有共黨所重視的最大之『剩餘價值』，值得利用，然而他卻於上海易幟前夕，悄悄的舉家南來，僑居香港，在病魔糾纏，委頓呻吟之中，猶時時以『走投無路，無力報効國家』為念，臨死且『深以未得及中華民國之復興為恨』，而勉囑兒女『隨份報國』，與陸放翁所囑『王師北定中原日，家祭毋忘告乃翁』的心境無異，一生一死，乃見交情，他對國家民族的深摯情誼，到死不衰。這是杜氏的落落大節，俯仰無愧之處，也是他構成『時代英雄』的最大因素。」

香港時報是國民黨在港的機關報，該報在這一篇「悼『義節聿昭』的杜月笙氏」社評末段，尤其語重心長的藉杜月笙之「義節」有所發揮：

「近四十年來，中國的文化精神，已陷於空虛墮落之境，人慾橫流，廉恥泯滅，多少讀書懷智的士大夫，鐘鳴鼎食的文武官吏，都把「節義」觀念視為封建腐敗，鄙棄唾罵之不遑，而以朝秦暮楚，出主入奴為『開明前進』。至於叛國媚外，賣友求榮，更認為是『革命』的應有行為，八表同昏，恬不為怪。獨杜氏，『朴質無文』，本著義節精神，抱殘守闕，既以律已，復以勉人，禮失而求諸野，時衰而教以終。孔子有言：『雖曰未學，吾必謂之學矣！』我們對杜氏，確有這種感想。從這種角度來看杜氏，其一生一死之間，對於社會國家，自有莫大的關係。他在晚年，對於文化事業，特別注視，贊助支持，不遺餘力，舉目現世，能有幾個這種『樸質無文』的人物呢？」

香港時報評杜月笙的義節，曾於末句誄以悼詞：

「杜氏去矣，其人其事，足以勵末俗，示來世。我們希望今日悼惜他的社會大眾，能了然義節與人生的關係，不讓杜氏專美於前，國家便有救了。」

111
棺材也要抬到臺灣

「新聞天地」第一八四期，曾載有顏坤定先生所撰「杜月笙先生二三事」一文，最末一段，有云：

「杜氏勢力，究有多大？我們也無法估計出來。有人說：臺灣一定要爭取他，連他死了也要爭取他。因為一旦反攻大陸，即使杜月笙死了，把他的靈柩抬到上海，他還會『顯靈』，在上海地方上，仍可發生使你想不到的作用。」

事實上，杜門親友，自杜月笙逝世以後，無日或忘杜月笙的臨終遺言，「棺材也要到一趟臺灣」。自民國四十年八月到四十一年十月，前後一年兩個月間，洪蘭友、陸京士為完成杜月笙此一最後心願，策劃磋商，奔走聯絡，可說是致力最多。後來決定了四十一年十月二十五日為杜月笙「歸依國土」之期，杜月笙在港臺兩地的家人親友，便在縝密週詳的計劃之下，有條不紊，嚴密配合的辦這一件大事。

香港方面由姚玉蘭負責主持一切，在香港一住三年，經過許多大風大浪，見到不少稀奇古怪的事體，姚玉蘭對於杜月笙靈柩「歸依國土」，唯恐共黨搗亂，絲毫不敢怠慢。她在行前命人去求李應生，妥善作個安排。李應生當時身任東華三院主席，他在香港，頗有勢力，當時他便不辭艱險，不避辛勞，很爽快的一口答應。

於是，由李應生設計安排，一手包辦，李應生聽到共產黨企圖阻止杜月笙靈柩運臺的說法，以及必要時將會派遣暴徒去攢炸彈的恫嚇，他付之一笑，不以為意，但卻仍然採取了有效的安全措施。首先，他請杜門親友，對於靈柩啟運日期、時間及地點，效金人之三緘其口，秘而不宣，其次，他和香港警署打交道，請他們屆期暗中派員保護，然後，再跟太古輪船公司講好，趁盛京輪上午十二點鐘，貨已上妥，客未登輪的空擋，把杜月笙的靈柩送到船上，移入專艙。

民國四十一年十月二十五日，正值臺灣光復佳節之期，自香港東華義莊直到「敵產碼頭」，香港警方便衣密佈，戒備森嚴，杜月笙靈柩移臺雖經多方保密，但是聞訊趕來奠別的至親好友，仍有兩百餘人之多。由於其間不乏大亨闊佬，通往東華義莊的各型轎車，在上午九時前後首尾相啣，絡繹不絕，不少杜月笙的老朋友趕了來行個禮，盡盡心，作最後訣別。到場者以恆社旅港社員居多數，老朋友中如王正廷、錢新之、金廷蓀、吳開先、成舍我、楊管北、徐學禹、楊志雄、李祖永、徐士浩、王禹卿、張善琨等，都是起個大早趕來送「行」的。

李應生早已命人佈置好靈堂，滿目縞素，莊嚴肅穆，九點一刻由李應生率同東華三院全體同仁公祭，然後由杜氏親友，恆社弟子，分別上香奠別。奠儀迄十一點鐘始畢，杜月笙睡在那口價值港紙一萬五千元的棺材裡，徐徐舁上靈堂門口等好的一部大卡車，覆上一幅特別設計的素緞，上書「皈依國土」四個大字，大字下面便是前往奠別諸親友的簽名。

中午十二點整，靈柩運到「敵產碼頭」，太古輪船公司早經事先聯絡，派出不少員工在場照料。

杜月笙的棺材登輪之前，李應生又率同送靈親友在靈前作最後一次告別，當時安置杜月笙靈柩的專艙艙門大開，一點鐘，靈柩在大艙正中安放妥當，送靈親友至此方始黯然歸去。

盛京輪自下午四時開放旅客登輪，五點鐘起碇航向臺灣，總算好，並無任何意外事件發生，杜門親友都在稱頌李應生的功勞。

隨輪護靈的杜月笙家人，有姚玉蘭、杜維垣、杜美如和金元吉、杜美霞夫婦，二女婿金元吉，是奉了他尊翁金廷蓀之命，特地走這一遭，陪同照料。

112

長眠汐止尖頭山麓

從香港到基隆，盛京輪航行兩天又兩個小時三十五分，二十七日傍晚杜月笙靈柩運抵基隆碼頭，除了杜氏家屬，恆社旅臺社員，迎靈親友亦達三百餘人。滿頭銀髮的幾位高年老友，在人群之中面露戚容，望之令人肅然起敬，如黨國元老石李曾、許世英，都是偕同夫人同來，洪蘭友、陶百川、程滄波、蕭同玆、石鳳翔、陳訓悆、何競武、陶一珊、汪竹一、呂光、趙志垚、梁永章、李鴻球、範鶴言、朱庭筠等一概在碼頭等候頗久，基隆各界聽說杜月笙的靈柩到了，紛紛趕來參與祭奠，並且參觀碼頭上冠蓋雲集的盛況。

必需十六名件工才能抬得動的靈柩，在日落西山，暮色漸濃中，用起重機四平八穩的移上碼頭，當時哀樂齊鳴，益增悲涼愴氣氛。八點三十分，夜幕已闔，杜月笙的靈柩輕悄落岸。八點五十分開始迎靈祭，首由許世英、李石曾、洪蘭友偕各親友祭奠，末後殿以基隆市各輪船公司代表們到靈前行禮。九點十五分靈柩運上四週綴以素色鮮花的大卡車，直駛臺北，靈後跟隨著長長的小轎車隊，無數車燈，在無星無月的深夜大地，交織成一片燦爛奇景。

靈樞暫厝臺北市南京東路極樂殯儀館，杜月笙終於抵達了他心嚮往之的臺灣。

杜月笙在臺灣落葬的塋地，係由名堪輿家祁大鵬，遍歷臺北近郊各處，幾經研擬，方始勘定。

座落在臺北縣汐止鎮大尖山麓之西，恰與北部名剎靜修禪院比鄰而居，位置坐東南而面西北，遙遙對著淪入竹幕，成為鬼蜮世界的黃浦灘，杜月笙誕生、奮鬪、成長、出道，以至飛黃騰過、叱咤風雲的所在。

修築了一條蜿蜒曲折的甬道，兩旁阡陌縱橫，兼有竹籬茅舍，一般的浦東高橋農家風光，祇比杜月笙的出生地杜家花園多了一道坡，一座靜修禪院。塋墓因地勢所限，格局不大，卻是四週有蒼松翠竹，雜花生樹，晨昏之際，鐘磬梵唄與雞犬之聲相應。

小小的一處墓地，百十級可容兩人並肩而過的石級，杜門中人為求其建築完固，盡善盡美，特地交由規模宏大的大陸工程公司承造，然而唯一莊嚴壯觀的建築，僅有甬道處的那一座華表，華表不高，但是上鐫總統題頒的「義節聿昭」，通過華表便是登臨的石級，石級頂端，便是杜月笙的埋骨之所。

四十二年六月墓地竣工，擇吉於二十八日安厝，「歇浦風淒，鼎湖雲暗；牛眠已卜，馬鬣崇封」，逝世後的杜月笙畢竟「好人不會寂寞」，他的安厝典禮在當年是轟轟烈烈的盛舉。為此特地成立了「杜月笙先生靈櫬安厝委員會」，一紙安厝委員名單，開出來無異是當年顯宦名流的題名錄：

召集人　王寵惠、于右任、許世英。

委員　陳誠、張其昀、王世杰、吳忠信、莫德惠、張群、何應欽、吳鐵城、顧祝同、錢大鈞、俞鴻鈞、谷正綱、洪蘭友、張道藩、何成濬、馬超俊、黃少谷、蕭同玆、鄭介民、毛人鳳、王新衡、黃伯度、吳開先、陶一珊、吳三連、陶桂林、祁大鵬、王繹齊、季源溥、劉航琛、呂光、楊管北。

總幹事　陸京士
副總幹事　楊克天
總務組長　朱品三
交通組長　王兆槐
厝務組長　吳樂園
祭典組長　朱庭筠
文書組長　趙君豪
招待組長　唐纘之
攝影組長　水祥雲

當日上午八時，先在極樂殯儀館開弔，靈堂門口懸以巨幅橫披，額曰：

「杜月笙先生靈櫬安厝祭堂」

這一天靈堂裡懸掛各界致贈的輓幛、輓聯，共為二百餘幅，花籃花圈不計其數，自五院院長以次前往致祭的政府官員、各界人士多達三千餘人，士農工商、蒙古新疆，全國各地社會各界首要名流，在靈堂裡外摩肩接踵，揮汗成雨。蒙古的章嘉活佛，新疆省主席維吾爾族長老堯樂博士和「臺灣杜月笙」許丙最為引人注目，若論杜月笙一生的體面風光，盛大排場，當以這一次安厝之祭為最。然而向來愛朋友，好熱鬧的杜月笙，偏已長眠棺中，一無所知。

達官顯要，名流學者之外，整隊而來參加公祭的單位，猶有國民大會代表全國聯誼會、江蘇籍國大代表聯誼會、上海市參議會、全國總工業會、全國商聯會、全國船聯會、上海市工界同仁、江蘇同鄉會、交通銀行、臺北市總工會、上海市新聞界同仁、上海法政學校校友會、大秦紗廠、司法院、臺灣銀行計核室，以及恆社在臺子弟。

公祭從上午八點鐘進行到十時三刻，末由安厝委員會公祭，主祭者于右任，陪祭者許世英、王寵惠、張群、何應欽等三十餘人。

113 安厝之日萬人空巷

十一點整，杜月笙靈柩自臺北市南京東路極樂殯儀館發引，這是杜月笙死後的第二次大出殯，長髯飄拂的于右任、老態龍鐘的許世英、年高德劭的何成濬，精神矍鑠的何應欽，還有張道藩、錢大鈞、洪蘭友、谷正綱、蕭同兹、陶希聖等杜門親友五百餘人，冒著溽暑酷熱，親送杜月笙的靈柩到汐止大尖山上。

這是樞府播臺以後，所有前未的一次盛大出殯行列，臺北市警察局派出摩托車隊一路呼嘯，列隊開道，繼之以喪幡、素坊、中西樂隊、杜月笙遺像、靈輀，執紼者所乘的各型汽車一百餘輛。浩蕩盛大行列由南京東路西行折向中山北路，再南往中正路口，折而往東，徐徐行進，長達里許。沿途居民，莫不萬人空巷，爭覩杜月笙的大出殯盛況。

十一點四十五分，靈柩抵達汐止入山路口，汐止鎮長李德勝，早在路口搭好一座素白牌坊，即以當地作為汐止全體鎮民路祭之處，路祭過後，靈柩由十六名件工抬下卡車來，轉折進入大尖山。

中華民國四十二年六月二十八日正午，舉行安厝典禮，杜月笙的家屬在墓前備饌祭奠，鄰近的高僧自動前來誦經，臺灣省政府新聞處電影製片廠，派有專人攝製全部紀錄影片。

杜月笙的靈柩於正午十二點三十分入厝，「義節聿昭」如杜月笙者，遂而「入土為安」，盛大典禮，也因而全部造成。

安厝之祭，收到的輓聯輓幛，凡二百餘，若論對仗之工，詞章之美，誠然琳瑯滿目，不勝枚舉，如閻錫山輓的：

元龍豪氣垂五載，

樓獲高名動王侯。

又如何應欽所輓：

憂國耿孤忠，不僅垂聲遊俠傳，

首邱慰遺志，成同酹酒大招篇。

還有前軍令部長，在米蘇里艦上代表中國接受日本人投降的徐永昌一聯，頗堪為杜月笙安厝之日的盛況寫照：

至死不忘忠，埋骨尚能歸故國，

在生唯仗義，結交早是遍人寰。

尤有時任考試院長的莫德惠所輓長聯：

解衣推食，惠遍同胞，當斯浩劫難回，彌望盡瘡痍，應痛人間失大俠；

近水依山，安茲吉壤，追憶遺言歸葬，中興資護佑，豈徒世外作飛仙。

還有洪蘭友的「及先生之歿也，曾哭之以聯，玆當靈櫬安厝之日，仰懷大節，爰再撰聯奉申靈鑒。」洪蘭友的這第二聯詞曰：

布衣垂簡冊之名，朝野同欽，風雲翊運；
歸骨就樞府所在，死生一致，肝膽千秋。

張嘉璈的一聯，寫盡了杜月笙的平生唯一憾痛：

有俠義心腸，有照人肝膽，為避赤禍南來，沉疴莫起；
是商場巨子，是社會聞人，未隨王師北指，飲恨無涯。

臺灣大學校長錢思亮輓杜月笙的一聯詞曰：

塵迷故國，誰辨華夷有大義，常昭千古艱難唯一死；
望重春申，功存民物是首丘，歸正三台惆悵想清標。

內政部次長季源溥的輓聯，頗足抒寫杜月笙的為人及其基本性格：

海濡河潤，所至無私，心存濟世真忘我；
夏雨春風，純乎博愛，天下何人不識公？

恆社旅臺同仁所挽的一聯，語語沉痛，一字一淚，洋溢杜月笙門弟子的悲愴悼念之情：

戴仁而處，抱義以行，摩頂放踵，利天下為之，亦墨亦儒，九夏無歸關氣數；
丘禱已窮，巫招何託，搶天呼蒼，縱百身奚贖，為師為父，三年曷極感心喪。

然而，最足以為杜月傳諸於世者，厥為總統府秘書長張群的那一篇誄詞：

雲天高義，湖海豪情，縱橫一代，領導群英；
戰亂疊經，葆堅持正，稜稜風規，昭昭譽問。

遠墨猶新，宿草已列，其人雖逝，其名不絕；

天高日麗，海闊潮回，且安英靈，以待昌期。

慰死者以未來光明氣象，杜月笙在九泉之下讀了這幾句誄詞，「且安英靈，以待昌期」，獲知大陸重光，中華復興有望，他當會興高采烈的歡呼一聲：

「好，言話一句！」

114

「杜月笙傳」外一章

杜月笙安厝既畢，恆社弟子曾於民國四十一年一月暨四十三年八月，先後編印「杜月笙先生紀念集」初集、二集兩種，初集載有錢永銘撰「杜先生傳」，暨許世英、吳鐵城、俞鴻鈞、洪蘭友、方治、祝紹周、楊管北、皮作瓊、顧嘉棠、呂咸、沈琪、胡敍五、陳定山所撰之紀念專文。二集則載有吳忠信、莫德惠、俞飛鵬、徐源泉、陶希聖、潘公展、束雲章、呂光、姚琮、楊克天、王世和、沈楚寶、唐承宗、趙君豪、萬墨林、陸京士、杜維藩的追思悼念文章，以及悼文唁電、輓詞祭文、輿論報導。安厝經過等篇，約計二十萬言。民國五十年八月杜月笙逝世十週年紀念，暨民國五十六年八月杜月笙八十冥壽，恆社弟子亦曾分別在宏濟寺、善導寺，舉行追思之會，蒞場者有嚴副總統次一千餘人。

與杜月笙過從極早，且為結拜弟兄的吳經熊博士，曾在本書全稿殺青先一日，不勝愴念的論及杜月笙之生平，他認為杜月笙畢生作為，充份發揚了我國傳統的民族精神：「濟弱扶傾」。

司馬遷論六家要旨，「俠」與「儒」相提並論，因此他撰「史記」，遂有「遊俠列傳」，歷來許為「千古卓識」。中國之「俠」，早在周末即以大行其道，所謂「其言必信，其行必果，救人之急，甚己之私，羞伐其德，不矜其能」，這一種我國固有的民族精神，近乎墨子倡呼的「兼愛」，亦即「摩頂放踵，利天下為之」，向係我國極重要的文化遺產之一。兩千餘年以來，廣泛流行於閭巷鄉黨之間，無一時，無一人不受其重大的影響，「俠」是中華民族個人行為的最高準則，將相公卿，和販夫走卒同樣的可以優為之。中國人不曾讀書的大有人在，但是不明理的卻萬中難獲其一，便是由於這個緣故。

吳經熊除了深切懷念杜月笙對朋友有情義，待世人具愛心，他尤且推許杜月笙「天行健，君子自強不息」的學習與奮鬥精神，杜月笙雖然一輩子裡只讀過幾個月的書，但是終其一生，他無時無刻不在求知、求新，求向上，因此他敬重斯文，禮賢下士，凡人有一技之長，一得之知，他都要虛心學習，不恥下問。

有謂杜月笙的創業成名，蔚為一代賢豪，自有其時代背景，論者嘗云沒有華洋雜處的租界，便沒有上海這個冒險家的樂園，而沒有龍蛇混雜的上海，也就不會出現杜月笙這樣的人。這話固然不錯，但是正在埋頭撰寫國父傳的吳經熊博士卻以為：時代背景的本身有其時間性，而中華民族傳統的「俠義」精神則是持續的，永恆的，不朽的，杜月笙是古往今來出類拔萃的一位代表性人物，他的成就在於他「秉真性至情，如江河之自適」，也便是俠義精神的自然流露。從上海租界裡崛起如杜月笙者今後將不會再有，然而行俠仗義，扶危濟傾的大英雄，真豪傑，自茲而後，「江山代有異人出，各領風騷數百年」，我們當可以信其必。

（全文完）

傳記系列006

杜月笙傳——第五冊（四刷）

著　　者：章君穀
校　　訂：陸京士
編 輯 者：傳記文學出版社
出 版 者：傳記文學出版社股份有限公司

創 辦 人：劉紹唐
榮譽發行人：劉王愛生、成露茜
社　　長：成嘉玲
編 輯 者：傳記文學編輯委員會

地　　址：11670臺北市文山區羅斯福路六段85號7樓
電　　話：(02)8935-1983
傳　　眞：(02)2935-1993
E-mail：nice.book@msa.hinet.net
郵政劃撥：00036910・傳記文學出版社股份有限公司
登 記 證：局版臺業字第○七一九號

定　　價：新台幣三八○元（本冊）
（全套五冊共一九○○元）
出版日期：中華民國七十八年六月一日
中華民國一○九年九月（四版）